ro
ro
ro

mit kindern leben

Herausgegeben von Bernhard Schön und Bernd Gottwald

Zu diesem Buch

Kinder haben nicht selten Angst vor jenen Bildern und Kreaturen, die sie in ihrer Phantasie schaffen. Die kindliche Phantasie stellt eine ungeheure schöpferische Kraft dar, die – umgekehrt – auch für die Verarbeitung von Ängsten genutzt werden kann. Diese kindlichen Bewältigungsstrategien für Ängste greifen wir in den Spielen und Geschichten auf. So können die Kinder die Abenteuer voller Angst-Lust genießen und eine ganz eigene Kraft entwickeln – eine Kraft, die aus Zwergen Riesen werden lässt. Das Spiel ist dazu eine lustvolle, eine sinnliche Verpackung, indem die Kinder auf eine ihnen angemessene Weise Unbegriffenes auf den Begriff bringen. Das Spiel macht Kinder kompetent, es hilft ihnen, sich in der Welt zurechtzufinden, eigene Wege auszuprobieren, das Spiel mit der Angst als Chance zu begreifen, zu einer eigenständigen und selbstbewussten Persönlichkeit zu reifen. Und dabei helfen die Spiele und Geschichten dieses Buches.

JAN-UWE ROGGE/ANGELIKA BARTRAM

SPIELE GEGEN ÄNGSTE

Phantasiespiele, die stark machen
Abenteuerspiele, die Sicherheit geben
Mutmachspiele, die Ungeheuer vertreiben

Rowohlt Taschenbuch Verlag

rororo **Mit Kindern leben**
und
die **Deutsche Liga**
für das Kind
Partnerschaft für Eltern, Kinder und Familie

2. Auflage April 2010

Originalausgabe
Veröffentlicht im
Rowohlt Taschenbuch Verlag,
Reinbek bei Hamburg, März 2004
Copyright © 2004 by Rowohlt Verlag GmbH,
Reinbek bei Hamburg
Redaktion Jürgen Volbeding
Illustrationen Torsten Hess
Fotos (Innenteil) Martina Staat
Umschlaggestaltung any. way
Barbara Hanke / Martina Kloke
Fotografie (Titel) fotoagentur jump / K. Vey,
(Rückseite) imagesource
Satz Photina und Meta PostScript
Gesamtherstellung CPI – Clausen & Bosse, Leck
Printed in Germany
ISBN 978 3 499 61719 5

Inhalt

Vorwort

Es ist elf Uhr in der Nacht. Aus dem Kinderzimmer tönt ein Schrei. «Da ist ein Krokodil!», ruft der fünfjährige Patrick in höchster Not, so als falle er gerade einer gefräßigen Bestie zum Opfer.

«Hilfe! Hilfe!»

Im Wohnzimmer schaut Patricks Mutter, Elsbeth, ihren Mann, Heinz, an, er sie. Wieder die hellen Schreie. Da springt Heinz auf, begibt sich schnellen Schrittes über den langen Flur schnurstracks in die Gemächer seines Sohnes und verwandelt sich dabei in einen Großwildjäger, bereit, es mit jedem Ungeheuer aufzunehmen. Er reißt die Tür auf, sieht seinen Sohn im schwachen Licht an der Nachttischlampe aufrecht im Bett sitzen.

«Ein Krokodil!», wiederholt Patrick mit sich überschlagender Stimme.

«Wo?», will der Vater wissen.

«Unterm Bett! Ganz in der Ecke!», schluchzt sein Sohn. Der Vater beugt sich, sieht unter das Bett: «Ich seh da aber nichts!»

«Es war aber da! Ehrlich!»

«Quatsch!», meint Patricks Vater bestimmt.

«Es gibt bei uns keine Krokodile! Die gibt's nicht!»

«Aber da war eines!», beharrt Patrick weinerlich.

«Hier gibt es keine. Die leben in Afrika oder im Zoo.» Er schaut seinen Sohn an: «Und du bist hier nicht in Afrika! Basta!»

Patrick zuckt mit den Schultern.

«Siehst du! Nun leg dich mal hin, träum was Schönes. Du brauchst doch keine Angst vor Krokodilen zu haben!»

Eine dreiviertel Stunde später. Wieder Patricks Schrei: «Hilfe, ein Krokodil!» Patricks Vater springt auf. Rennt wutentbrannt in das Kinderzimmer, das völlig im Dunkeln liegt. Mit einemmal schreit Heinz vor Schmerzen auf: «Mist! Verdammt!» Heinz war barfuss in unendlich viele Legosteine getreten, die überall im Zimmer verstreut lagen. Zornig macht er das Licht an, sieht seinen Sohn strahlend im Bett.

«Was soll das?» Heinz' Stimme klingt scharf.

«Was soll das? Du erklärst es mir auf der Stelle!» Seine Stimme überschlägt sich und ruft die Mutter auf den Plan: «Was ist denn hier los?»

«Der hat hier seine Legos im Zimmer verteilt und ich bin rein gelaufen! Der spinnt doch!» Heinz ist außer sich.

«Stimmt das?», will die Mutter wissen. Patrick nickt.

«Was soll das?»

«Papa», so erklärt Patrick ganz selbstbewusst, «hat mir nicht geglaubt ...»

«Was nicht geglaubt», hakt die Mutter mit einer Mischung aus Ärger und Erstaunen nach.

«Das mit dem Krokodil! Er hat gesagt, die gibt es nicht bei uns!»

«Ja, und?»

«Aber sie gibt es doch!», sagt Patrick selbstbewusst. «Ich weiß es! Die sind gefährlich und kommen überall hin und fressen Kinder!»

«Aber was soll das mit den Legosteinen?», fragt die Mutter. Patrick lacht: «Wenn die zu mir ins Zimmer kommen, hätten die so geschrien wie Papa. Dann wäre ich aufgewacht und die hätten mich nicht gekriegt!»

«Wieso nicht?» Die Stimme der Mutter klingt skeptisch.

«Krokodile sind feige, die fressen nur schlafende Kinder!»

«Woher weißt du das?»

«Weiß ich eben!», antwortet Patrick selbstsicher.

«Und außerdem hab ich 'nen Zauberspruch, dann werden sie ganz friedlich.»

Während die Mutter ihren Sohn streichelt, humpelt der Vater mit den Worten «Da kenne sich einer noch aus!» aus der Tür. Dann dreht er sich um: «Ich sag dir eines, ich komme nicht mehr!», darauf kannst du dich verlassen!»

Patrick lächelt: «Die Steine helfen sowieso mehr!» Und an seine Mutter gewandt flüstert er: «Papa war ein gutes Krokodil!»

Erwachsene erklären die sie umge-bende Wirklichkeit rational, greifen auf Erkenntnisse von (Natur-)Wissenschaft zurück – und dies ist ja auch angemessen. Kinder nehmen dagegen andere Positionen ein. Phantasien, Mythen und magische Beschwörungsformeln nehmen in ihren Erklärungsmustern von Welt und Realität einen gewichtigen Raum ein. Kinder sehen ihre Umgebung subjektiv. Kinder besetzen die Dinge um sie herum mit ganz eigenen Erfahrungen und Deutungen – aus unbelebten Gegenständen werden belebte, aus dem Besenstil wird ein Pferderücken, aus wehenden Gardinen Gespenster, aus (Stoff-)Tieren Wesen, über die man lachen kann, aber die einen genauso beunruhigen.

Phantasie und Magie sind wichtige Mittel kindlicher Aneignung und Verarbeitung von Realität. Weil jüngere Kinder sich sprachlich häufig nicht so differenziert auszudrücken vermögen, benötigen sie andere Instrumente, um sich zu verständigen, zu behaupten und mitzuteilen.

Mittels Märchen und Phantasiegeschichten, Mythen und magischen Symbolen begreift sich das Kind als ein aktiv handelndes Subjekt. Es versucht, sich von dunklen, bedrohlichen Mächten zu befreien. Zaubersprüche stellen nicht irgendeinen Hokuspokus dar, sie sind Ausdruck einer eigenständigen Produktivität. Sie stärken die Abwehrkräfte gegen archaische Ängste, bieten die Voraussetzung, um sich auf den langen und beschwerlichen Weg durch die Welt zu machen, neue und fremde Wirklichkeiten zu erobern.

Doch solange Kinder sich nicht sicher sind – und wie können sie das, wenn sie als ein David ständig von Riesen umgeben sind –, solange sie also nicht über genügend Kraft und Körperlichkeit verfügen, so lange brauchen sie die Phantasie und das magische Spiel als Schutzschild gegen alle erdenklichen Unwägbarkeiten. Mit Zauber und List beherrscht das Kind seine Realität. Märchen, Phantasien, Mythen und Träume sind so lange Teil der kindlichen Wirklichkeit, bis es andere, (vielleicht) reifere Formen der Aneignung von Realität entwickelt und gefunden hat.

«Du brauchst doch keine Angst zu haben» – diese erwachsene Beschwörungsformel löst das Objekt der Angst nicht auf, bringt keine Befreiung: Das Krokodil im nächtlichen Zimmer ist für das Kind genauso wirklich wie der Löwe unterm Bett, das Gruselmonster hinter dem dunklen Vorhang oder der schwarze Mann im Keller. Kinder erleben ihre Welt subjektiv – und Antworten und Lösungen auf sie bewegende Fragen und Probleme sind für sie nur dann überzeugend, wenn dies im Rahmen des eigenen Wissens, der eigenen Gefühle und Möglichkeiten geschieht.

Wenn Kinder ihren Ängsten ein Gesicht, eine Figur oder einen Namen geben können, wenn sie es schaffen – wenn auch erregt, gebannt und mitgenommen, mit geschlossenen Augen und zugehaltenen Ohren, mit der Kuschelpuppe im Arm, dem Daumen im Mund, mit lautem Pfeifen in der Dunkelheit oder einem dreimaligen Abra-Kadabra –, den hässlichen, angstbesetzten Figuren standzuhalten, dann beweisen sie Reife, deutet dies auf Fortschritte in ihrer gefühlsmäßigen Entwicklung hin. Kinder müssen erfahren und fühlen, dass Ängste begreiflich sind.

Begreifen geht über Greifen – das gilt auch für den Umgang mit Gefühlen. Objekte der Angst anzunehmen, das Ungeheuer, das vor einem steht, zu überwinden, indem man sich überwindet, das macht stark. Vernichtung oder Flucht sind dagegen unreife Formen der Angstbewältigung.

Natürlich macht das Ungeheuerliche, das Hässliche, das Böse, das Verunsichernde, das Diffuse, von Angesicht zu Angesicht erlebt, Kindern (doch nicht nur ihnen) Angst – aber das verunsichernde Gefühl verwandelt sich in große Lust, wenn Kinder erfahren, wie sie ihre Ängste meistern können. Hierbei benötigen sie Ermutigung, Vertrauen und Unterstützung, und sie brauchen Räume und Zeiten, um sich spielerisch geschützt mit Ängsten zu konfrontieren: seien es nun Geisterbahnen, Gruselgeschichten, phantastische Spiele oder Erlebnisreisen in all ihren Verwandlungen.

Dabei kommt Eltern eine wichtige Rolle zu, indem sie Kindern einen Rahmen anbieten, ihnen Halt geben, um die Spiele umzusetzen. Doch nicht immer lassen sich Erwachsene darauf ein, versuchen sie doch häufiger, Kinder vor Ängsten zu bewahren, ihre Ängste kleinzureden. Kinder brauchen, um Ängste als lustvoll zu erleben, aber haltgebende Persönlichkeiten, die kindliche Ängste ernst nehmen. Nur so lassen sich Kinder unbeschwert auf den Thrill ein. Erleben sie Eltern dagegen als unsicher, ängstlich, orientierungslos, dann reagieren Kinder so, wie es die Eltern ihnen vorleben. Eltern sind Modelle, von denen Kinder lernen. Dies meint noch nicht, dass Erwachsene vor ihren Kindern überhaupt keine Ängste zeigen dürfen. Kinder spüren ohnehin, wenn Eltern unsicher oder ängstlich sind. Nicht um Verleugnung von Ängsten geht es, vielmehr darum, den Kindern vorzuleben, wie man Ängsten produktiv und konstruktiv begegnet, wie man sich ihnen stellt, um zu einer Persönlichkeit zu reifen. Damit unterstützen Eltern ihre Kinder bei der Angstbewältigung, damit vermeiden sie es, Ängste auf Kinder zu übertragen, Ängste als ein unselbständig machendes Gefühl vorzuleben. Ängste gehören zum Leben, zur Entwicklung und das Gefühl, mit ihnen umgehen zu können, macht stark.

In vielen Momenten, die zum kindlichen Alltag gehören, sind Ängste und die Auseinandersetzung damit symbolisch enthalten. Phantasiegeschichten und -spiele inszenieren das Grauen, das Verwunschene, das Unscheinbare, das Missgestaltete, das abgrundtief Abstoßende. Aber sie zeigen auch, das Verwachsene, Schaurige, Abschreckende und Monströse nicht zu vernichten, könnten doch Prinzen und Prinzessinnen darin verborgen sein. Eine Botschaft des Märchens und der Phantasiegeschichten heißt dann: Zerstöre nicht das Widerwärtige und Hässliche vor dir, es könnte ein Teil von dir sein.

Das gerade unterscheidet Märchen und Phantasiegeschichten von manchen modernen Heldengeschichten und Aktionsspielen: Dort geht es mehr oder minder um die Vernichtung des Superbösewichts. Das Märchen, die Phantasiegeschichte, die Abenteuerreise deuten demgegenüber die Versöhnung mit dem Hässlichen an. Das Märchen, die Phantasiegeschichte, die Abenteuerreise träumen von einer besseren Wirklichkeit. Dies vor allem deshalb, weil hier das Unmögliche und das Unwahrscheinliche immer wieder aufs Neue von den Kindern geschaffen wird. Im Phantasiespiel, im Abenteuerspiel und im Mutmachspiel sind Sinnvolles und Unlogisches, Normales und Unnormales auf eine den Kindern ganz selbstverständliche Art und Weise verknüpft. Kindliche Spiele sind eigenwillig, sie unterliegen selbst geschaffenen Regeln und Ritualen.

Märchen, Mythen, Phantasien und Träume – im Spiel auf den Begriff gebracht – gestalten (nicht bloß für Kinder) eine durch klar definierte Abläufe abgesicherte Begegnung mit eigenen Gefühlen und Wünschen. Sie zeigen, wie das

Unaussprechliche Bestandteil der eigenen Persönlichkeit ist. Und sie zeigen auf eine Weise, die Kinder nicht verstehen, sondern fühlen und miterleben: Wenn du der Angst standhältst, nicht vor ihr fliehst oder die Objekte der Angst nur vernichtest, dann bist du auf dem Weg, dich zu akzeptieren, dich zu finden. Begreife die Angst, die vor dir steht, nimm sie an, überwinde oder verzaubere sie – und das Hässliche, Grausame, Fiese oder scheinbar Böse verwandelt sich vielleicht in eine Schönheit, die du noch nicht kennst, aus dem Feind wird ein Freund, der dir nahe ist. Und: Fange mit dem schwierigen Weg an, solange er noch einfach ist. Und davon handeln die Geschichten und Spiele dieses Buches. Es sind keine therapeutischen Geschichten, sie sind in der pädagogischen und künstlerischen Arbeit mit Kindern in den letzten zwanzig Jahren entstanden.

Nun haben Geschichten über Ängste, Spiele, in denen es um die Verarbeitung von ängstlichen Gefühlen geht, eine ganz lange Tradition. Und dabei lässt sich eine merkwürdige Ambivalenz festmachen: Kinder sollen einerseits vor Ängsten bewahrt werden, man will sie vor allem schützen, was auch nur im entferntesten mit Angst zu tun hat. Andererseits macht man sich über Kinder lustig, die sich nichts trauen, vor verunsichernden Situationen fliehen, emotionalen Herausforderungen nicht oder nur zaghaft standhalten. Da ist dann schnell von

«Angsthasen» die Rede, ein Wort, das immerhin schon 1718 beim Dichter Abraham a Santa Clara auftaucht und als Synonym für einen furchtsamen Menschen gebraucht wird. Allerdings in einem eher verächtlichen Sinn, wie dem Angsthasen vergleichbare Worte, wie Angstscheißer, Angstkötel oder Angstbüxe anschaulich klar machen. Statt Angstbüx findet sich seit dem 18. Jahrhundert auch die Bangbüx, ein aus «bang» (= furchtsam) und «büx» (= Hose) zusammengesetztes Wort. Die Hose spielt zweifellos auf den vulgären Satz an, wonach Menschen vor Angst in die Hose machen (scheissen). So kommt es nicht von ungefähr, wenn sich schon seit dem 16. Jahrhundert in der vulgären Sprache eine Gleichsetzung von Angst und Schiss («Hast du etwa Schiss?») findet.

Eingedenk dieser Tradition haben wir zwei Angsthasen, zwei Bangbüxe – Papa Bang und Hannes Büx – entwickelt. Sie tauchen an verschiedenen Stellen des Buches auf und verdeutlichen, dass zum Umgang mit Angst auch Witz, Spaß und Anarchie gehören.

Denn nur diejenigen, die sich unterhalten fühlen, können sich auf Ängste mutig einlassen.

...emo... ...nell von „A... ...in schon 1718 ...uftaucht un... ...n Menschen gebrauc... ...n einem ...tliche... ...asen vergleichbare Wor... ...scheiß ...Angsb...nsch... klar machen. ...gstbüx ...et sich seit de... 8.Jahrhundert ...die Bangbüx, ein aus „bang" ...chtsam) und „büx" (= Hose) zusammengesetztes Wort. Die Hose spielt zweifellos auf d... ...ären Satz, wonach Menschen vor Angst in die Hose machen (scheissen) an. ...kommt es nicht von ungefähr, wenn sich schon seit dem 16.Jahrhundert in der vulg... ...rache eine Gleichsetzung von Angst und Schiss („Hast du etwa Schiss?") findet... ...dieser Tradition haben wir zwei Angsthasen, zwei Bangbüxe ...nes Büx – entwickelt. Sie tauchen an verschiedene... ...Umgang mit Angst auch Witz, Spaß... ...jenigen, die sich unte... ...mutig...

PAPA BANG UND HANNES BÜX

HANNES BÜX: *Hey, Papa Bang, die schreiben über uns. Wir sollen in einem Buch vorkommen.*

PAPA BANG: *Blödsinn. Das ist doch nur mal wieder so eine Geschichte, die du zusammenspinnst. Möchte nur mal wissen, von wem du das hast.*

HANNES BÜX: *Ne, die schreiben da wirklich von Angsthasen und Bangbüxen. Ich wusste gar nicht, dass wir schon so alt sind. Da kann man ja schon eine richtige Bangbüx-Saga draus machen.*

PAPA BANG: *So weit kommt es noch. Das geht doch keinen was an, was wir so zwischen den Ackerfurchen treiben.*

HANNES BÜX: *Auf die Dauer is das sowieso langweilig. Aber jetzt kriegen wir die Chance, uns mal so richtig vom Acker zu machen, jetzt können wir Abenteuer bestehen und zeigen, was wahrer Mut ist.*

PAPA BANG: *Mut! Wenn ich das als Angsthase schon höre! Mut! Hannes, du schlägst wirklich ganz und gar aus der Art!*

KAPITEL 1 | *Ängste der Kinder und ihre Verarbeitung*

Ängste gehören zum Leben

«Immer wenn ich abends im Bett bin, habe ich Angst, wenn da so komische Geräusche sind. Und ich denk, jetzt kommt ein Einbrecher», so erzählt der sechsjährige Markus. «Und dann ruf ich nach Mama und Papa, die kommen, machen das Licht an und sagen: ‹Da ist kein Einbrecher!› Dann schalten sie das Licht aus, und es knackt wieder. Dann rufen sie nur aus der Küche: ‹Nun hab mal nicht solche Angst! Du bist ja ein richtiger Angsthase!›» Er zuckt mit den Schultern: «Aber ich hab doch Angst.» Er schmunzelt: «Dann verkrieche ich mich unter meiner Decke, hab meinen Teddy in der Hand und sag meinen Zauberspruch.» Er zögert: «Aber den sag ich euch nicht, sonst hilft er nicht mehr!»

«Einbrecher sind doch nicht so schlimm, die kannst du doch vertreiben», unterbricht die achtjährige Isabell. «Ich hatte immer Angst vor Gewitter. Die hab ich auch immer noch. Aber ein bisschen weniger.» Sie blickt in die Runde der anderen Kinder. «Wisst ihr, weshalb?» Die Kinder schütteln ihre Köpfe. «Meine Oma hat gesagt, wenn's blitzt, soll ich zählen ... eins ... zwei ... drei ... und wenn's bei fünf donnert, dann ist das Gewitter noch fünf Kilometer weg. Und dann hab ich nicht mehr solche Angst, weil's ja nicht bei uns ist.»

«Und wenn's bei eins donnert», lacht Heiko, «dann hat's bei euch eingeschlagen! Ist ja ein toller Tipp von deiner Oma!»

«Ist wohl ein prima Tipp!», entgegnet Isabel entrüstet. «Bist ja nur neidisch, dass du nicht so 'ne tolle Oma hast!»

«Aber 'nen Opa!», lässt Heiko sich nicht einschüchtern.

«Und was hat der gemacht?»

«Der hat uns beim Gewitter immer Gruselgeschichten erzählt, ganz gruselige, ganz grausame Geschichten!»

«Und was ist dabei?», fragt Isabel betont gelangweilt.

«Die waren so spannend, da habe ich das Gewitter glatt vergessen!»

«Und, was hast du gemacht, wenn dein Opa nicht da war?», hakt Isabel nach.

«Dann hab ich mir welche ausgedacht oder an die gedacht, die mir mein Opa erzählt hat», antwortet Heiko ganz selbstbewusst.

«Früher», lacht Francesco, «hatte ich Angst vor Krokodilen. Die lagen unter meinem Bett. Da durfte nichts aus meinem Bett raushängen. Und ich bin dann auch nirgendwo mehr hingegangen. Dann hatte ich aber 'ne Idee: ich wusste, die sind ganz gefräßig. Deshalb wollten sie mich ja auch haben. Da hab ich Smarties um mein Bett verteilt. Die sollten sie zuerst essen. Und dann sind sie satt, und dann fressen sie mich nicht mehr. Und am anderen Morgen waren die Smarties immer noch da. Da hab ich gedacht, da sind ja gar keine Krokodile und hab selber die Smarties gegessen. Aber dann war mir schlecht. Ich hab gedacht, vielleicht haben die Krokodile die nur nicht gegessen, weil ihnen nicht schlecht werden wollte. Also habe ich gedacht, da sind doch Krokodile. Am nächsten Tag hab ich dann Schokolade um das Bett verteilt. Und als die am nächsten Morgen dann auch noch da lag, hab ich gedacht, so wählerisch können die nicht sein. Also gibt's doch keine Krokodile unterm Bett.»

«Gibt es doch», beharrt Nadine.
«Versuch's mal mit Lila Pause.»

Darauf Francesco genervt:

«Entweder sie fressen Schokolade, dann fressen sie dich nicht. Oder wenn die Schokolade noch da ist, gibt's keine Krokodile. Und du wirst auch nicht gefressen. Dann kannst du die Schokolade fressen, dann siehst du aber auch bald aus wie ein Krokodil.»

«Blödkopp», meint Nadine.

Diese Gespräche zeigen einige Gesichter, die Ängste für Kinder haben. Angst ist eine natürliche Erfahrung des Menschen, hat eine sichernde Funktion, ist notwendig, um das Überleben zu gewährleisten. Zugleich fordern Ängste zur Bewältigung auf: Sich einer Angst selbstbewusst und freiwillig zu stellen, ihr ein Gesicht zu geben, setzt Vertrauen in die eigenen Kräfte voraus. Es stärkt zudem das Selbstwertgefühl, wenn man Ängste verarbeitet hat.

Die angstfreie Welt ist eine Illusion, ja eine negative Utopie. Eine Erziehung, die Ängste fernhalten will, macht Heranwachsende genauso lebensuntüchtig wie jene, die Kinder mit Ängsten unter Druck setzt. Kinder werden im Laufe ihrer Biographie mit vielfältigen Erfahrungen konfrontiert, die gefühlsmäßige Eindrücke und Belastungen mit sich bringen und Spuren hinterlassen. Eine selbstbestimmte Verarbeitung und Bewältigung von Ängsten ist für die Ausbildung von Ich-Identität und Selbstvertrauen wichtig. Kinder brauchen bei der Angstbewältigung elterliche Unterstützung, weil sie so Sicherheit und Halt erfahren.

Kinder haben ganz eigene Wege der Angstbewältigung: Sie inszenieren ihre Ängste, geben ihnen ein Gesicht. Obwohl jede Verarbeitung einzigartig ist und sich von Kind zu Kind unterschiedlich darstellt, können elterliche Maßnahmen die Verarbeitung unterstützen:

- Geben Sie dem Kind das Gefühl von Sicherheit und Geborgenheit, trauen Sie ihm die Angstbewältigung zu. Je sicherer sich das Kind gebunden fühlt, je mehr Vertrauen es zu sich selber hat, umso schöpferisch-kreativer geht das Kind an die Situation heran.

- Die Angst des Kindes ist ernst zu nehmen, sie sollte weder überdramatisiert noch heruntergespielt werden. Rationalisierungen helfen nicht. Aktives Zuhören, Anteilnahme, Verständnis sind wichtig. Vor allem aber: Lösen Sie nicht das Problem für das Kind. Es soll bei der Angstverarbeitung mitarbeiten. Deshalb ist die Frage an das Kind wichtig: Was kannst du tun, damit deine Ängste weggehen? Kinder sind voller Ideen, Magie und Phantasie. Kinder, die nicht mitarbeiten wollen, setzen ihre Ängste möglicherweise zweckgerichtet ein, um – unbewusst – bestimmte Ziele (z. B. Aufmerksamkeit bekommen, Schuldgefühle vermitteln, Ohnmachtsgefühle erzeugen) zu erreichen.

- Ängste kommen eher schnell, vergehen manchmal langsam. Eine Angstbewältigung ist nicht von heute auf morgen zu erreichen. Jedes Kind hat sein eigenes Tempo, seine eigene Vorgehensweise. Nicht allein äußere Einflüsse, auch das Temperament des Kindes prägt nachhaltig – manchmal zum Frust der Eltern – die Geschwindigkeit, mit der Ängste verarbeitet werden.

«Ich verstehe das nicht», erzählt eine Mutter auf einem Seminar, «meine beiden Kinder sind völlig unterschiedlich: Die jüngere Tochter, die Bettina, die ist sechs, geht auf alles zu, ist ausgeglichen, wird mit schwierigen Situationen lässig fertig. Die ältere, sie heißt Dorothea, ist acht, die ist schüchtern, scheu, schreckhaft. Und jetzt vergleicht sich die Ältere ständig mit der Jüngeren, zieht sich immer mehr zurück und verkrampft noch mehr!»

Viele Eltern beobachten: Kinder sind unterschiedliche Angsttypen, gehen verschieden mit angstbesetzten Situationen um, entwickeln ganz individuelle Strategien, um ihre Ängste zu verarbeiten. Zweifelsohne sind Ängstlichkeit, Schreckhaftigkeit auch anlagebedingt. Sie sind vom Temperament und von der Konstitution des Kindes abhängig. Schon bei Säuglingen kann man beobachten, wie sie unterschiedlich auf Situationen reagieren: Die einen liegen ausgeglichen da, lassen sich schnell beruhigen und trösten, schlafen lange und ausgiebig, lächeln, wirken geradezu gelassen. Andere scheinen schon früh zögerlich, scheu, sind leicht erregbar, reagieren erschreckt auf jedes Geräusch, jede Veränderung der Situation bringt sie regelmäßig durcheinander, sie reagieren schneller mit Ängsten.

Aber genetische Bedingungen und Temperament müssen kein lebenslanges Schicksal sein: Auch ein scheu-unsicheres Kind kann Selbstbewusstsein und Urvertrauen aufbauen, anpackend seinen Lebenslauf gestalten. Umgekehrt kann aus einem ausgeglichen-stabilen Kind ein sozial unsicheres, still-passives Kind werden. Das elterliche Wissen um die genetische Disposition, um das Temperament kann insbesondere jenen Kindern helfen, die launenhaft sind, zu mehr Schreckhaftigkeit, Ängstlichkeit und Schüchternheit neigen, die langsamer auftauen als die Springinsfelde, die schnell im Mittelpunkt des Geschehens stehen. Die zögerlich-unausgeglichenen Kinder haben es dann schwerer, wenn man sie ständigen Vergleichen unterwirft. Dies tun sie schon häufig genug selbst – mit für sie manchmal deprimierenden Resultaten.

Ein Kind kann lernen, sich zu akzeptieren. Dazu braucht es Zeit, Eigen-Zeit. Und hierbei ist entscheidend, wie die Umwelt auf das kindliche Temperament reagiert. Haben Kinder das Gefühl, sie sind in ihrer Eigen-Art angenommen, bauen Kinder mit schwierigen Temperamenten Selbstbewusstsein und Urvertrauen auf. Auch wenn es passender und einfach angenehmer wäre, wenn das Kind einmal durchschliefe, kann man es in seinen unregelmäßigen Schlafrhythmen begleiten. Und wenn sich Kinder darin bestätigt sehen, dass sie in fremden Situationen langsam auftauen dürfen, dann kann man in ihrer Zögerlichkeit auch eine produktive Langsamkeit entdecken. Diese Kinder ziehen sich zurück, wenn man sie vergleicht und drängelt, diese Kinder bewegen sich mit dem ihnen eigenen Tempo vorwärts, wenn man sie lässt.

Schwierigkeiten und Probleme entstehen dann, wenn Eltern die temperamentsbedingte Launenhaftigkeit, Schüchternheit, Unausgeglichenheit, Unregelmäßigkeit bei alltäglichen Abläufen mit temperamentsbedingter Offenheit, Gelassenheit, Anpassungsfähigkeit und Zuglänglichkeit vergleichen. Dann stellt sich schnell der Verdacht ein, diese Kinder wollten nicht, sie machten ihre «Unarten» oder «Untugenden» mit Absicht. Nein: Diese Kinder können nicht. Sie machen es nicht mit böser Absicht, um ihre Eltern zu ärgern, sie vorzuführen. Sie können wirklich nicht.

Die Einsicht in anlagebedingtes Verhalten kann Eltern dazu bringen, sich intensiver und vorbehaltloser auf die Seite ihrer Kinder zu schlagen, ihnen Begleitung und Unterstützung zu geben, anstatt – manchmal unbewusst – gegen sie zu arbeiten.

Und dies gilt auch für den Umgang mit den Geschichten und den Spielen. Kinder werden auf sie höchst unterschiedlich reagieren und mit ihnen umgehen. Unser Rat an die Eltern: Akzeptieren Sie die Verschiedenartigkeit der Reaktionen! Vergleichen Sie Ihr Kind nicht mit den anderen! Lesen Sie die Geschichten, die Spiele vorher durch und überprüfen Sie, ob die Stücke dem Alter und der Entwicklung Ihres Kindes entsprechen! Beachten Sie Widerstände und Blockaden! Respektieren Sie also die Reaktionen Ihres Kindes.

Sylvia Braun erzählt, wie ihre fünfjährige Svenja mit der Geschichte «Tamara und der Zaubersand» umgegangen ist. «Am Anfang wollte sie die Geschichte nicht zu Ende hören. Ich musste dann aufhören, ihr die Geschichte vorzulesen. Fast immer an derselben Stelle sagte Svenja: ‹Hör auf! Ich hab Angst!› Aber zugleich wollte sie die Geschichte immer und immer wieder hören. Ich dachte, die spinnt. Und irgendwann konnte ich die Geschichte ganz zu Ende lesen. Svenja ist dabei fast in mich reingekrochen. Und nun kann sie von der Geschichte nicht genug kriegen. Sie muss sie ständig hören. Auch die CD will sie immer und immer wieder hören. Aber nur die Geschichte will sie hören, bei den anderen schaltet sie ab. Ich dachte, irgendwann muss es ihr doch langweilig werden! Aber denkste! Die kriegt nicht genug davon!»

«Als mein Marco, der ist fünf, die Geschichte von Melanie hörte, die sich in einen Dracula verwandelt hat oder besser, die sich mit ihm verbündet hat, saß der mit offenem Mund da, hatte feuchte Hände, ist dann aber von meinem Schoß geklettert und dann ist er ganz langsam zur Tür gerobbt. Als ich fragte: ‹Soll ich aufhören?›, war er richtig entrüstet, stinksauer. Ich musste weiterlesen. Das ging die nächsten Male auch so. Er war immer in Bewegung, konnte nicht stillsitzen. In der letzten Zeit ist er beim Vorlesen ruhiger, aber nach wie vor ganz in den Bann geschlagen!»

«Bei Spielen, so Geisterbahnspielen, Verstecken und so», ergänzt Magda Müller, Mutter des fünfjährigen Max, «hält er sich komplett raus. Er steht am Rand, schaut zu, übernimmt keine Rolle. Ganz schlimm ist es bei Spielen, wenn's ums Schminken oder ums Verkleiden geht. Das macht er nicht mit. Dann rastet er komplett aus, wenn man ihn zwingt. Er rennt wie von der Tarantel gestochen weg, lässt sich nicht anfassen.»

Jedes Kind reagiert anders. Dies gilt es zu respektieren. Wichtig ist der Blickkontakt des Erzählers oder des Spielleiters zum Kind. So kann man an dessen Mimik und Gestik feststellen, wie die Geschichte oder das Spiel ankommen, was sie mit dem Kind machen. Wenn das Kind eine Unterbrechung wünscht, wird das genauso zugelassen wie seine Fragen zur Geschichte oder zum Spiel. Wobei es sehr erhellend sein kann, eine Frage mit einer Rückfrage zu beantworten. Wenn ein Kind zum Beispiel fragt, warum macht Melanie das oder Tamara jenes, dann kann die Rückfrage lauten: «Warum macht sie das wohl?» Durch diese Technik kann der Erzähler oder der Spielleiter erfahren, was das Kind wirklich wissen will oder wovon es emotional berührt ist. Auch kann der Erzähler oder Spielleiter eine Darstellung kurz unterbrechen, das Kind zu Details fragen oder an seine Kompetenzen anknüpfen, indem der Erzähler oder Spielleiter fragt: «Was hättet ihr in dieser Situation gemacht?» Aber Vorsicht: Solche Interventionen dürfen nicht wie der pädagogische Holzhammer daherkommen. Wenn Kinder den pädagogischen Zeigefinger spüren, dann verweigern sie sich sofort. Bedenken Sie: Das Kind bestimmt das Tempo der Geschichten und der Spiele. Der Erwachsene ist begleitender Moderator.

ÄNGSTE BEGLEITEN DEN LEBENSLAUF

Kinderängste können auf vielfältige Weise entstehen. Der dänische Philosoph Kierkegaard formulierte, Angst sei nur vor dem Hintergrund von Freiheit möglich. Die Freiheit, sich zu entfalten, Neues anzupacken, etwas zu wagen, hinaus in die Welt zu gehen, ist mit Angst verbunden – einer Angst, die herausfordert und konstruktiv und kreativ macht. Sich selbstbestimmten Aufgaben zu stellen ist mit Spannung und Stress verknüpft, weil man scheitern kann, zugleich können so aber starke Gefühle von Selbstbewusstsein und Autonomie entstehen.

Menschen, die nicht hinausgehen, um sich der Freiheit und der Angst zu stellen, werden nicht selbständig, entwickeln kein Selbstwertgefühl. Wer sich nicht selbstbestimmt dem Neuen stellt, weil er vor seiner Angst flieht, entwickelt eine Angst vor der Angst. Für diese Menschen ist Angst keine produktive Kraft, sie hemmt, macht krank.

Wenn ein Kind krabbeln und gehen lernt, löst es sich aus vertrauten Zusammenhängen. Das Kind stößt an räumliche Grenzen, die es überschreiten möchte – denn jenseits der Grenzen tun sich Freiheiten und Freiräume auf, die es erobern möchte. Für Kinder sind diese fremden Räume mit Lust und Angst verbunden, mit Lust auf Neues und Angst davor, sich in der Freiheit zu verlieren, keine Orientierung zu finden.

Das Kind entwickelt sich in den ersten Lebensjahren rasant. Mit jedem Entwicklungsschritt wird die Tür zum Leben weiter geöffnet – und dies fordert das Kind gefühlsmäßig heraus. Aber es lässt sich fordern, weil es weiß: Nur wenn ich aus der Tür gehe, mich neuen Erfahrungen und unbekannten Gefühlen stelle, finde ich Zutrauen zu mir, erfahre ich mich in meinen Fähigkeiten.

In den ersten fünf Lebensjahren durchlebt ein Kind die fünf entwicklungsbedingen Angstformen, die es ein Leben lang begleiten.

1. Da ist zunächst einmal die ursprünglichste Form von Angst, die *Körpertontakt-Verlustangst*.

2. In der nächsten Entwicklungsphase entsteht das so genannte Fremdeln oder die *Achtmonatsangst*.

3. Mit dem Krabbeln und dem Gehenlernen ist die *Trennungsangst* verbunden, die sich zwischen dem zwölften und achtzehnten Lebensmonat ausbildet

und ihren Höhepunkt zwischen dem zweiten und dritten Lebensjahr hat.

4. Um das dritte Lebensjahr kommt es zur Ausbildung der *Vernichtungsangst*, der sich

5. zwischen dem vierten und fünften Lebensjahr die *Todesangst* hinzugesellt. Auf diesen Gesichtspunkt gehen wir in unseren Spielen nicht ein. Deshalb bleibt diese Angst in den nachstehenden Ausführungen unberücksichtigt.

Bedenken Sie: Überwundene Ängste können wieder auftreten! Die Geburt eines Geschwisterchens kann Trennungsängste genauso wieder beleben wie der Wohnortwechsel oder die Scheidung der Eltern. Direkt oder indirekt erlebte Katastrophen rufen Vernichtungsängste, die man schon überwunden glaubte, erneut wach.

Hier zeigt sich, wie verheerend es ist, Kinder angstfrei erziehen zu wollen. Wichtiger ist es, sie zur Verarbeitung von Ängsten zu ermutigen, ihnen dabei Halt und Sicherheit zu geben. Eltern können dabei auf jene Strategien, Symbole und magische Bilder zurückgreifen, die die Kinder selbst entwickelt haben. Wer Kinder von entwicklungsbedingten Ängsten fern hält, erzieht sie zu einer Angst vor der Angst, macht sie hilflos, abhängig von sich, macht sie schutzlos gegenüber möglichen Angstattacken.

Die entwicklungsbedingten Ängste verschwinden oder werden schwächer, aber dies ist für Eltern, deren Kinder es gerade mit Ängsten zu tun haben, nur ein schwacher Trost. Denn manchmal dauert es lange, bis Kinder Ängste bewältigen, eigene Problemlösungskapazitäten entwickelt haben. Die hängen entscheidend von der gefühlsmäßigen und geistigen Reifung des Kindes ab. Und die stellt sich niemals als eine stete Vorwärtsbewegung dar, sie ist vielmehr erheblichen Schwankungen unterworfen, von Vorwärts- und Rückschritten, von Stillstand und Umwegen gekennzeichnet.

VOM HALTEN UND FREMDELN

Der Säugling ist in den ersten Lebensmonaten ebenso anhänglich wie abhängig. Beides sind Bedingungen, um zu überleben. An Stimme und Geruch erkennt das Baby die Mutter, gleichwohl ist es zunächst noch unkritisch anderen Personen gegenüber. Die Fähigkeit, zwischen festen und weniger festen Bezugspersonen zu unterscheiden, entwickelt das Kind etwa vom sechsten Lebensmonat an. Erlebt das Kind jeden Tag andere Gesichter, erhalten sie keine konkrete Bedeutung. Das Kind lernt dann nicht, zwischen vertrauten und unvertrauten Personen zu differenzieren, es erscheint vertrauensselig, geht distanzlos auf andere zu. Ein solches Verhalten kann ein Zeichen für eine brüchige Bindung sein.

Der Säugling lässt sich berühren und gern im Arm halten. Körperkontakt herzustellen ist ein ursprüngliches Bedürfnis und dürfte bei der Mutter eine angeborene Disposition sein: Sie umschließt ihr Kind, gibt ihm mit den Händen Halt, lässt zu, dass es sich fest an ihren Körper schmiegt. Das Kind empfindet Wärme und Nähe, es riecht sie. Das Kontaktbedürfnis ist in den ersten Lebenswochen und -monaten ausgesprochen groß. Wenn der Säugling hungrig ist, sich unwohl fühlt, müde ist, erschrocken ist oder den Körperkontakt verliert, reagiert er. Auf gefühlsmäßiges und materielles Unbehagen folgen Schreien, Weinen oder Klagen, auf die plötzliche Trennung folgt ein Greif- und Klammerreflex.

Geht der Körperkontakt verloren, fühlt sich ein Säugling unbehaglich, es bauen sich existenzielle Ängste auf. Das Schreien, Brüllen und der Greifreflex des Babys sind ein Kampf ums Überleben, ein Kampf, der von den Bezugspersonen unterstützt werden muss. In späteren Lebensabschnitten kann das Kind selbständig Ängste bewältigen, doch in dieser Phase ist es bedingungslos auf Bezugspersonen angewiesen. Diese können den Säugling unterstützen durch den Körperkontakt und durch Zuwendung, Trost und schnelle Bedürfnisbefriedigung.

Kinder «fremdeln»

Das Kind zwischen dem sechsten und achten Lebensmonat lernt zwischen vertrauten und nicht vertrauten Personen zu unterscheiden. Eltern haben mit diesem Entwicklungsschritt – Fremdeln oder auch Achtmonatsangst genannt – ihre Probleme. Ihr Kind ist plötzlich nicht mehr so pflegeleicht, lässt sich nicht mehr jedem in den Arm drücken, es ist bei der Auswahl der Babysitter wählerisch, lächelt nicht auf Kommando – es möchte zwar Halt, aber nicht von jedem gehalten werden.

Diese Fähigkeit der Differenzierung ist ein wichtiger Reifeschritt, unter anderem ausgelöst durch eine Verfeinerung der Sinneswahrnehmung. Das Kind erwirbt allmählich ein Bewusstsein für gewohnte Umgebungen. Vertraute Menschen, die das Kind täglich oder regelmäßig erlebt, geben Halt, Orientierung und Verlässlichkeit. Diesen Personen vertraut es bedingungslos. Weil sie Schutz geben, das gefühlsmäßige Überleben garantieren.

Aber zugleich «fremdelt» das Kind, wenn unbekannte Menschen ihm körperlich zu nahe kommen. Und das Kind «fremdelt» auch in ihm unbekannten Situationen: Auf der einen Seite reizen diese Situationen zur Erkundung, auf der anderen Seite sind sie unheimlich. Das Kind möchte fortkrabbeln, vorwärts laufen, aber es braucht auch den Blickkontakt zur vertrauten Person, die Gewissheit, nicht allein zu sein.

Kinder brauchen eine Aufwärmphase, sie bestimmen das Tempo der Annäherung an unbekannte Personen. Bleiben diese auf Distanz, dann ergreifen Kinder irgendwann die Initiative: Sie suchen den Blickkontakt, sie lächeln, sie machen spielerische Annäherungsversuche, sie kriechen hin, manchmal suchen sie, wenn die Personen ihnen vertrauter geworden sind, Körperkontakt.

Eltern haben diese Entwicklungsphase unbedingt zu respektieren, denn wenn Kinder sich nicht von jedem anfassen lassen, nicht sofort freundlich und nett sind, schützen sie sich. Ihr Körper und ihr Instinkt signalisieren ihnen eine Distanz. Aus sicherer Entfernung heraus verschaffen sie sich einen verlässlichen Standpunkt, von dem aus sie selbstbestimmtes Neugierverhalten ausprobieren. Wenn Kinder in ihrem Schutzverhalten bestärkt werden, verfügen sie auch in Situationen, in denen Eltern nicht anwesend sind, über einen wichtigen Selbstbehauptungs- und Überlebensmechanismus.

TRENNUNGSÄNGSTE

Trennung heißt, sich auf den Weg machen, Eigenes beginnen, in unbekannte Gegenden aufbrechen. Trennung und Abschiednehmen vollziehen sich zwischen den Polen Verlassen und Verlässlichkeit. Je mehr Ur- und Selbstvertrauen Kinder haben, je stärker ihr Leben und

ihre Entwicklung durch Verlässlichkeit geprägt sind, desto selbstsicherer ziehen sie in die Welt hinaus. Der Säugling krabbelt aus dem Bett und erobert das Zimmer, das kleine Kind läuft und erobert das Haus, das ältere Kind rennt in den Garten, dann in die Umgebung der elterlichen Wohnung. Bald sind die Grenzen des Ortes und der Region erreicht.

Grenzen geben Heranwachsenden die Gewissheit, was sie können, aber jenseits der Grenzen liegen Räume, die es sich anzueignen gilt. Dazu bedarf es des Abschieds von gewohntem Terrain. Der Psychologe C. G. Jung hat diese Grunderfahrung von Entwicklung so umschrieben: «Kind bedeutet etwas zur Selbständigkeit Erwachsendes. Es kann nicht werden ohne Loslösung vom Ursprung: Die Verlassenheit ist daher notwendige Bedingung, nicht nur Begleiterscheinung.»

Trennung, Abschiednehmen, ist ein Prozess, der Kinder bis zum Auszug aus dem Elternhaus begleitet. Immer wieder gilt es, sich veränderten Herausforderungen zu stellen – der Ablösung aus der symbiotischen Einheit mit der Mutter, dann dem Besuch des Kindergartens, später dem Eintritt in die Schule, dem Schulwechsel und schließlich der Berufsausbildung. Von Veränderungen in Freundschaften, einem Ortswechsel oder Krankenhausaufenthalt ganz zu schweigen.

Trennung und Abschied sind Garanten

für ein eigenes Leben, sie stehen für Veränderung und Neuerung. Ohne sie ist eine Individuation, sind Autonomie und Eigenständigkeit, Ich-Identität und Zu-sich-selber-Finden nicht möglich.

Märchenhelden leben den Kindern diese Individuation gekonnt vor: Sie ziehen aus, sie machen Erfahrungen, sie geraten in große Gefahren, bestehen diese und kommen geläutert und gestärkt zurück. Doch ist Individuation ein lebenslanger Prozess – und auch Erwachsensein ist kein fertig abgeschlossener Zustand. Erwachsenwerden hat mit Wachsen, mit Veränderung zu tun – dies gelingt jedoch nur dann, wenn Abschied und Ankommen, Abgrenzen und Wiederannäherung Lebensprinzipien darstellen. Doch Eigenständigkeit und Autonomie gibt es nicht zum Nulltarif, sie sind nicht ohne Schmerz und Tränen möglich, sie sind mit Ängsten und Unsicherheiten verbunden.

Und Trennungsängste begleiten Kinder in ihrer Entwicklung. In ihrer frühesten, ursprünglichen Form tauchen sie zwischen dem zwölften und achtzehnten Lebensmonat auf. Sie geben Hinweise auf einen Reifeschritt des Kindes. Das Kind beginnt zu krabbeln, es löst sich erstmals augenscheinlich aus vertrauten Bezugsfeldern, später beginnt es zu laufen, wegzulaufen, sich bewusst zu lösen.

Reifung und Entwicklung zu einer eigenständigen, selbstbewussten Person sind mit Ängsten verbunden. Deshalb gilt: Einerseits sollten Eltern solche Ängste nicht von den Kindern fernhalten, andererseits aber auch nicht mit Trennungsängsten gedankenlos spaßen oder gar drohen. Kinder brauchen Vorbilder und Strategien, wie sie diese Ängste konstruktiv beherrschen können.

- Kinder können Unsicherheiten dann konstruktiv verarbeiten, wenn man ihnen das Gefühl des Angenommenseins vermittelt. Die Trennungsphase und die damit verbundene Bewältigung müssen überschaubar sein. Je diffuser sich die Phasen darstellen, je emotional leerer Kinder die Trennung erleben, umso gravierender sind die Folgen.

- Kinder können Trennungen aushalten und mit ihnen produktiv umgehen, wenn sie Vertrauen und Erfahrung darin haben, dass solche Trennungen zwar schmerzhaft sind, aber dass man sie übersteht und gestärkt aus diesem Prozess herauskommen kann. Je mehr man Kindern Trennung und Abschied vorenthält oder sie überdramatisiert, umso eher fühlen sie sich überfahren und ausgeliefert, umso mehr brauchen sie andere Menschen. Ohnmacht und Hilflosigkeit sind nicht selten die Folge.

Trennungen, sogar lang anhaltende, sind manchmal unumgänglich und müssen, auch wenn sie eine gefühlsmäßige

Belastung darstellen, keine seelische Beeinträchtigung für den Heranwachsenden mit sich bringen. Zweifelsohne zieht ein auch nur vorübergehender Verlust der Bezugsperson psychischen Stress nach sich. Aber Kinder können Trennungen – zum Beispiel arbeits-, urlaubs- oder krankheitsbedingte – gekonnter (was nicht heißt: emotionsloser) bewältigen, wenn

- sie dem Kind überschaubar erscheinen,

- es um die Zuverlässigkeit anderer fester Bezugspersonen weiß,

- diese dem Kind vorher bekannt sind,

- die Gefühle, die mit Trennung einhergehen, durch Rituale des Abgebens und des Wieder-Abholens eine für das Kind überschaubare Struktur erhalten.

Der Umgang mit einer Trennung hängt auch vom Temperament und der Konstitution des Kindes ab. Denken Sie daran: Kinder sind keine Maschinen. Was eine Zeitlang reibungslos funktionierte, kann auch wieder haken. Ereignisse, die bedrücken und belasten – seien es Stress im Kindergarten und Schule, Streit mit Eltern und Freunden, Krankheit und Tod im Umfeld, anstehende räumliche Veränderungen oder zeitliche Abwesenheit eines Elternteils –, können Kinder verunsichern, ihre Bewältigungskompetenzen

einschränken. Kinder haben ihr selbstbestimmtes Tempo, mit kritischen Lebensphasen umzugehen. Wenn man ihnen diese belässt, stärkt man ihre Problemlösungsfähigkeiten.

Vernichtungsängste

Zwischen dem zweiten und dritten Lebensjahr entwickeln Kinder Gefühle von Macht, Stärke und Überlegenheit. Im Trotzalter zwingen sie Eltern durch ihr häufiges «Nein!», und «Ich will nicht!» ihren Willen auf, provozieren Väter und Mütter durch ihre demonstrative Eigenständigkeit und bringen sie nicht selten an den Rand von Ohnmacht und Hilflosigkeit. Es kommt zu Machtkämpfen, in die Kinder ihre Eltern ständig neu versuchen hineinzuziehen. Neben dem Willen zur Autonomie, zum «Ich kann das alleine!», entwickelt das Kind zugleich körperbezogene Gefühle von Macht. Die Füße tragen das Kind auf eigene Wege, die es schnell und langsam, laufend und schlendernd zu bewältigen lernt. Manchmal bewegt es sich nicht, es bleibt stehen. Es schaut, es blickt zurück und nach vorn. Zur gleichen Zeit lernt ein Kind, seinen Körper und seine Feinmotorik zu gebrauchen. Es kann vorsichtig Blumen pflücken und heftig herausreißen, es kann ein anderes Kind streicheln, um es im nächsten Moment unangemessen zu schlagen, es kann Türme aus Bauklötzen bauen, um das Bauwerk kurz darauf mit einer Handbewegung zum Einsturz zu bringen, es kann einen Hund liebevoll füttern, um ihn plötzlich einem brutalen Entziehungsritual zu unterwerfen.

Das Gefühl von Macht und Größe stellt sich für das Kind als widersprüchliche Grunderfahrung dar:

- Es erfährt die *positiven* und *negativen* Seiten der Macht, ihre konstruktiven wie ihre destruktiven Aspekte. Es kann aufbauen und zerstören, ehrlich sein und lügen, Zuwendung geben und Liebe entziehen, kooperativ und verweigernd sein. In seiner frühen Entwicklung reklamiert das Kind nur die *guten* Anteile für sich, die *bösen* bindet es an andere, an reale oder fremde, irreale Wesen.

- Auch mit elterlicher Macht verbindet das Kind widersprüchliche Erfahrungen. Eltern können Schutz und Geborgenheit vermitteln. Sie können ihre Macht jedoch zugleich dazu benutzen, um Kindern das Gefühl der Ohnmacht und Abhängigkeit zu hinterlassen, um Anpassung zu erzwingen.

- Und hinzu kommt ein dritter Gesichtspunkt: Viele Eltern erleben ihre Kinder im Trotzalter und in den folgenden Phasen als – so formulierte es eine Mutter – «gespalten». Tagsüber leben Kinder in Spiel und Phantasie ihre anarchisch-zerstörerischen Anteile aus, überschreiten permanent Grenzen, fordern ihre Eltern im Übermaß heraus, sodass man «sie auf den Mond schießen kann».

Abends und nachts verlässt manche Kinder offensichtlich der Mut: In dem Maße, wie sie tagsüber kleine Monster sind, die im Spiel und ihren Ritualen Angst und Schrecken verbreiten *und* verarbeiten, in dem Maße haben sie nachts Angst vor den nun irrealen Monstern, die sie tagsüber darstellen. Nachts sind alle Geister grau und unberechenbar, sie sind schnell, flatterig, diffus, unfassbar, sie dringen in Körper ein, verletzen ihn, sie lösen durch Berührung und Umarmung Ekel aus, sie machen Kindern Angst, verschlungen zu werden, Angst davor, in riesigen bissigen Schlündern zu verschwinden.

Kindliche Vernichtungsängste binden sich an Urelemente: Gewitter, Blitz, Donner, Feuer oder Wasser, an irreale Wesen, Monster, Geister, Vampire, Hexen, wilde Tiere, die auf roten Listen stehen oder längst ausgestorben sind, oder an Phantasiefiguren, die sich Kinder ausdenken, in denen die Medien aber häufig Spuren hinterlassen haben – seien es nun Räuber, Einbrecher, Mörder, Wildwesthelden und dergleichen mehr. Zwei gegenläufige Aspekte zeichnen diese Symbole aus:

- Einerseits faszinieren sie, ziehen Kinder an. Kinder inszenieren die Kraft von Feuer und Wasser im Spiel. Manche Kinder sehen mit großen Augen, geborgen im Arm ihrer Eltern, den Blitzen zu, hören den Donner und machen ihn mit lauten Geräuschen nach. Kinder verkleiden sich als Cowboys und Wildwesthelden, als Superman und als kleiner Vampir, um stark zu erscheinen.

- Andererseits erschrecken Urelemente und irreale Wesen die Kinder. Zwar glauben sie an die Kraft der eigenen Magie und Phantasie, diese Urelemente zu beherrschen, aber es bleibt ein letzter Rest an Unsicherheit, dass dieses Potential nicht ausreicht, dass die Wesen doch zu mächtig sein könnten. Dann erweist sich die nächtliche Flucht ins elterliche Bett als einzige Überlebensalternative.

Je jünger die Kinder sind, umso heftiger empfinden sie Vernichtungsängste, weil ihre Identität nur unzureichend entwickelt ist, sie sich ihrer selbst noch nicht sicher sind. Solche Ängste begleiten Kinder vom zweiten Lebensjahr an, und sie suchen intensiv nach Wegen, ihnen ein Gesicht zu geben, um sie dem diffusen Licht der Nacht zu entreißen, das die Bedrohlichkeit der Figuren und ihre Unheimlichkeit nur steigert. Spiel und Phantasiefiguren sind dabei legitime und wichtige Begleiter des Kindes auf diesem Weg.

Vernichtungsängste fallen in die magische Entwicklungsphase des Kindes, auf die wir später noch eingehen werden. In dieser Phase schafft sich das Kind Figuren und Phantasiegefährten, die auch bedrohliche Seiten haben. Wenn Kinder Schöpfer sind, können sie die «selbstgemachten» Geschöpfe, die Figuren und wilden Gefährten zum Verschwinden bringen. Genauer: Man kann das kindliche Phantasiepotential nutzen!

Und dies werden wir in unseren Geschichten und Spielen tun, in deren Mittelpunkt vor allem die Bewältigung von Trennungs- und Vernichtungsängsten stehen.

ÄNGSTE IM GRUNDSCHULALTER

Viele Eltern sind überrascht, wenn zwischen dem sechsten und siebten Lebensjahr nochmals Ängste auftauchen, von denen Vater und Mutter meinten, ihre Kinder hätten sie längst überwunden oder könnten mit ihnen gut umgehen. Weit gefehlt: Ängste, die für die ersten fünf Lebensjahre so kennzeichnend waren, treten – nicht bei allen Kindern – wieder auf. Manche durchleben sie wesentlich intensiver. Das Moment der Selbstbetroffenheit steigt («Könnte mir das auch passieren?»). Kinder beziehen alles und jedes auf sich und ihre Lebenssituation und sind nicht immer in der Lage, zu abstrahieren. Sie lassen alles unmittelbar an sich herankommen, durchleben Situationen hautnah, ja durchleiden sie.

Ein wesentlicher Grund dafür liegt darin, dass sich die Auseinandersetzung mit der Wirklichkeit zwischen dem fünften und achten Lebensjahr entscheidend verändert. War das Denken im Kindergartenalter magisch-phantastisch, zeichnete es sich bis dahin durch prälogische und präkausale Strukturen aus, wird das Denken der Kinder nun abstrakter und klarer.

Identifizierte sich das vierjährige Kind noch total mit seinem Hamster, meinte es sogar, mit ihm sprechen zu können, so weiß das Kind nun, dass es sich um ein Tier handelt, das zwar Fürsorge braucht, aber eben anders als ein Mensch reagiert. Hatte der Mörder, der Einbrecher, der Entführer für das fünfjährige Kind eher symbolischen Charakter, standen sie für Kräfte, die stärker waren als das Kind selber, konkretisierten sich in ihnen Vernichtungsängste, die man mit phantastischen Mitteln besiegen konnte, haben sie nun realen Charakter, werden die Kinder doch damit in den Gesprächen der Erwachsenen und den Sendungen der Medien konfrontiert. Konnten die vierjährigen Kinder mit Bedrohungen wie Krieg oder ansteckenden Krankheiten noch nicht viel anfangen, riefen sie allenfalls ein diffuses, unbegriffenes Gefühl von Unsicherheit hervor, so bezieht ein siebenjähriges Kind solche Bedrohungen direkt auf sich: «Was ist, wenn der Krieg zu uns kommt?», oder: «Kann ich mich mit dieser Krankheit anstecken?»

Das macht den elterlichen Umgang mit diesen Ängsten nicht einfach: Beschwichtigungen helfen ebenso wenig wie Überdramatisieren oder gar überzogenes Mitleid. Vielmehr gilt es, die Hilfe zur Selbsthilfe zu aktivieren, gemeinsam mit Kindern nach (Aus-)Wegen zu suchen, wie sie mit den angstbesetzten Situationen oder den bedrohlichen Empfindungen besser umzugehen lernen, mit welchen Mitteln sie es schaffen, sich aus beklemmenden Lebenssituationen zu befreien.

Es sind zunächst einmal Urängste, die in diesem Lebensabschnitt wieder aufleben können: Die Angst vor Feuer, Dunkelheit oder Gewitter ist damit ebenso gemeint wie die Angst vor Schmerz, Krankheit oder Tod. Manchmal genügen kleinere Anlässe, damit solche Ängste wieder ausgelöst werden. Wohlgemerkt: Urängste entstehen nicht in dieser Zeit, das Kind nimmt sie mit in diese Entwicklungsetappe hinein, und sie erhalten hier eine besondere Qualität. Soll heißen: Das Kind fühlt sich diesen Ängsten ausgeliefert, gerät darüber nicht selten in Panik.

Konnte das vierjährige Kind die Angst vor dem Gewitter auf dem Arm von Mutter oder Vater – wenn auch mit klopfendem Herzen und schweißnassen Händen – einigermaßen aushalten, so weiß das neunjährige Kind, dass der Blitz die Eltern erschlagen und töten kann. Das

Kind durchdringt die Realität mehr und mehr – damit bildet sich zugleich Angst heraus, die mit der Vernunft allein nicht mehr im Zaum zu halten ist.

Drei weitere entwicklungsbedingte Ängste tauchen – mal intensiver, mal schwächer und von Kind zu Kind verschieden – um das achte Lebensjahr nochmals auf. Man spricht auch von der Acht-Jahres-Angst.

Das Kleinkind lernt um den achten Monat, vertraute von nicht vertrauten Personen zu unterscheiden. Es «fremdelt» bei Menschen, die es nicht kennt, zieht sich von ihnen zurück. Zwar «fremdeln» Kinder – je nach Temperament und Charakter – in allen Entwicklungsabschnitten und Lebensübergängen, aber um das achte Lebensjahr zeigt sich diese Verhaltenweise nochmals stark. Insbesondere introvertierte Kinder – egal ob Jungen oder Mädchen – zeigen sich bei Personen, die sie nicht kennen, in Situationen, die ihnen unbekannt sind verunsichert. Sie gehen auf Distanz, warten ab, nehmen eine Beobachterposition ein.

Auch Trennungsängste treten um das achte Lebensjahr nochmals verstärkt in den Vordergrund. Das Kind klammert, will nicht verlassen werden. Es hält sich – eher an der Mutter, weniger am Vater – fest. Die Ängste können sich über den ganzen Tag verteilen, obwohl sie abends gehäuft auftreten. Das Kind lässt die Bezugsperson – im wahrsten Sinne des Wortes – nicht los. Häufig treten diese Ängste nach körperlichen Wachstumsschüben auf und führen dann bei Eltern zu Irritationen.

«Da hat man ein großes Kind», erzählt mir eine Mutter, «und dann jammert es herum, ist weinerlich, klagt wie ein Baby. Man ist total hin und her gerissen.»

Wachstumsschübe, die sich in den Folgemonaten zeigen, gehen nicht selten mit emotionalen Regressionen, also dem Zurücksinken auf eine frühere Entwicklungsstufe, einher. Es ist, als wolle das Kind die Eltern warnen, es nicht zu überfordern, als weise es – unbewusst – darauf hin: «Bewertet mich nicht nach meiner Körpergröße, achtet darauf, wie klein ich im Inneren bin, und beschützt mich noch!»

Man kann das Klammern und Halten in dieser Zeit mit einer Gefühlstankstelle vergleichen: Das Kind ist auf dem Weg in die Welt, es ist bereit, auszuziehen, und versichert sich elterlicher Nähe und Gewissheit. Es tankt auf, um die nächste Etappe – begleitet von guten Wünschen der Eltern («Ich vertraue dir! Du schaffst es!») – zu wagen.

Trennungsängste sind mithin kein Hinweis auf eine brüchige Eltern-Kind-Beziehung, kein Zeichen für fehlendes Urvertrauen. Trennungsängste drücken vielmehr Trauer aus, das Gewohnte – das sind eben die Eltern – allmählich hinter sich zu lassen. Es ist also genau umgekehrt: Gerade weil das Kind Vertrauen hat, sich sicher ist, losgelassen zu werden, versichert es sich elterliche Liebe und Geborgenheit.

Ist es für Vater und Mutter schon nicht leicht, ein klammerndes, haltendes Kind zu ertragen, so machen es jene Kinder den Eltern besonders schwer, die sich tagsüber als Rambos, Terminators und Gift spritzende Zicken aufführen, die die Eltern am liebsten sonst wohin schießen möchten, die jede Kleinigkeit heranziehen, um einen Machtkampf zu inszenieren, die aber – kaum wird es dunkel und das Zubettgehen steht an – zu kleinen Jämmerlingen werden, die sich an die Eltern schmiegen und von ihrer Nähe gar nicht genug bekommen können, die die Eltern abends am liebsten nicht aus dem Haus lassen oder die nicht einschlafen können, nur weil Vater oder Mutter vielleicht zu Freunden gegangen sind oder eine Veranstaltung besuchen.

Der Abschied vom Kindergartenalter, die Hinwendung zur Schule, die Entwicklung zum «größeren» Kind machen eben auch traurig, können mit Tränen verbunden sein. Und die neu gewonnene Offenheit, die erlangte Freiheit spornen ja nicht nur an, lassen Lust auf Unbekanntes, Ungewohntes entstehen, genauso häufig sind damit Unsicherheit, Zögerlichkeit und Kleinmut verbunden. Hier hilft nur der Rückgriff auf das Bewährte, Bekannte, Gewohnte – die Eltern eben.

Vernichtungsängste, mit denen Kinder zwischen dem zweiten und dritten Lebensjahr erstmals konfrontiert werden, tauchen zu Beginn des Schulalters nochmals auf. Es sind Mörder, Einbrecher oder Entführer, vor denen sich das Kind fürchtet. Aber auch vor Kriegen, Unglücken oder Katastrophen ängstigt sich das Kind. Zudem führen lebensbedrohliche Krankheiten oder Epidemien die Endlichkeit des Lebens immer aufs Neue vor Augen.

Die Kinder wollen in ihren Ängsten ernst genommen sein. Konnte der imaginäre Räuber oder das gefräßige Krokodil für ein vierjähriges Kind noch mit magischen Mitteln besänftigt werden, so stehen diese Techniken in diesem Lebensabschnitt nur begrenzt zur Verfügung. Die Kraft phantastischer Methoden, um Ängste zu bewältigen, nimmt ab – dazu sind die bedrohlichen Mächte zu realistisch, als dass sich Kinder auf die Möglichkeiten, die Zauberpillen und Geschichten bieten, wirklich einlassen würden. Gleichwohl lassen sich in dieser Phase noch Spuren des magisch-phantastischen Denkens finden. Und manche Kinder vertrauen der Zauberkraft entsprechender Symbole – sei es das Kuscheltier oder der Zauberspruch.

Es sind zwei entwicklungsbedingte Anlässe, die in dieser Zeit Vernichtungsängste hervorrufen. Das Kind wächst, wird körperlich größer. Zugleich ist es aber von «noch Größeren», eben den Erwachsenen umgeben, die Macht ausüben, denen man zu gehorchen hat. Das Kind fühlt sich den «Großen» ausgeliefert. Und es verarbeitet seine Ohnmacht, in dem es sich in der Phantasie mit starken Wesen verbündet.

Doch werden Kinder zugleich auch

intellektuell reifer. Sie durchdringen ihre Wirklichkeit mit immer rationaleren Mitteln, sie reflektieren über sich, über andere, über Gott und die Welt. Ihr Denken wird komplexer. Sie erfahren ständig Neues und nehmen mehr auf – Informationen, die sie über allgegenwärtige Medien und Erwachsene erfahren. Sie müssen mit Nachrichten und Gesprächsinhalten umgehen, von denen sie häufig überfordert werden. Kinder beziehen alles auf sich, lassen vieles ganz nah an sich herankommen, setzen sich in Bezug zum Gesehenen und Gehörten: Da ist der Terroranschlag im entfernten New York, aber er kann eben auch bei uns passieren; da sind die kriegerischen Auseinandersetzungen in Afrika, aber was ist, wenn die zu uns kommen; da ist der Ausbruch einer Seuche irgendwo auf der Welt, aber man meint die Symptome schon jetzt am eigenen Leib zu spüren. Die Selbstbetroffenheit nimmt zu, man ist seinen Gefühlen ausgeliefert. Die Vernichtungsängste steigern sich ins Unermessliche, man gerät in einen Strudel, der einen weiter und weiter hinunterzieht – in ein schwarzes Loch.

Kinder brauchen nun Halt, Geborgenheit und Vertrauen in die eigenen Kräfte. Dabei benötigen sie ganz individuelle Begleitung: Was bei dem einen Kind hilft, kann bei einem anderen kontraproduktiv, also genau verkehrt sein. Zu verschieden ist der emotionale Entwicklungsstand der Kinder in diesem Zeitraum.

KINDER VERARBEITEN IHRE ÄNGSTE

Für den Umgang des Kindes mit der Angst ist ein Gesichtspunkt zentral: Um Ängste konstruktiv zu verarbeiten, sind kreative und schöpferische Eigenleistungen des Kindes unverzichtbar. Eltern können durch ihre Reaktionen einen konstruktiven Umgang des Kindes mit seinen Ängsten blockieren.

Sätze wie «Du brauchst keine Angst zu haben!», missachten kindliche Ängste. Aber auch Formulierungen wie «Es ist alles nicht so schlimm!», nehmen Kinder nicht an. Solche Bagatellisierungen lassen bei Heranwachsenden Gefühle der Hilflosigkeit zurück.

Ein überbehüteter Erziehungsstil, der Angst aufbauscht und überdramatisiert, löst Gefühle aus, den Ängsten ohnmächtig ausgeliefert zu sein. So entsteht nicht selten eine Angst vor der Angst, es kommt zu einem wenig situations- und altersangemessenen Vermeidungsverhalten. Kinder, die überbehütet erzogen werden, stehen Ängsten meist erstarrt und entmutigt gegenüber, sind unfähig, ihnen selbstbewusst gegenüberzutreten. Ängste bleiben dann diffus-unbestimmt, es fällt diesen Kindern schwer, ihnen eine Gestalt und ein Symbol zu geben. Sie können ihrer Angst nicht ins Gesicht sehen. Die Angst wird dann zur grässlichen Fratze. Wegschauen scheint die einzige, wenig konstruktive Lösung zu sein, ein Weg freilich, der im Empfinden der Kinder die ungeheuerliche Hässlichkeit der Fratze nur noch steigert.

Ängste des Kindes angemessen ernst zu nehmen schließt aus, sich über die Ängste zu erheben und sie ins Lächerliche zu ziehen. Formulierungen wie «Monster gibt es nicht!», «Vor so was hat einer großer Junge wie du doch keine Angst mehr!», «Nun mach mal nicht in die Hose!», oder «Hast du schon wieder die Windeln voll?», helfen Heranwachsenden weder dabei, zu ihren Ängsten zu stehen, noch dabei, ihre Unsicherheiten gekonnt zu verarbeiten.

Eltern reagieren oft verunsichert und hilflos, wenn ihre Kinder Ängste zeigen und sie mit ihren Mitteln angehen und verarbeiten wollen:

- Eltern zeigen Mitleid («Das arme Kind!», «Das Kind tut mir Leid!») und wollen ihr Kind vor seinen Ängsten beschützen.

- Eltern behandeln ängstlich-unsichere Kinder als unselbständige Wesen und machen sie so noch hilfloser. Sie entwickeln Vorschläge, die häufig weder alters- noch situationsangemessen sind und die Kinder daher nicht erreichen.

- Viele Eltern wollen die Ängste stellvertretend für ihre Kinder verarbeiten. Das Problem: Sie gehen mit ihren eigenen Möglichkeiten an die Ängste heran, überbetonen das Gespräch, die Vernunft und übersehen dabei die besonderen Verarbeitungskapazitäten der Kinder: Spiel, Magie und Ritual.

- Wenn Eltern Ängste stellvertretend für ihre Kinder lösen und verarbeiten wollen, dann machen sie Kinder im gleichen Moment unselbständig und von sich abhängig. Das Kind gibt Verantwortung für sich und seine Ängste an die Eltern ab.

Im Kindergarten- und im Grundschulalter kommen auf das Kind – wir hatten es betont – Entwicklungsaufgaben in emotionaler, sozialer und intellektueller Hinsicht zu. Das Kind erfährt beispielsweise, die Sprache differenzierter zu benutzen. Sein Weltwissen wächst, es nimmt vielfältige, häufig auch abstrakte Informationen auf. Auch wenn diese Entwicklung manchmal mit ungeheurem Tempo abläuft, so darf man doch nicht übersehen: Kinder lernen auch in dieser Entwicklungsphase über Anschaulichkeit und Konkretion, über das Spiel und das unmittelbare Tun. Und bei allem Wissen, das Kinder besitzen, darf man nicht übersehen: Wenn Kinder manchmal so verstehend und wissend erscheinen, dass man den Eindruck vom kleinen Erwachsenen in Kindergestalt gewinnen könnte, so sehr sind sie nach wie vor auf ihre phantastischen-magischen Fähigkeiten bei der Erklärung der Welt und der Verarbeitung von Angst angewiesen.

Auf das Kind strömen jede Menge von Informationen ein. Es erfährt unzählige Einzelheiten, häufig mehr, als es gefühlsmäßig und intellektuell verarbeiten kann. Deshalb bleiben viele Informationen diffus und unverbunden nebeneinander stehen, und die Kinder versuchen, nach den Ursachen und den Bedingungen für die erfahrenen Phänomene zu suchen und zu forschen. Wo Lücken sind, wo ihnen Wissen «fehlt», da fragen sie oder sie fügen magische, symbolische oder bildhafte Denk- und Spielmuster ein und platzieren diese Erklärungen so, um für sich Sinn und Zusammenhang herzustellen.

Die magische Phase des Kindes reicht bis in das neunte/zehnte Lebensjahr hinein – und auch danach sind Phänomene dieser Entwicklungsstufe noch sichtbar. Dem magischen Denken wird in der Bildungsdiskussion der letzten Jahrzehnte manchmal eine nachgeordnete Bedeutung zugewiesen – zu sehr stehen Rationalität und die Orientierung an kognitiven Lernzielen – man vergleiche nur die Diskussionen zur Pisa-Studie – schon im Vorschulalter an vorderster Stelle. Der Leistungsgedanke ist auf das intellektuelle Vermögen und weniger auf die sozialen, motorischen und gefühlsmäßigen Fähigkeiten des Kindes festgelegt. Im Zusammenhang mit der Verarbeitung von Angst ist es wichtig, sich zu vergegenwärtigen:

- Das Kind empfindet sich in der magischen Phase als eine Mischung aus Wissenschaftler und Magier, aus Forscher und Künstler. Auf der einen Seite weiß das Kind um reale Abläufe, weiß um die Hintergründe vieler Dinge. Aber daneben gibt es – ganz zwangsläufig – riesige Lücken, die das Kind mit eigenen Phantasien und selbstgestalteten Überlegungen füllt.

- Kinder denken in Bildern. Und diese vom Kind konstruierten Bilder – seien es das Monster, der Schatten, der unsichtbare Räuber – können genauso wahrhaftig sein wie die Wirklichkeit, die das Kind umgibt. Das Kind beseelt Dinge, haucht ihnen seinen Willen ein, gibt ihm eigene Bedeutung. So können die Legosteine im dritten Lebensjahr noch zum imaginären Spielgefährten werden, jene Steine, die das Kind dann vom fünften Lebensjahr fast nur noch als Spielmaterial ansieht. Wenn im dritten Lebensjahr noch der Batman-Umhang reicht, um sich wie dieses Vorbild zu fühlen, so muss es im siebten Lebensjahr die Gesamtausrüstung sein, um sicher zu sein, man sei der Superheld.

- Doch erweist sich die selbstbestimmte Beseelung von Dingen manchmal als widersprüchlich: Sie gibt den Kindern Kraft, um Selbstbewusstsein und Eigenständigkeit zu demonstrieren. Aber durch die magische Besetzung können aus harmlosen Gegenständen oder Situationen fürchterliche Monster werden. Da entstehen aus dunklen Schatten Geister, da werden aus wehenden Gardinen Einbrecher und knarrende Geräusche mit überlebensgroßen Einbrechern gleichgesetzt.

Wie positiv und konstruktiv die Beseelung von Gegenständen in vielerlei Hinsicht jedoch ist, mag das Erlebnis des sechsjährigen Max verdeutlichen. Max, ein kräftiger selbstbewusster Knirps, macht seiner Mutter seit einiger Zeit Kummer. Er ging bisher – und dies immerhin schon über zwei Jahre – gerne in den Kindergarten. Man schätzte Max' Offenheit, seine impulsive Art. «Doch seit ich ein zweites Kind habe», so Max' Mutter, «will er nur zu Hause bleiben. Oder er wartet im Kindergarten schon sehnsüchtig auf mich.»

Max' Traurigkeit und seine zögerliche Art gehen der Mutter «allmählich auf die Nerven». Als beide wieder einmal streiten, die Mutter die Geduld verliert, fragt sie genervt: «Muss ich denn die ganze Zeit bei dir im Kindergarten bleiben?» Max schüttelt vehement den Kopf.

«Was willst du denn?»

Max rückt zur Mama, den Kopf an ihren Pullover gelehnt: «Den Pullover!»

«Was?»

Max fasst den Pullover an, reibt seine Nase daran. «Den Pullover!», wiederholt er ganz selbstverständlich.

Die Mutter ist verunsichert, denkt nach. Am Abend vor dem Zubettgehen verspricht sie Max, ihm am Morgen ihren Pullover in seinen Rucksack zu legen.

«Aber warum denn meinen Pullover?», fragt sie.

«Der riecht so gut! Legst du ihn mir wirklich hinein?»

Die Mutter nickt. Am nächsten Morgen geht Max mit einem prall gefüllten Rucksack in den Kindergarten. Er sieht nicht so zögerlich aus wie sonst, und seine Erzieherinnen beobachten, dass Max immer, wenn er seinen «Durchhänger hat», zur Garderobe geht, aus seinem Rucksack einen Pulloverärmel herauszieht, daran herumschnüffelt und lächelnd wieder in den Gruppenraum zurückkommt. Max hatte von diesem Morgen an keine Probleme mehr mit dem Kindergartenbesuch, obwohl seine Mutter den Selbstversuch ihres Sohnes äußerst skeptisch beobachtete.

«Und wenn er damit nicht aufhört?», fragt sie während eines Seminars.

«Wenn Ihr Sohn eine Freundin hat», so lautet die gelassene Antwort, «ist Ihr Pullover megaout.»

«Hoffentlich wird's so sein!»

Das magisch-phantastische Denken stellt nichts Wirres, Irres oder Weltabgewandtes dar. Es ist eine altersgemäße Form von Intelligenz, mit der Kinder schöpferisch tätig sind, um ihre Umgebung, ihre Nah- und Umwelten zu begreifen. Nicht selten ist der junge Heranwachsende überzeugt, Dinge passierten nur, weil er es sich gewünscht hat. Das Kind ist fasziniert von seiner Energie und Kraft, doch kann das, wie gesagt, auch Probleme mit sich bringen. Die sechsjährige Katarina etwa verfluchte ihre Mutter und hätte sie am liebsten auf den Mond geschossen, weil sie wieder mal nicht länger als verabredet fernsehen durfte. Der Zufall wollte es, dass die Mutter am nächsten Tag erkrankte. Katarina erschrak darüber, machte sich und ihre Wünsche dafür verantwortlich.

Mit dem magischen Denken versuchen Kinder, die sie umgebende Welt zu strukturieren, zu verstehen, sie überschaubar zu machen. In der Magie und im Mythos besitzen Kinder eine eigene Sprache, eine Sprache voller Phantasie, voller Märchen und Geheimnisse, eine Sprache, die Erstaunen und Verwunderung hervorruft, eine Sprache, die Erwachsene nur allzu wenig verstehen, häufig sogar verkennen oder ablehnen.

Eine Reihe der Entwicklungsaufgaben, die Kinder zwischen dem vierten und neunten Lebensjahr zu bewältigen haben, ist von Ängsten und Unsicherheiten begleitet und kann durch das magisch-mythische Denken besser ausgehalten und produktiver bewältigt werden. Diese Form der Realitätsdurchdringung stellt den Kindern Möglichkeiten zur Verfügung, mit schwierigen Lebenssituationen auf eine angemessene Weise fertig zu werden.

Dadurch sind rationale und realistische Formen der Konfliktbewältigung und andere Techniken im Umgang mit Angst im Alltag nicht ausgeschlossen, sind deren Stellenwert und Bedeutung nicht zu unterschätzen. Insbesondere bei der Bewältigung sozialer Ängste, die durch Erziehung entstehen, haben magisch-phantastische Mittel der Verarbeitung nicht nur Chancen, sondern auch deutliche Grenzen. Dann müssen andere pädagogische, beratende oder therapeutische Techniken zum Einsatz kommen.

Kinder glauben an die Kraft der Phantasie, daran, dass man mit ihr zaubern kann. Wenn die Phantasie also Monster und Räuber zu schaffen vermag, dann kann sie sie auch bekämpfen und besiegen. Das Kind ist Schöpfer seiner inneren und äußeren Wirklichkeit.

Unser Rat an die Eltern: Nutzen Sie die Kraft kindlicher Kreativität, das Schöpfungspotential von Phantasie. Geleiten und begleiten Sie Ihr Kind auf dem Weg, sich mit den Bildern und Symbolen aus seinem Innersten auseinanderzusetzen. Es ist eine Abenteuerreise, eine Geisterbahnfahrt, eine Achterbahn des Lebens. Aber bedenken Sie: Das Kind bestimmt den Gang der Dinge, das Kind fühlt, welche Schritte erforderlich sind, welches Tempo eingehalten werden muss. Und weiter: Dringen Sie niemals mit Fragen in ein Kind ein. Stellen Sie behutsame Fragen, und halten Sie sich mit Informationen, die ein Kind nicht hören will, zurück!

In der magischen Phase werden bestimmte Genres für Kinder wichtig: das Märchen, die Zauber- oder Phantasiegeschichte (vorgelesen, als Buch, als Theaterstück). Es gibt eine Entsprechung zwischen den formalen Strukturen dieser Produkte und der psychischen Verfassung von Kindern zwischen dem vierten und achten Lebensjahr. Ja es scheint so, als unterstützten diese Produkte die Kinder dabei, ihre Entwicklungsaufgabe in dieser Phase zu durchleben.

Der Märchenforscher Max Lüthi hat fünf Gesichtspunkte entwickelt, die diese Verbindung bestätigen:

- Das Märchen ist eindimensional. Dies meint, dass alles mit allem in Kontakt treten kann. Es ist normal, wenn leblose Gegenstände oder Tiere reden, wenn Phantasiegestalten auftreten. Autos, Tiere oder Bäume verfügen über menschliche Eigenschaften. Sie unterstützen, helfen und retten den Helden auch aus höchster Not. Und niemand wundert sich darüber.

- Märchen sind flächenhaft. Dies umschreibt die Aufhebung von Raum und Zeit, von Naturgesetzen, von Schwerkraft und Logik. Märchen folgen ihren eigenen Gesetzen, alles ist möglich, nichts unmöglich. Nicht um die äußere Realität geht es im Märchen, vielmehr bieten sich einem Kind Symbole, die ihm bei der Bearbeitung der inneren Wirklichkeit helfen. Zwar passiert im Märchen ständig Unerwartetes, Unvorhergesehenes, aber die Kinder wissen um den Sieg des kleinen Helden. Alles ist in Bewegung, immer ist etwas los.

- Das Märchen lebt von Formeln: «Es war einmal» oder «Und wenn sie nicht gestorben sind». Diese Formeln sind Beschwörung, sind Momente der Vertrautheit, sind altbekannte Rituale, mit denen man Angst und Schrecken bannen und aushalten, in den Griff bekommen kann.

- Der Märchenheld besteht seine Abenteuer allein, isoliert von der Außenwelt. Unsichtbare Hände oder die helfende Außenwelt greifen nur dann ein, wenn er in größter Gefahr ist.

- Das Märchen lebt von der polaren Gegenüberstellung von Groß und Klein, Stark und Schwach, Gut und Böse, wobei der kleine Listige, der zerbrechliche Schwache, das Gute über das Böse, das Unrecht siegt. So wie das «Böse» symbolhaft – manchmal bis an die Grenze von Klischee und Stereotyp – dargestellt ist, so lautet die abstrakte Botschaft von Märchen: «Du musst dich schinden und bewähren!» Es geht um Reifung, Identitätssuche und Entwicklung. Der Märchenheld steht am Ende geläuterter, entwickelter, schlichtweg reifer da.

Geschichten und Spiele für Kinder

Kinder spüren genau, ob sie sich mit ihren Wünschen und Bedürfnissen, Sorgen und Ängsten angenommen fühlen. Manche Eltern erzählen – aus Sorge, sie könnten ihre Kinder erschrecken, sie in Angst versetzen – keine spannenden Geschichten, keine Märchen. Oder sie lassen grausame Inhalte weg, deuten Symbole um – und verunsichern damit erst recht ihre Kinder. Wenn man Kinder mit Geschichten und Spielen erreichen will, sollten Sie die folgenden Überlegungen berücksichtigen:

- Kinder mögen einfache und klare Geschichten und Spiele, die märchenhafte Elemente aufweisen, Elemente, die sie mit ihrer Phantasie besetzen können. Kinder brauchen Geschichten mit einem Happy-End, das Mut macht. Kinder verabscheuen elterliche Erklärungen und Deutungen von Geschichten und Spielen. Dies empfinden sie als störenden Eingriff in selbstbestimmte schöpferische Tätigkeit. Je mehr Erklärungen die Erwachsenen zu Geschichten und Spielen haben, umso mehr werden die inneren Bilder der Kinder berührt. Wenn Kinder Fragen haben, werden sie diese stellen. Eltern sollten (auch) in dieser Hinsicht Vertrauen in ihre Kinder haben. Allerdings suchen Kinder häufiger das Gespräch mit Gleichaltrigen, weil sie hier mehr Verständnis erfahren.

- Um sich auf die Geschichten und Spiele einzulassen, brauchen Kinder Gewissheit, Vertrautheit und Verlässlichkeit. Diese stellt sich nur durch wiederholtes Hören und Durchleben der Geschichten und Spiele ein. Je näher eine Story oder ein Märchen geht, je intensiver es die subjektiv bedeutsamen Themen des Kindes betrifft, umso intensiver wird der Wunsch nach Wiederholung geäußert. Viele Kinder geben sich auch deshalb mit einem einmaligen Hören zufrieden, weil sie die gehörte Geschichte im Geiste durchspielen und -arbeiten, um zu einer Lösung zu kommen. Das Prinzip der Wiederholung gehört für die Kinder zum Hören einer Geschichte, und zwar so lange, bis das innere Bild für das Kind bearbeitet ist, keine Bedeutung mehr hat und eine andere Geschichte fasziniert.

● Das Erzählen und Vorlesen, das Spielen und Inszenieren bedürfen einer Atmosphäre, die Geborgenheit vermittelt. Nicht selten vollzieht das Kind rituelle Handlungen, um sich auf die Geschichte einlassen zu können.

VON DER UNHEIMLICHEN LUST DER ANGST

Auf dem Jahrmarkt: Der fünfjährige Jonas steht mit seinem Vater vor einer riesigen Geisterbahn, guckt mit großen Augen die blinkend-funkelnden Monster an.

«Willst du da rein?»

Jonas wirkt unschlüssig.

«Aber deshalb sind wir hier! Du wolltest doch da rein!», meint der Vater zu seinem Sohn.

Jonas überlegt, sieht andere Kinder mit leuchtenden Augen und aufgeregt schnatternd aus der Geisterbahn kommen. Jonas hört Gekreische und Gejuchze aus dem Innern des Karussells.

«Komm!», ruft Jonas mit einemmal, zieht seinen Vater zur Geisterbahn. Sie besteigen einen Wagen. Jonas drückt sich fest an seinen Vater.

Als er die ersten Gespenster sieht, hält er sich die Hände vors Gesicht, lässt sie aber einen Spalt offen, damit er die kleinen und großen Schreckensgestalten sehen kann. Oder er schreit laut auf. Fast hat es den Anschein, als wolle er die gruseligen Monster erschrecken.

«Na?», fragt der Vater, als die Fahrt zu Ende ist und er die schweißnassen Hände seines Sohnes spürt.

«Spitzenklasse», ruft Jonas begeistert. Dann fügt er schmunzelnd hinzu: «Und die Gespenster waren feige. Immer wenn ich: Weg! gerufen habe, waren sie weg!»

«Und?»

Der Vater lacht.

«Jetzt wollen wir wieder rein», sagt Jonas selbstbewusst. «Mal sehen, ob die Gespenster noch feige sind.»

Die Lust mit der Angst hat mit Wagnis, mit Nervenkitzel, mit Erregung zu tun. Auf Jahrmärkten mit ihren Sensationen und Karussells begegnet man der Angstlust ebenso wie in Kinderspielen, beim Verstecken, bei der Blinden Kuh oder dem Fangen. Angstlust bedeutet Sich-Verlieren, etwas wagen, Räume jenseits gewohnter Sicherheiten zu sichten, sich darin zu bewegen und diese Räume zu erobern. Angstlust hat zu tun mit äußerer Gefahr, der man sich freiwillig aussetzt, und der Hoffnung auf Sicherheit am Schluss, auf ein glückliches Ende.

Kinder haben Lust, sich in angstbesetzte Situationen zu begeben, sie zu erleben, sich zu erfahren – wenn dies im gesicherten Rahmen, in einem Kontext selbst geschaffener und selbst bestimmter Regeln und Rituale geschieht, damit die mit der Angstlust einhergehenden Verunsicherungen erträglich und beherrschbar bleiben. Angstlust bedeutet eine erhöhte physiologische Erregung, lässt eine intensive Selbstempfindung zu und geht mit der Hoffnung auf Sicherheit einher: der Vater ist da, aus der Geisterbahn kommt man gestärkt heraus, weil man die Monster besiegt hat, und auch Helden und Heldinnen, mit denen man sich identifiziert, schaffen es, sich mit den «bösen» Gegnern auseinanderzusetzen.

Die Lust an der Angst macht Spaß, weil sie die Gewissheit bietet, in den Alltag zurückzukehren. Sie bleibt überschaubar, weil sie an eine bestimmte Situation gebunden ist, die es zu durchleben und zu durchstehen gilt. In der Lust an der Angst steckt die Sehnsucht nach Neuem, die Verbindung von gefühlsmäßiger Nähe und Gefahr. Ein geheimnisvolles Prickeln, es könnte schief gehen, ist verbunden mit der unverbrüchlichen Gewissheit, dass es schon nicht schlecht ausgehen wird. Im Nervenkitzel, den Spiele und mediale Sensationen bieten, begegnet den Kindern eine Vielzahl von Möglichkeiten, sich der Angstlust zu stellen. Manchmal scheint es, als gestalte sich die lustvolle Begegnung mit der Angst zu einer Art Selbst-Therapeutikum. Dies setzt freilich – wie noch zu zeigen sein wird – bestimmte psychische Rahmenbedingungen voraus. Denn es darf nicht übersehen werden, dass aus dem Zusammenführen von Angst und Lust durchaus Unlust und Schrecken werden können.

ELEMENTE DER ANGSTLUST

Von Angstlust kann man sprechen, wenn drei Grundvoraussetzungen gegeben sind:

- Das Kind setzt sich *freiwillig* einer gefährlichen, emotional verunsichernden Gefahr aus, sei es im Spiel oder bei der Nutzung eines Films, einer Situation freilich, die einem vertrauten und gewohnten Schema unterliegt.

- Es existiert eine *äußere, objektive Gefahr*: das Ungeheuer in der Geisterbahn, das prickelnde Gefühl in der Achterbahn, der schwarze Mann beim Versteckspiel oder der geliebte Medien- und Märchenheld, der sich in Gefahr begibt. Das Kind bindet seine Gefühle und verzichtet

- auf *gewohnte Sicherheit*. Das Wissen um und das Vertrauen auf einen positiven Ausgang des Spiels, das gute Ende der Sendung, beruhigen.

Alle drei Elemente müssen vorhanden sein. Fehlt eines, folgt nicht selten Schrecken, emotionale Betroffenheit oder tiefe Verunsicherung. Dies geschieht – um es am Filmerleben zu veranschaulichen – dann, wenn Kinder sich unfreiwillig einem Film oder einer Geschichte aussetzen oder wenn es nicht zu einem Happy-End kommt.

In der Lust an der Angst zeigt sich eine

unbewusste Verbindung von emotionaler Nähe und wirklicher Gefahr, die für ein Kind nur deshalb auszuhalten ist, weil es um den Ablauf des damit einhergehenden Erregungsdramas weiß: Das Kind ist mit Haut und Haaren beteiligt, fühlt und geht mit, es spürt sich.

Die Lust an der Angst zeigt sich in körperlichen Symptomen: der Blutdruck steigt, Kinder erröten, bekommen feuchte Hände, werden unsicher, halten sich Augen und Ohren zu, verkrampfen oder erstarren, stöhnen, lachen auf, schreien, setzen sich aufrecht hin, kommentieren erleichtert, suchen Nähe und Geborgenheit und fallen in frühkindliche Wahrnehmungsformen zurück, sie lutschen Daumen, stecken den Finger in den Mund oder kauen Fingernägel.

SPIELRITUALE BANNEN ÄNGSTE

Das Spiel stellt eine andere Form der Verarbeitung von Ängsten dar, weil es zentrale Entwicklungsaspekte des Kindes berücksichtigt. Das Kind lässt sich freiwillig auf ein Spiel ein, das selbstbestimmten Regeln unterliegt. Im Spiel kontrolliert der Heranwachsende, in welchem Tempo er sein Problem und seine Lösungen angehen will.

Im Spiel geht es um eine begriffliche Lösung des Konflikts. Das Spiel lebt vom Grundsatz, wonach das Kind den Begriff über das Greifen erlernt. Eigenständig und ausgerüstet mit eigenen Mitteln stellt sich das Kind der Angst, versucht sie zu begreifen, um einen Begriff von ihr zu bekommen. Dies geschieht, wir betonen es nochmals, in einer Geschwindigkeit, die das Kind vorgibt. Zu beachten ist: das Spiel kennt unterschiedliche Tempi – die rasante Vorwärtsbewegung, das Schneckentempo, das Verweilen oder die Rückschau, um zu prüfen, wie weit man gegangen ist, das Sich-Niederlassen und -Einrichten an einem Ort und auch den Rückschritt.

Spiele mit der Angst weisen nicht allein Regeln auf, manche Spiele verwandeln sich in Rituale, die sich in ihrem Ablauf kaum wandeln.

Die Entwicklung und der Alltagslauf von Kindern sind von Ritualen begleitet: die Körperhygiene, das Stillen im ersten Lebensjahr, die Einschlafgewohnheiten mit Gute-Nacht-Geschichten und Kuscheltier, der Tagesablauf mit zeitlichen und räumlichen Strukturen, Aggressionsrituale beim Raufen und Rangeln, das Erlernen von Konfliktlösungen, das Erleben von eigen- und selbstbestimmter Zeit: Bummeln, Trödeln, Sich-Vergessen und In-der-Zeit-Verlieren einerseits, die Vorgabe von Zeitstruktur in Kindergarten, Schule oder Hort andererseits.

Bei der Schilderung der entwicklungsbedingten Ängste haben wir schon auf die Bedeutung von Ritualen verwiesen. Sie dienen dazu, starke Gefühle, verunsichernde Erfahrungen und existentielle Krisen auszuhalten. Rituale sind jedoch nur dann kreativ und schöpferisch, wenn eine Umgestaltung möglich ist, wenn sie Veränderungen unterworfen sind. Aber das Kind muss diesen Veränderungsprozess bestimmen können, Eingriffe von außen können dagegen störend sein. Erwachsene sind Begleiter der Rituale, genaues Beobachten ist nur dann angebracht, wenn die Kinder es wünschen. Viele Kinder schließen Eltern oder erwachsene Bezugspersonen von diesem Erfahrungsbereich aus. Sie drücken damit aus – die Rituale gehören ihnen. Da Erwachsene häufig unangemessen eingreifen, müssen Rituale nicht selten von den Kindern vor den elterlichen Interventionen verteidigt werden.

Kinder erfinden Rituale, in und mit denen sie sich unsicheren Lebenssituationen begreiflich machen und auf eine anschauliche Weise bewältigen. Selbstgeschaffene Rituale zeichnen sich durch drei Bestandteile aus:

- Das Ritual hebt sich vom Alltag ab. Das Ritual lebt durch seine Stilisierung, z. B. den Vampir und die bewusst gestaltete Inszenierung, das Schminken, die Verkleidung. Vor allem die Wiederholung, mit der es vollzogen wird, gibt dem Kind Sicherheit, bietet ihm Verlässlichkeit. Daraus entwickelt sich eine Kraft, aus der ein Kind Selbstvertrauen schöpft. Das Kind hat das Gefühl, Situationen zu kontrollieren.

- Das Ritual lebt durch das Handeln, Begreifen geht über das Greifen – dieser Grundsatz, der den Entwicklungsprozess von Kindern kennzeichnet, ist im Ritual auf eine ebenso konstruktive wie phantasievolle Weise aufgehoben. Das Ritual ist eingebunden in eine sinnliche Inszenierung, das Kind nimmt sich und das Ritual ganzheitlich wahr.

- Das Ritual hat einen Anfang und ein Ende: Ein Kind praktiziert dies auf seine Weise. Es verwandelt sich z. B. für eine bestimmte Zeit in einen Vampir, der ihm Kraft gibt, eine für es unbestimmte Lebenssituation zu kontrollieren und zu bestehen.

- Will ein Ritual nicht zur formalen Inszenierung erstarren, ist es selbst der Veränderung, ja einem Ende unterworfen. Wenn das Kind selbstsicher genug ist, braucht es seine Inszenierung nicht mehr, es hat andere Fähigkeiten und Möglichkeiten gefunden, seinen Weg zu gehen. Jeder Schritt, den es nun macht, ist Teil dieses Weges. Das Kind wird sich in anderen problematischen Lebenssituationen auf die positive Kraft besinnen, die ihm sein Ritual gegeben hat. Und es wird neue Rituale entwickeln, um ungewohnte Situationen selbstbewusst anzugehen.

Unsichtbare Gefährten nehmen Ängste

Es gibt im Leben eines Kindes nicht nur Momente des Glücks; Trauer, Schmerz und Tränen gehören dazu. Das gilt auch für jene Angst, die Kinder diffus-verschwommen, unbestimmt-unklar, unverständlich-nebulös erleben. Kinder befreien sich daraus: Sie sehen gruselige Ungeheuer, damit sie ihrer Angst ein Gesicht verleihen, in das sie blicken können. Viele Eltern sind überrascht, wenn man auf die Feststellung «Mein Kind hat Angst vor Krokodilen» antwortet: «Gut, dann ist ja klar, worüber man mit Ihnen und dem Kind reden kann!»

Kinder halten Kuschel- und Schmusetiere in der Hand, um Phasen der Trennung auszuhalten. Andere erfinden unsichtbare Gefährten, unsichtbar nur für Erwachsene, für Kinder sind sie zum Greifen nah, Phantasiefiguren, die mit ihnen durch dick und dünn gehen, für eine Zeitlang untrennbar mit ihnen verbunden sind. Eltern haben Probleme damit, weil sie meinen, das Kind würde aus der Realität fliehen, gar Wirklichkeit und Phantasie vermischen. Aber ganz im Gegenteil: Solche Figuren sind für die gefühlsmäßige Entwicklung des Kindes außerordentlich wichtig. Die Gefährten fungieren als Kleister, um Löcher im manchmal noch lückenhaft intellektuellen Lernprozess zu stopfen – und sie sind ungefährlich für das Kind. Es lässt sich freiwillig auf sie ein, es bestimmt über sie, es lenkt sie, das Kind besetzt die Figuren mit eigenen Wünschen.

Lasse, drei Jahre, brachte die Familie durch seine «Unordnung permanent auf die Palme». Das betraf weniger die Situation in seinem Zimmer als vielmehr seine Intensität, das Chaos in das gesamte Haus zu verlagern. Seine Eltern «flippten regelmäßig aus», und – so die Erwachsenen genervt – «stellen Sie sich vor, dann sagt er noch, er mache nicht die Unordnung, sondern das mache Pumuckl, der ihn ständig besuche.» Herr Meinhold ist entrüstet: «Also da kann ich richtig ausflippen!»

«Ehrlich!» Seine Frau nickt bestätigend.

Lasse war bei diesem Teil des Gesprächs nicht anwesend. Ich holte ihn hinzu, schickte seine Eltern hinaus, um mir die Situation aus seiner Sicht erzählen zu lassen.

«Was meinst du, hat dein Vater mir wegen der Unordnung gesagt?»

Lasse lächelt mich an: «Das ..., das mit dem Pumuckl ...» Kurze Pause. «Pumuckl ist das ja auch!»

Er schaut mich an, will meine Zustimmung.

«Was ist das mit dem Pumuckl?», will ich wissen.

«Also, der kommt und spielt mit mir, und dann geht er irgendwann und lässt alles liegen, und ich muss aufräumen, und dann habe ich keine Lust ... Wer

Unordnung macht, muss aufräumen, sagt Papa … Pumuckl macht das nicht!»

Ich ließ mir Einzelheiten schildern, um ein genaueres Bild zu bekommen. Dann bat ich die Eltern hinein. Für mich war schnell klar: Lasse hatte seine Unordnung, seine «bösen» Anteile an Pumuckl gebunden. Und Lasse war überzeugt, nicht selbst für das Chaos verantwortlich zu sein. Als ich die Eltern fragte, was mir Lasse wohl erzählt habe, rief der Vater spontan aus: «Den Quatsch mit Pumuckl!» Er klingt säuerlich: «Wie immer! Ich kann's nicht mehr hören!»

«Ist aber kein Quatsch!» Dabei ahmt Lasse Pumuckls quiekige Stimme nach.

«Hör auf!», meint die Mutter genervt. «Es reicht, wenn du das zu Hause machst!» Lasse lächelt, er war nun auf dem besten Wege, seinen Eltern ihre Hilflosigkeit vorzuführen. Machtkampf pur! «Lasse», sage ich, «du solltest mal ganz deutlich mit Pumuckl reden. Dich nervt die Unordnung doch auch. Meinst du, du kannst mit ihm reden?» Die Meinholds sehen mich entgeistert an.

«Oder sollen deine Eltern mit Pumuckl reden?» Die beiden schütteln spontan den Kopf, sehen mich völlig konsterniert an.

«Die nicht!», ruft Lasse. «Die verstehen den doch gar nicht!»

«Was wirst du ihm sagen?»

«Ich werde mit ihm schimpfen! Ich werde sagen: Aufräumen oder er braucht gar nicht mehr zum Spielen zu kommen!»

Die Meinholds sind vom Gang des Gesprächs überrascht, intervenieren nicht mehr. Auf meine Frage, ob sie da mitziehen könnten, nicken sie verhalten: «Wenn's denn hilft!» Als sie den Raum verlassen, habe ich den Eindruck, als ob sie Mitleid mit mir haben wegen des Spielchens, auf das ich mich bei Lasse eingelassen habe.

Vier Wochen später; Fortsetzung des Familienseminars. Die Meinholds kommen strahlend auf mich zu, das Problem mit der Unordnung in der Wohnung habe sich aufgelöst. Lasse mache nur noch in seinem Zimmer Chaos, ansonsten räume er auf.

«Wahnsinnig! Der räumt jetzt auf!» Frau Meinhold lacht, den Sinneswandel ihres Sohnes gleichwohl noch ein wenig skeptisch betrachtend. Lasse kommt auf mich zu.

«Na, Lasse, hast du mit Pumuckl geredet?», frage ich.

«Und ob! Ich hab ihm gesagt: ‹Wenn du nicht aufräumst, spielst du nicht mit mir. In meinem Zimmer kannst du alles liegenlassen. Aber sonst räumst du auf! Ist das klar?!›»

«Und Pumuckl hat dich verstanden?»

Lasse nickt: «Und wie!»

Eine ebenso einfache wie magische und kindgerechte Lösung, die gefunden wurde, weil ich mich auf Lasses Phantasien einließ. Die Kritik der Eltern an der Unordnung konnte Lasse nicht annehmen. Er empfand sie weniger als Kritik an der Sache denn als Kritik an seiner Person. Die Konsequenz: Er inszenierte einen Machtkampf. Und je vehementer die elterlichen Vorwürfe kamen, umso intensiver führte er seine kleinen Rachefeldzüge, die die Eltern allmählich zur Verzweiflung trieben. Die Bedeutung von Lasses Phantasien war klar.

Pumuckl verkörperte Lasses polare Sichtweise, die so typisch für jene Altersstufe ist: die Aufspaltung in «gute» – Lasse – und «böse» – Pumuckl – Personen. Eine differenzierte Betrachtung von Personen – aus einer Entweder-oder-Haltung entwickelt sich eine Sowohl-als-auch-Haltung – gewinnen Kinder etwa vom fünften Lebensjahr an. Aber auch danach bleibt die polare Sichtweise noch erhalten. Sie wandelt sich erst allmählich.

Pumuckl diente Lasse als Vehikel, ein magisches Vehikel, dessen Bedeutung für die Eltern auf den ersten Blick nicht zu erkennen war.

Wenn Eltern sich mehr auf eine genauere Beobachtung ihrer jüngeren Kinder einlassen könnten, es lernten, Verständnis für deren magisch-mythische Sichtweisen zu zeigen, dann gelänge es, schon mit zwei- bis vierjährigen Kindern zu ganz überraschenden Konfliktlösungen zu kommen – Lösungen, die nur für begrenzte Zeit Gültigkeit haben, erwirbt das Kind mit zunehmendem Alter doch andere Fähigkeiten, sich mit sich und anderen Personen auseinanderzusetzen. Dann gewinnen Sprache und rationale Herangehensweisen an Gewicht.

PAPA BANG UND HANNES BÜX

PAPA BANG: *Und was soll das alles mit uns zu tun haben?*
HANNES BÜX: *Naja, die sind jedenfalls der Meinung, dass du mir meine «Spinnereien» lassen sollst.*
PAPA BANG: *Die sind aber auch der Meinung, «dass das Kind dazulernt». Und bei dir seh ich da nichts. Du hast nur Flausen im Kopf, träumst von Abenteuern und willst was erleben.*
HANNES BÜX: *Genau! Siehst mal, wie gut die mich kennen. Sonst hätten sie mich ja nicht in dies Buch reingeschrieben!*

Kapitel 2 | *Geschichten und Spiele gegen Ängste*

Erwachsene haben andere Strategien, sich eigenen Ängsten oder denen der Kinder zu nähern: manche verleugnen oder verdrängen Ängste, wollen sie nicht wahrhaben («Nun komm mal auf andere Gedanken!»), andere bagatellisieren sie, («Das ist nicht so schlimm!»), dritte wollen unbedingt darüber reden, zwingen Kindern Gespräche auf, (Sag', wovor hast du Angst?»), die sie häufig nicht führen wollen («Du musst uns schon sagen, was du hast! Oder muss ich dir jedes Wort aus der Nase ziehen?»). Natürlich meinen es Erwachsene nur gut, haben sie doch gelesen, man müsse mit Kindern sprechen, damit sie ihre Ängste verarbeiten können. Doch Kinder halten davon nicht viel.

Das, was sie bewegt, wollen sie durch Handlung, durch Action, durch Bewegung in den Griff bekommen. Begreifen hängt mit Greifen zusammen. Kinder wollen das Unbegreifliche ihrer Angst im wahrsten Sinne des Wortes begreifen, mit ihren Händen fassen. Und dabei soll das Ganze auch noch Spaß machen, soll «spielend» funktionieren. Und hierfür eignet sich das Spiel.

Das Spiel ist eine lustvolle, eine sinnliche Verpackung, in dem die Kinder auf eine ihnen angemessene Weise Unbegriffenes auf den Begriff bringen, das Spiel macht Kinder kompetent, es hilft ihnen, sich in der Welt zurechtzufinden, eigene Wege auszuprobieren, das Spiel mit der Angst als Chance zu begreifen, zu einer eigenständigen

und selbstbewussten Persönlichkeit zu reifen.

Spiele gegen Ängste stellen eine Art Trainingslager dar, in dem man sich auf zukünftige Aufgaben vorbereitet.

Dieses Training findet auf verschiedenen Ebenen und in verschiedenen Stufen statt. Es reicht vom einfachen Bewegungsspiel, wie es in alten Kinderspielen enthalten ist, z.B. «Verstecken», «der Plumpsack geht um» oder «Wer hat Angst vorm schwarzen Mann» bis hin zu komplexeren Phantasiespielen. Hier schlüpfen die Kinder in die Rollen von Heldinnen und Helden und gehen dann auf emotionale Abenteuerreisen. Zielsicher suchen sie sich dabei genau die Abenteuer aus, in denen sie sich mit ihren Phantasien, Träumen, Ängsten und Wünschen am besten wiederfinden. In diesem, von realen Gefahren freien «Spiel»-Raum können sie sich «übermenschlichen» Herausforderungen stellen und sinnlich konkret den Triumph erleben, sie zu meistern. So wird aus Lukas der furchtlose Drachenjäger, der auszieht, um es mit jedem Ungeheuer dieser (Phantasie-) Welt aufzunehmen. Oder Alina wird zur Wolkenfee, die in der Purpurschlucht das Geheimnis der Riesenspinne Taramanta ergründet.

Diese kindlichen Bewältigungsstrategien für Ängste greifen wir in den Spielen und Geschichten auf. Die Welt, in der die Figuren, von denen wir erzählen, zu

Hause sind, ist bewusst keine realistische. Es ist eine «grenzen-lose» Welt, die magische Räume schafft, die Bilder und Erzähleben bereit stellt, die es ermöglichen, Phantasie in Gang zu setzen und sie als eine ganz besondere Kraft erlebbar zu machen. Aber mehr als ein nur pädagogisch verpacktes Trainingsprogramm, sollen die Spiele und Geschichten vor allem Spaß machen. Sie sollen die Lust am eigenen Phantasieren stärken, die Lust am Freiraum, der Unmögliches möglich macht, die Lust an einer Vorstellungskraft, die Grenzen sprengen kann.

Damit ist nicht Phantasie als Flucht vor der Realität gemeint. Vielmehr geht es um die Möglichkeit, Erlebnisse zu schaffen, die intensiver sein können, als die Abbildung normaler Realität und unbelasteter dadurch, dass sie nicht «so nah an der Wirklichkeit» sind.

So können die Kinder die Abenteuer voller Angst-Lust genießen und eine ganz eigene Kraft entwickeln – eine Kraft, die aus Zwergen Riesen werden lässt.

Alte Kinderspiele neu betrachtet

Wenn Benjamin mit weit aufgerissenen Augen Daniel zuruft: «Fang mich doch! Fang mich doch!», dann spiegelt sich in seinem Gesicht ganz viel von der Lust, die Angst auszukosten, dass er gefangen wird. Oder wenn Maike sich hinter der Mülltonne ganz klein macht und kichernd zittert, ob Marvin sie entdeckt, dann ist auch bei diesem «Verstecken spielen» der Reiz aus Spannung und Anspannung das treibende Element.

Alte Kinderspiele inszenieren auf eine wundersame Weise Ängste. In den Spielen begegnen Kinder auf eine selbstbestimmte Weise ihren Ängsten, aber am Ende des Spiels werden sie auch von ihren Ängsten «erlöst».

Hella Langosch-Fabri hat diese Kinderspiele neu entdeckt («Alte Kinderspiele neu entdecken», rororo 61706) und dabei auch Spiele wiedergefunden, die Kindern helfen, mit Ängstlichkeit, Schüchternheit und unbekannten Situationen umzugehen.

PAPA BANG UND HANNES BÜX

PAPA BANG: «Fangen spielen», das gefällt mir, das trainieren wir beide jetzt mal. Das ist gut, um die Koordinationsfähigkeit beim Haken schlagen zu fördern.

HANNES BÜX: Hör auf mit diesen Fremdworten, die Reise des Helden geht gleich los! Da muss ich doch dabei sein!

PAPA BANG: Mir doch egal, wenn irgend so ein Heldenfutzi verreist. Der setzt dir sowieso nur Flausen in den Kopf

HANNES BÜX: Aber der Held, das kann doch jeder sein, als ich und du und ...

PAPA BANG: Ich und ein Held! Soweit kommt es noch. Ich bin und bleibe ein Angsthase. Und da hab ich andere Sachen zu tun. Muss dringend den Löwenzahn am lehmigen Acker inspizieren.

HANNES BÜX: Der Löwenzahn kann warten. Hier geht's um eine Geschichte, die alle Menschen auf der ganzen Welt verbindet. Die solltest dir auch mal anhören.

PAPA BANG: Ne, ne, ne! Du wirst immer frecher, seit du in den Kapiteln dieses Buches rumturnst. Wenn wenigstens so was drinstehen würde, wie: «Wie berechnet man den Winkel, um den optimalen Haken zu schlagen» oder so. Das könnte ich ja noch angehen lassen. Aber dies ganze Spielgedöns. Was hat denn das mit Wissen über Feld, Wald und Wiese zu tun? Da kommt noch nicht mal 'n Fuchs vor.

HANNES BÜX: Vielleicht schreiben sie ja noch einen rein? Soll ich mal fragen?

PAPA BANG: Nee, lass mal. Bloß keinen Fuchs!

HANNES BÜX: Haste geschwänzt in der Hasenschule beim Kapitel über Füchse?

PAPA BANG: Eben nicht. Deswegen weiß ich, wie gefährlich die sind.

HANNES BÜX: Du bist echt 'n Angsthase!

PAPA BANG: Sag ich doch.

Geschichten als Stoff für Spiele: Reise des Helden*

Mal angenommen, es gibt etwas, das alle Menschen auf dieser Welt verbindet: alle Menschen, ganz gleich welcher Epoche, ob vor zweitausend Jahren, heute oder in hunderten von Jahren. Weiter angenommen, es ist etwas, das über rein körperliche Merkmale hinausgeht, etwas, das in den Herzen wohnt, etwas, das die Seele berührt. Was muss von diesem «Etwas» für eine Kraft ausgehen!

Zugegeben, das klingt vielleicht ein bisschen pathetisch. Aber wenn da nur stehen würde: «Von Geschichten geht eine ganz besondere Kraft aus.», dann nickt man vielleicht kurz mit dem Kopf und das war's.

Aber tatsächlich gibt es etwas, das nachweisbar belegt, was die Magie von Geschichten ausmacht. Es ist ein Muster, ein Ablauf voneinander abhängiger Ereignisse, es sind bestimmte Charaktere, die immer wieder auftauchen. Damit ist jetzt nicht eine der Daily Soaps gemeint, wie «Gute Zeiten, schlechte Zeiten», «Marienhof» oder «Verbotene

Aus Gründen der besseren Lesbarkeit haben wir uns durchweg auf die männliche Form geeinigt.

Liebe». Obwohl die Macher dieser Serien sich gleichfalls dieser Muster bedienen, wie überhaupt das Kino, die Literatur, die ganze multimediale Glitzerwelt.

Nicht dass jetzt der Eindruck entsteht, das Vorhaben sei sehr kompliziert und erst nach einem mehrwöchigen anstrengenden Workshop umzusetzen. Natürlich ist das Vorhaben nicht so leicht, aber gleichzeitig auch ganz einfach und so überzeugend, dass man sich am Ende mit der Hand vor die Stirn schlägt und ruft: «Natürlich! Ganz einfach!»

Die Reise zum Nordpol beginnt mit dem ersten Schritt. Und auch unser Vorhaben ist eine Reise, es ist die «Reise des Helden».

So wird ein Konzept bezeichnet, das der Amerikaner Joseph Campbell bei seinen Studien über Mythen und Symbole entwickelt hat («Hero With a Thousand Faces»). Dabei beruft er sich auf C. G. Jung's Lehre der Archetypen. Archetypen sind innere Bilder, auf die Menschen reagieren, in denen sich Wünsche, Träume und Sehnsüchte ausdrücken. Christopher Vogler hat dieses Konzept auf die Entwicklung zeitgenössischer Geschichten übertragen. («Die Odyssee des Drehbuchschreibens»).

«Die Reise des Helden» beschreibt ein Prinzip, das den Mythen und Erzählungen aller Völker auf der Welt zugrunde liegt und schon immer lag. Wobei mit Held in diesem Fall nicht «der Held» im wörtlichen Sinne zu verstehen ist, sondern der Held als der Figur, um die sich alles dreht.

Und «die Reise» ist als ein Ablauf von Stationen zu verstehen, die der Held durchlebt, durchleidet und durchkämpft, bis er am Ende gereift, geläutert oder gar verwandelt wieder am Anfang ankommt oder weiter voranschreitet zu neuen Abenteuern.

«Hans im Glück» stellt solch einen Helden dar. Er zieht aus, bewährt sich, verdient Gold, tauscht dieses sieben Mal, bis er am Ende, nachdem ihm auch der Stein in den Brunnen gefallen ist, mit leeren Händen dasteht. Aber dieser Eindruck trügt: Seine Hände mögen zwar leer sein, aber er ist gereift, seine Persönlichkeit hat sich entwickelt und so ist Hans, der zurückkommt, ein anderer als der, der ausgezogen ist, sich zu behaupten.

«Die Reise des Helden» erzählt also davon, wie der Held

- seine gewohnte Umgebung verlässt,
- dem Ruf des Abenteuers direkt folgt,
- oder auch erst zögert, den Ruf verweigert,
- von einem Mentor ermutigt wird,
- die erste Schwelle zu überschreiten,
- um in fremden Welten Bewährungsproben auf sich zu nehmen, bei denen er von Verbündeten und Feinden umgeben ist,
- dabei spezielle Fähigkeiten erlernt, mit denen er dann
- eine Aufgabe löst, die entscheidende Prüfung besteht,
- für die er eine Belohnung erhält;
- mit der macht er sich wieder auf den Rückweg in die gewohnte Welt, ist dabei Verfolgungen ausgesetzt, muss sich gegen sie zur Wehr setzen,
- um dann als an der Aufgabe Gewachsener, Veränderter, mit dem Elixier, dem Schatz oder einem sonstigen wertvollen Gut
- wieder zurückzukehren in die gewohnte Welt
- oder auch weiter voranzuschreiten.

Bei diesem Prozess hat der Held verschiedene Helfershelfer, Freunde, aber auch Feinde, die ihm wichtige Impulse geben, ihm massive Hindernisse in den Weg legen oder aber ihn mit wichtigen Informationen versorgen.

Der Held und seine Begleiter:

- Der Held
- Der Begleiter (ein guter Freund, nicht ganz so qualifiziert wie der Held)
- Der Feind, das Böse, der Schatten (kann viele Gesichter, viele Helfershelfer haben)
- Der Weise, der Mentor (verfügt auch über magische Gehilfen, die bestimmte Waffen bereitstellen

können – damit sind alle möglichen Hilfsmittel gemeint – heute High-Tech-Mittel eingeschlossen
- Der Schwellenhüter (er warnt, hat Bedenken)
- Der Herold (überbringt den Ruf des Abenteuers)
- Der, diejenige, an dem der Held besonders hängt (der, die das Liebste)
- Der Trickser (ist in seiner Haltung nicht verlässlich, kann sie abrupt ändern)
- Der Narr
- Der Gestaltwandler (ist nicht zu packen, spielt zwei gegensätzliche Rollen)

Diese verschiedenen Stationen und Charaktere sind das Grundgerüst, das beliebig variiert werden kann. Es können auch nur einzelne Teile herausgenommen werden. Aber zugleich ist eine klare, nachvollziehbare Struktur erkennbar:
- Am Anfang steht ein auslösender Moment, der den «Stein der Handlung» ins Rollen bringt, z. B. ein dringender Hilferuf, eine große Herausforderung, eine besondere Aufgabe.
- Dann geht es darum, einen Weg zu finden, Hindernisse, Aufgabenstellungen und Probleme zu bewältigen, um dadurch einen Schritt weiterzukommen.
- Zum Schluss löst sich alles. Der Held – und damit auch alle, die sich mit ihm identifizieren – kann sich über seinen Erfolg freuen und erhält eine konkrete Belohnung oder zumindest ganz viel Ruhm.

Die Reise des Helden stellt somit das Prinzip für jeden Lernprozess, für jede Weiterentwicklung dar.

In den Geschichten und Spielen für Kinder muss dieses Prinzip enthalten sein. Sie erzählen davon, wie der Held mit seiner Angst umgeht, wie er sich ihr stellt, wie er sie besiegt und dadurch an Stärke gewinnt. So *fühlen* sich Kinder angesprochen. So nimmt man sie als Alltagshelden, die sie sind, ernst.

Papa Bang und Hannes Büx

Hannes Büx: *Alltagshelden, genau! Siehste, Papa Bang, ich wusste doch immer, dass ein Held in mir steckt. Und das werd ich jetzt allen beweisen!*

Papa Bang: *Da werden einem doch die Möhren holzig! Hannes, aus uns Angsthasen können keine Helden werden, basta!*

Hannes Büx: *Das wollen wir doch mal sehen!*

Papa Bang: *Jetzt stürz dich bloß nicht in irgendwelche Abenteuer.*

Hannes Büx: *Ich will aber was erleben!*

Papa Bang: *Ne, ne, ne, Hannes, jetzt bleib mal auf dem Acker!*

Aber Hannes ist schon weg.

Papa Bang: *Hannes? Hannes?? Jetzt geht der Junge doch wirklich auf Erlebnisreise!*

Erlebnisreisen

Kinder lieben Erlebnisse, weil diese tiefe Gefühle hervorrufen, einen flow, ein Fließen, das man überall im Körper spürt, das alle Sinne anspricht. Zweifelsohne rufen actionbetonte Spiele solche Emotionen hervor. Bei den Erlebnisreisen geht es nun nicht um Wege in die äußere Realität, vielmehr geht es um Erkundungen der inneren Wirklichkeit, um den geheimnisvollen Weg nach innen, dort, wo die intensivsten Abenteuer lauern. Die Erlebnisreisen sind Reisen, die durch die Imaginationskraft der Kinder erzeugt werden. Sie sind keine Re-Agierende, sie sind Schöpfer ihrer Reise, haben Kompass und Landkarte – in Form ihrer Phantasie – bei sich. Sie tragen sie in ihrem Innern. Und das meint, dass sie immer so weit gehen, wie sie es aushalten. Deshalb gibt es keine Vorgaben, keine guten oder schlechten Reisen – jedes Kind begibt sich auf den Weg, der gerade passend ist. Und so kann es vorkommen, dass ein Kind aus der Reise aussteigt, weil es genug hat, sich überfordert fühlt, emotional noch nicht so weit ist. Andere Kinder steigen tiefer ein, lassen sich in den Bann schlagen. Jedes Kind bestimmt das Tempo und die Intensität, mit der es die Reise gestalten möchte.

DIE SEIFENBLASENREISE

Du kannst die Augen schließen, sie aber auch offen halten, du kannst liegen oder sitzen, so wie es für dich angenehm ist. Wir machen jetzt eine Reise, eine schöne Reise mit vielen Abenteuern. Und du wirst sie bestehen.

Stell dir vor, du sitzt auf einer Wiese
Unter einem Apfelbaum
und bläst in eine Seifenblase.
Die Blase wird größer und größer und immer größer.
Plötzlich ist sie so groß, dass sie dich einhüllt.
Schaukelnd schwebt sie mit dir in den Himmel.
Du fühlst dich geborgen in ihrer Hülle.
Sie schillert wie ein Regenbogen: rot-gelb-grün-blau-lila.
Und du siehst, wie die Wolken an dir vorbeiziehen.
Große, dicke Wolken, kleine Wolkenfetzen,
Wolken die aussehen, wie Berge von Zuckerwatte

Auf einer besonders großen, weichen, kuscheligen Wolke
landet dein Seifenblasenballon . . . ganz sanft.
Er schaukelt noch eine Weile hin und her.
Die Sonne wärmt die Ballonhülle mit ihrem Licht.
1000 kleine Lichtpunkte blinken auf.
Plötzlich zerplatzt der Ballon und du sitzt auf der Wolke . . .
umgeben von goldenem Sonnenlicht.
Wohlig warm strömt es durch dich hindurch.
Du fühlst dich ganz leicht, stehst auf
und hüpfst auf der schneeweißen Wolke herum.

Plötzlich merkst du,
wie sich dunkle Schatten über die Wolke breiten.
Es beginnt zu donnern.
Das Donnern kommt immer näher.
Dir wird unheimlich zu Mute.
Der dunkle Schatten kommt näher.
Er sieht aus wie ein Drache.

Du kneifst die Augen zusammen.
Der Schatten verwandelt sich jetzt wirklich in einen Drachen.

Du willst vor ihm flüchten,
weißt aber nicht wohin.
Plötzlich fällt dir ein,
dass es ja auch ein freundlicher Drache sein kann.
Du blinzelst ihn an und entdeckst,
dass er lauter bunte Schuppen hat.
Sie schimmern rot-gelb-grün-blau-lila.
Und der Drache blinzelt dir auch zu und sagt:
«Hallo, ich bin Gundolf, der Gewitterdrache.
Schön, dass du mich besuchst.
Darf ich dir denn meine neueste Nummer vorführen?
Mir ist es nämlich gelungen,
einen speziellen Trick der Sonne nachzumachen.
Willst du ihn sehen?»

Du nickst Gundolf zu.
Und nun donnert Gundolf mit dem Klöppel seiner Schwanzflosse
auf seinen Schuppen herum und spielt einen großen Tusch.
Dann beginnt er Feuer zu speien in den Farben des Regenbogens:
rot-gelb-grün-blau-lila.

Aus einem besonders breiten Strahl wird eine Rutschbahn.
Du setzt dich in die Mitte auf den grünen Streifen,
winkst Gundolf zu und beginnst zu rutschen,
immer weiter und immer weiter
Und landest wieder direkt unter dem Apfelbaum.
Und durch das Grün von Gundolfs Regenbogenstrahl
wird das Gras um dich herum noch grüner.
Du atmest den Duft des Grases ein . . .
Atmest wieder aus.
Und lauschst auf deinen Atem.
Du hörst ihm eine Weile zu
Und wenn du genug gehört hast,
dann entspann dich,

öffne die Augen, wenn du sie geschlossen hast,
setz dich hin, falls du gelegen hast.

DER MARIENKÄFERZAUBER

Du kannst die Augen schließen, sie aber auch offen halten, du kannst liegen oder
sitzen, so wie es für dich angenehm ist. Wir machen jetzt eine Reise, eine schöne
Reise mit vielen Abenteuern. Und du wirst sie bestehen.

Stell dir vor, du liegst auf einer Wiese,
auf einer flauschigen, dunkelroten Decke.
Du spürst die warme Decke unter dir
und fühlst dich wohl.

An einem Grashalm kriecht ein Marienkäfer hoch.
«Hey», flüstert er dir zu,
«wenn du willst, bin ich dein Zauberball.»
«Wie soll das gehen?», fragst du den Marienkäfer.
«Stell dir einfach vor, ich bin ein Ball mit schwarzen Punkten
und schon hast du deinen Zauberball.»
«Und was kann ich mit dem Ball zaubern?», willst du wissen.
«Den Ball selber kannst du verzaubern», sagt der Marienkäfer, «in alles,
was du willst. Bei drei kannst du loslegen.»
Du zählst: «1, 2, 3» …
und schon wird der Marienkäfer zu einem Ball mit lauter schwarzen
Punkten.
Einen dieser Punkte schaust du dir genauer an.
Er wird groß und immer größer.
Plötzlich steht ein großes schwarzes Tier vor dir.
Es hebt seine Pranken und will auf dich zuspringen.
«Nichts da!», rufst du ihm entgegen:

«Verschwinde im Winde
Ich weiß, dass ich's schaffe:
Aus dem schwarzen Tier
Wird jetzt ein Affe.»

Und die Pranke des schwarzen Tieres verwandelt sich . . .
in eine Affenhand.
Das ganze schwarze Tier wird zu einem Affen,
zu einem kleinen schwarzen Affen.
Und mit dem Zeigefinger seiner Affenhand
beginnt der Affe in seiner Nase zu bohren.

Hey, denkst du dir, das hat ja super geklappt.
Und du willst es dem Marienkäfer erzählen. Sofort.
Du stellst dir vor, wie er sich darüber freut,
wie er vor Freude mit seinen sechs Marienkäferbeinen
auf und ab hüpft.
Und da siehst du plötzlich,
wie sich der Affe wieder in den Marienkäfer verwandelt.
Der ruft dir zu: «Klasse gemacht!»
Dann winkt er mit seinem linken Vorderbein,
breitet seine Flügel aus und fliegt davon . . .

Du schaust ihm nach,
spürst wieder die Wärme der flauschigen, dunkelroten Decke unter dir.
Und wenn du dem Marienkäfer lange genug nachgeschaut hast,
dann entspann dich,
öffne die Augen, wenn du sie geschlossen hast,
setz dich hin, falls du gelegen hast.

SCHATTENTANZ

Du kannst die Augen schließen, sie aber auch offen halten, du kannst liegen oder
sitzen, so wie es für dich angenehm ist. Wir machen jetzt eine Reise, eine schöne
Reise mit vielen Abenteuern. Und du wirst sie bestehen.

Stell dir vor, es ist Nacht,
du liegst in deinem Bett
und schaust zum Fenster hinaus.
Du siehst den Mond am Himmel
und unter ihm eine Wolkenwiese . . .

Plötzlich entdeckst du auf dieser Wolkenwiese Schatten.
Erst einen, dann zwei, dann immer mehr.
Sie machen Faxen, schneiden Grimassen
und strecken dir die Zunge raus.

Hoppla, denkst du dir, sind die alle mondsüchtig?
Du willst es herausfinden,
stellst dir einen Propeller vor
und steckst ihn in deine Bettdecke.
Dann setzt du dich mittenrein in deine Bettdecke,
bläst den Propeller in Gang
und ab geht's in Richtung Mond.

An einem kleinen Stern an der Wolkenwiese
bindest du dein Bettdeckenflugzeug fest,
steigst aus und schaust dir die Schatten genauer an.
Von nahem betrachtet sehen sie traurig aus,
weil sie nur grau sind.
Was tun?
Um besser überlegen zu können,
vergräbst du die Hände ganz tief in deinen Taschen . . .
und entdeckst, dass du da noch ein paar Stückchen Kreide hast:
rote, gelbe und blaue.
Damit malst du jetzt die Schatten an:
den ersten rot, den zweiten gelb, den dritten blau . . . und so weiter
bis kein einziger grauer Schatten mehr auf der Wolkenwiese ist.
Dann singst du den bunten Schatten dein Lieblingslied vor,
lässt sie nach deiner Melodie tanzen
und tanzt eine Runde mit.

Aber es ist gar nicht so einfach, auf einer Wolkenwiese zu tanzen.
Du sinkst ein in dem weichen Wolkenflaum.
Und davon wirst du müde und immer müder . . .
so müde, dass du dich wieder in deine Bettdecke kuschelst
und zurück nach Haus fliegen willst.
Aber du bist zu müde, den Propeller anzupusten.
Jetzt helfen dir die bunten, fröhlichen Schatten.

Sie pusten für dich den Propeller an,
schieben dein Wolkenflugzeug los
in Richtung Erde
und winken hinter dir her.

Sicher und warm eingekuschelt in deine Bettdecke
schaukelst du durch den Nachthimmel,
überquerst die Milchstraße,
fliegst an einer Sternschnuppe vorbei
und landest wieder in deinem Bett.
Dann entspann dich,
öffne die Augen, wenn du sie geschlossen hast,
setz dich hin, falls du gelegen hast.

DIE VERWANDLUNG

Du kannst die Augen schließen, sie aber auch offen halten, du kannst liegen oder sitzen, so wie es für dich angenehm ist. Wir machen jetzt eine Reise, eine schöne Reise mit vielen Abenteuern. Und du wirst sie bestehen.

Stell dir vor ... du liegst auf einer Wiese. Die Sonne scheint. Lauer Wind umstreicht deine Haut. Einzelne Gräser kitzeln dich ganz leicht. Du riechst den Duft von frischem Gras und Blumen.

Die Sonne wärmt deinen Körper.
Du fühlst dich wohl. Genieß dies gute Gefühl.
Du streckst dich aus, räkelst dich in der Sonne.
Du lässt deinen Atem fließen.
Du lässt deinen Körper ganz weit werden.
Du spürst die Wärme. Dein Körper liegt locker.
Du fühlst dich entspannt. Es geht dir gut.
Du könntest dir vorstellen, ewig so liegen zu bleiben ...

Plötzlich spürst du, wie ein dicker Tropfen auf deine Nasenspitze platscht. Jetzt werden es immer mehr.

Du spürst sie auf deinem Gesicht, auf deinem Hals, deinen Schultern, deinen Armen ... und jetzt auch auf deiner Brust, auf deinem Bauch, auf deinen Oberschenkeln, auf deinen Knien, auf deinen Unterschenkeln ... und jetzt auch auf deinen Füßen.

Du spürst die Tropfen jetzt am ganzen Körper.

Sie kitzeln auf der Haut.

Dein ganzer Körper beginnt zu kribbeln.

Er kribbelt immer mehr und noch mehr und noch mehr.

Jetzt spürst du das Kribbeln überall.

Und dein Körper verändert sich ...

Deine Beine werden kürzer, deine Arme werden kürzer, dein Bauch wird kleiner, deine Brust, deine Schultern, dein Kopf ...

alles wird kleiner.

Du schrumpfst.

Du schrumpfst immer weiter.

Jetzt bist du so klein geworden wie ein Marienkäfer.

Plötzlich hörst du ein Geräusch hinter dir. Es hört sich an wie das Schnaufen und Stöhnen von einem Riesen. Von seinen mächtigen Schritten zittert die Erde unter dir.

So schnell du kannst, willst du dich in Sicherheit bringen.

Du läufst durch die Wiese. Die Gräser sind so hoch wie Bäume.

Die Kieselsteine sind so groß wie Felsbrocken. Und die Blumen wachsen hoch über deinen Kopf hinaus.

Mit Mühe kämpfst du dich durch die Gräser hindurch. Es ist schwer, die Stängel zur Seite zu biegen. Du musst deine ganze Kraft aufwenden.

Das unheimliche Geräusch wird immer lauter. Das grauenvolle Schnaufen und Stöhnen ist immer näher zu hören.

Die Erde unter dir zittert jetzt so sehr, dass du dich nur mit Mühe aufrecht halten kannst.

Verzweifelt suchst du nach einem Versteck.

Du entdeckst ein Erdloch ...

Du kriechst in dieses Erdloch hinein. Das ist nicht einfach.

Die Öffnung ist gerade so groß, dass du mit Mühe hindurch kommst. Du versuchst deinen Körper in die Länge zu ziehen, versuchst ihn schmal zu machen und immer schmaler ...

bis du es schaffst, dich durch das Loch hindurchzuschlängeln.

Du kommst in einen dunklen Gang.

Es ist so dunkel, dass du nicht sehen kannst.

Du tastest mit deinen Händen die Wände ab.

Die Wände sind steinig und feucht. Die Steine sind rund und glitschig. Du tastest weiter und merkst, dass du dich gut im Gang bewegen kannst. Du kannst bequem aufrecht gehen.

Der Boden ist weich wie ein dicker Moosteppich.

Dein unheimlicher Verfolger ist nicht mehr zu hören.

Du fühlst dich sicher und wohl.

Die Dunkelheit macht dir nichts aus.

Du vertraust darauf, dass deine Hände den Weg ertasten.

Plötzlich merkst du, wie der Gang immer enger wird.

Du kannst nicht mehr stehen. Du musst dich bücken . . .

immer tiefer . . . bis du nur noch kriechen kannst.

Der weiche Moosteppich verändert sich langsam.

Der Boden wird immer matschiger.

Du spürst, wie der Matsch durch deine Finger quillt, wie er an deinen Armen, Füßen und Beinen kleben bleibt.

Es fühlt sich glitschig und schmierig an.

Du ekelst dich davor. Aber dann spürst du, wie weich der Matsch ist und angenehm warm.

Du spürst, wie der Matsch deiner Haut gut tut.

Und immer mehr verschwinden die Ekelgefühle.

Immer mehr macht es dir Spaß, im Matsch «herumzupatschen».

Du genießt es jetzt sogar, mit dem Matsch herumzuschmieren.

Du schmierst dich voll . . .

deinen Kopf, deine Arme, deine Schultern, deine Brust, deinen Bauch, deinen Po, deine Beine, deine Füße . . . alles schmierst du voll mit warmem Matsch und fühlst dich pudelwohl dabei.

So voll geschmiert mit Matsch kriechst du weiter . . .

Auf einmal ertastest du, dass der Gang steil nach unten geht, wie eine unterirdische Rutschbahn . . .

und du rutschst in die Tiefe, immer weiter und weiter . . .

bis du in einen unterirdischen See plumpst.

Sein Wasser ist warm, ganz klar und dunkelblau.

Dies klare, warme Wasser umspült deinen Körper.

Du genießt es und lässt dich schaukelnd treiben.

Plötzlich wird das Wasser kalt und immer kälter und beginnt zu stinken.

So schnell du kannst willst du raus aus diesem See.

Und du beginnst zu schwimmen.

Du schwimmst und schwimmst und schwimmst.

Aber du kommst nicht von der Stelle.

Eine Strömung in die Tiefe hält dich zurück.

Deine Schwimmbewegungen werden immer hektischer.

In deinem Kopf beginnt sich alles zu drehen.

Du willst schreien. Aber aus deinem Mund kommt kein Ton.

Jetzt nimmst du deine ganze Kraft zusammen und atmest tief durch. Und noch mal ... tief durch. Und noch mal ... tief durch.

Dein Atem wird ruhig.

Da siehst du über dir einen Lichtschein.

Er dringt durch eine Felsspalte und kitzelt dich an der Nase.

Und wie von Zauberhand wird eine kleine silberne Strickleiter durch den Spalt hinabgelassen.

Du greifst ihr Ende und kletterst hinauf.

Die Strickleiter wackelt. Aber du hältst dich gut fest.

Du wirst immer sicherer auf der Strickleiter. Das Wackeln hört auf.

So gelingt es dir, durch den Felsspalt ins Freie zu gelangen.

Du atmest tief durch und saugst die frische, klare Luft ein.

Die Sonne berührt mit ihren Strahlen dein Gesicht.

Du fühlst dich erleichtert und willst dich genussvoll im Sonnenlicht ausstrecken.

Da spürst du, dass dich etwas daran hindert.

Deine Arme und Beine scheinen festzukleben. Aber woran?

Als sich deine Augen an das helle Sonnenlicht gewöhnt haben, merkst du, dass du in einem riesigen Spinnennetz gefangen bist.

Du versuchst, dich loszureißen. Aber vergebens.

Je mehr du zappelst, je mehr verstrickst du dich in das Netz ...

bis du über und über von Spinnwebenfäden umgeben bist.

Jetzt kannst du dich kaum noch bewegen.

Da siehst du in einiger Entfernung eine riesige Spinne auftauchen.

Ganz langsam kommt sie auf dich zu.

Ihre Augen funkeln dich an.

Du fühlst dich wie gelähmt . . .

. . . und die Spinne kommt näher und näher . . .

Und wieder nimmst du deine ganze Kraft zusammen und atmest tief durch. Und noch mal . . . tief durch. Und noch mal . . . tief durch.

Dein Atem wird ruhig.

Die Spinne bleibt stehen.

Und plötzlich spannt sich ein weiter Regenbogen über das Land. Und die Regenbogenstreifen hüllen dich ein.

Sie hüllen auch die Spinne ein. Die Spinne erstarrt.

Langsam wird sie immer kleiner.

Gleichzeitig spürst du, wie du immer größer wirst.

Du wächst und wächst und wächst immer weiter . . .

Deine Füße werden wieder größer, deine Beine werden länger. Dein Bauch, dein Po, deine Brust wird größer, deine Schultern, dein Hals, dein Kopf wird größer und deine Arme werden wieder länger . . .

Schließlich bist du wieder so groß, wie du warst.

Du reckst dich und streckst dich und genießt es, dich wieder bewegen zu können.

Und du merkst, dass du wieder auf deiner Wiese bist und die Sonne scheint.

Du riechst den Duft des Grases. Du riechst den Duft der Blumen . . .

Du atmest ihn ganz tief ein.

Lauer Wind streichelt deinen Körper und du beginnst zu laufen und dich zu bewegen . . .

Und du genießt es, dass du dich bewegen kannst, so wie du willst.

Du springst in der Wiese herum.

Du fühlst dich wohl und genießt dies gute Gefühl.

Und wenn du davon genug hast, setzt du dich hin und lässt deinen Atem wieder zur Ruhe kommen . . .

Und wenn du die Ruhe genug gespürt hast,

dann entspann dich,

öffne die Augen, wenn du sie geschlossen hast,

setze dich hin, falls du gelegen hast.

Papa Bang und Hannes Büx

Papa Bang: *Hannes, jetzt reicht's! Du kannst nicht den ganzen Tag nur rumträumen!*

Hannes Büx: *Jetzt ist ja auch Schluss mit Träumen. Jetzt geht's los mit den Spielen. Und dann geht's ab!*

Papa Bang: *Spielen! Spielen! Den ganzen Tag nur spielen, das ist auch nichts. Trainier lieber deinen linken Haken. Da stimmt der Winkel immer noch nicht.*

Hannes Büx: *Aber ich komm doch immer an.*

Papa Büx: *Ich glaub, du nimmst das Hasenleben zu leicht.*

Hannes Büx: *Nö. Du nimmst es zu schwer. Spielend macht alles einfach mehr Spaß!*

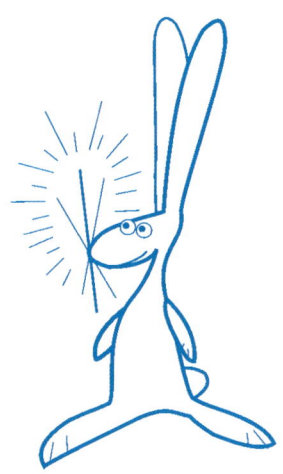

KAPITEL 3 | *Phantasiespiele, die stark machen*

Kinder haben nicht selten Angst vor jenen Bildern und Kreaturen, die sie in ihrer Phantasie schaffen. Die kindliche Phantasie stellt eine ungeheure Produktionskraft dar, die – umgekehrt – auch für die Verarbeitung von Ängsten genutzt werden kann. Nur weil sie um ihr eigenes schöpferisches Potential wissen, können sie sich auf Abenteuer jedweder Art einlassen. Die Phantasie gibt Mut, ohne übermütig zu sein, sie verleiht Macht, ohne übermächtig zu sein, sie macht vorsichtig, ohne in Übervorsichtigkeit zu erstarren. Die Phantasie ist ein Schlüssel, besser ein Dietrich, den Kinder immer bei sich tragen, mit dem sie jedes noch so geheimnisvolle Schloss knacken können. Die Phantasie erzeugt Eigenständigkeit, Selbstbewusstsein und Vertrauen in die eigenen Kräfte. So können die Phantasiespiele die kindliche Persönlichkeit stärken.

Trainingscamp für Helden und Abenteurer

PROFESSOR GRUSELIX' KLEINE MONSTERKUNDE LEKTION 1–3

(Die Spiele aus den Lektionen dieser «kleinen Monsterkunde» können einzeln gespielt und mit den angegebenen Geschichten ergänzt werden oder auch zusammenhängend als Monstertraining bei Professor Gruselix.)

Professor Gruselix, der bekannte Monsterforscher, gibt Tipps für Monsterabenteuer aller Art.

In seinem Standardwerk «*Professor Gruselix kleine Monsterkunde*» hat er die Erfahrungen seiner umfassenden Forschungsarbeit zusammengefasst. Da er Monster, Ungeheuer und sonstige Schauerwesen seit Jahren beobachtet und Berichte über sie sammelt, weiß keiner so gut Bescheid wie er, was man beachten sollte, wenn man sich in ein Monsterabenteuer stürzt.

Deswegen ist er auch für Anregungen, Neuigkeiten und Berichte über Tricks, die ihm noch nicht bekannt sind, dankbar und freut sich über jeden Hinweis – auch gerne in Form von Bildern.

Bei seinen Forschungen hat Professor Gruselix herausgefunden, dass es das Monster an sich gar nicht gibt. Vielmehr hat jedes Monster seine besondere Eigenart, die es zu entdecken gilt, am besten, bevor man sich mit ihm einlässt. Das erspart unnötige Hilflosigkeitsgefühle, Ratlosigkeitsanfälle und Schrecksekunden.

Einige seiner Erfahrungen, Tipps und Tricks hat Professor Gruselix in einem Grundkurs mit vier Lektionen zusammengefasst und damit ein Standardabenteuertraining zum richtigen Umgang mit Monstern geschaffen.

Dank dieses Trainingsprogrammes kann jeder zum Monsterforscher werden und sich seine eigene kleine Monsterkunde schaffen.

Lektion 1: Es gibt gute und böse Monster. Finde heraus, mit welcher Art du es zu tun hast.

(Das Spiel beinhaltet: Beobachtungshaltung einnehmen – Beobachtung schärfen – achtsam sein.)

Diese Fragen helfen, das Monster genauer zu bestimmen:

Wie sieht es aus?

Wie groß ist es?

Was für eine Haut hat es?

Oder hat es ein Fell? ... Oder Schuppen wie ein Fisch?

Wie viele Beine hat es?

Wie viele Augen, Köpfe, Schwänze?

Hat es Krallen?

Spuckt es Feuer, Töne oder sonst irgendetwas?

Hat es sonst irgendwelche Zauberkräfte?

Welche Laute gibt es von sich?

Wie bewegt es sich?

Strömt von ihm ein besonderer Geruch aus?

Fühlst du dich wohl in seiner Nähe? Warum? Warum nicht?

Möglichkeiten, um die «Forschungsergebnisse» festzuhalten, d. h. die Monster darzustellen:

- Die Monster nachspielen
- Bilder malen
- Monster basteln
- Ergebnisse in einer «Monsterausstellung» präsentieren

- Eine Mappe anlegen, in der die Bilder abgeheftet werden, um so eine eigene «kleine Monsterkunde» anzulegen.

Spiele und Geschichten zu dieser Lektion:
Das Geisterbahnspiel (s. a. S. 72) – Melanie und die Schutzvampire (s. a. S. 74) –
Kokolores Kichererbse (s. a. S. 77) – Der Piratenschatz auf der Monsterinsel
(s. a. S. 102) – Drachen sind auch nur Monster (Lektion 4) (s. a. S. 135)

Lektion 2: Monster haben Respekt vor Helden und Heldinnen. Was braucht man, um ein Held zu werden?

(Das Spiel beinhaltet: sich einen Heldennamen geben, der die eigene Besonderheit hervorhebt, Konzentration auf das, was ein Kind besonders gut kann.)

Um einem Monster Respekt einzuflößen, ist es wichtig, etwas zu finden, das man besonders gut kann, das man besonders gerne tut oder das besonders an einem ist. Das kann alles Mögliche sein.
Diese Fragen und Vorschläge helfen, herauszufinden, was das sein könnte.
Was tust du gerne?
Pfeifen, singen, flöten, mit der Zuge schnalzen, schnell laufen, sich verstecken, tanzen, Ball spielen, Bobbycar fahren, Steine sammeln, malen, Rad fahren, Roller fahren, basteln, mit den Ohren wackeln, lachen …
Wie bist du gerne?
Fröhlich, laut, leise, zappelig, müde …
Oder vielleicht hast du sonst irgendwas Besonderes:
Eine Zahnlücke, Sommersprossen, lange Haare, kurze Haare, lockige Haare, glatte Haare, blaue Augen, braune Augen, grüne Augen …
Wenn du das Besondere für dich gefunden hast, kannst du dir einen Helden / Heldinnennamen geben, der davon erzählt, z. B.:
Die pfeifende Anna – Benjamin, der Bobbycar-Fahrer – Sina, die Bastlerin – Lukas, der Steinesammler …
Um deine besondere Kraft zu unterstützen, kannst du dir auch noch etwas als Unterstützung dazunehmen, z. B.:
Einen Hut, eine Mütze, eine Flöte, Handschuhe, einen Gürtel, ein Stofftier …

Möglichkeiten, um die Helden und Heldinnen zu präsentieren:
- Die Helden und Heldinnen werden einzeln vorgestellt und gefeiert,
- fotografiert
- gemalt;

- Ergebnisse in einer «Heldenausstellung» präsentieren

Die Bilder mit in der «Monstermappe» abheften, um so die eigene «kleine Monsterkunde» weiter zu vervollständigen.

Spiele und Geschichten zu dieser Lektion:
Murgl, der Erdkobold (s. a. S. 81) – Karli Känguru und der Zauberstein (s. a. S. 88) – Das Rätsel des Riesenmauls (s. a. S. 109) – Im Labyrinth der Mieseprimen (s. a. S. 116)

Lektion 3: Jedes Monster hat eine schwache Stelle. Finde sie heraus.

(Das Spiel beinhaltet: Aufmerksamkeit darauf lenken, wie ein Monster besiegt werden kann)

Kennt man die schwache Stelle eines Monsters, dann kann man sich Tricks überlegen, wie das Monster vertrieben oder besiegt werden kann. Die schwache Stelle kann man herausfinden:
- Durch eigene Beobachtung,
- Durch Testversuche,
- Dadurch, dass man jemanden fragt, der sich mit Monstern besonders gut auskennt;
- Manchmal auch dadurch, dass man das Monster selber fragt.

Schwache Stellen können sein, dass ein Monster z. B.:
- Wasser scheut
- Licht scheut
- Nicht in einen Spiegel schauen kann
- Sich vor schrillen Tönen erschreckt
- Bestimmte Farben nicht ausstehen kann

Tricks und Tipps, wie man ein Monster besiegen kann, sind z. B.:
- Zaubersprüche, die ein Monster verwandeln
- Magische Gegenstände, wie Steine und Pulver
- Besondere Lieder, auch Schlaflieder

Die Erkenntnisse über die schwachen Stellen bei Monstern und über die Tricks, sie zu besiegen, können auch in der «Monstermappe» abgeheftet werden, um so die eigene «kleine Monsterkunde» weiter zu vervollständigen.

Spiele und Geschichten zu dieser Lektion:
Tamara und der Zaubersand (s. a. S. 89) – Tamara und die Krokodile (s. a.
S. 113) – Mumpelfitz im Reich der Gespenster (s. a. S. 98) – Das Geheimnis der
Purpurschlucht (s. a. S. 104) – Klara und Mondragur (s. a. S. 122) – Otto
Schamotto aus Hottentotto (s. a. S. 127) – Oliver und die Monsterschiffchen
(s. a. S. 137)

DAS GEISTERBAHNSPIEL

(mindestens 5–7 Spieler)

In diesem Spiel stellt ein Teil der Mitspieler die Schauergestalten einer Geisterbahn dar.

Nacheinander darf jeder diese Geisterbahn einmal – oder auch mehrere Male – durchqueren. Nachdem er dieses Abenteuer erfolgreich durchgestanden hat, erhält er vom Spielleiter den großen Geisterbahnorden.

Vorbereitungen und vorbereitende Übungen

Jeder Spieler sucht sich eine Schauergestalt aus, die er spielen will, und übt charakteristische Monsterlaute und gruselige Gesten, die zeitlupenhaft ausgeführt werden.

Der Spielleiter kann vorher auch Karten erstellen oder zusammen erstellen lassen, auf denen einzelne Ungeheuer und Monster dargestellt werden. Dann zieht jeder eine Karte aus diesem «Monsterpool».

Als Aufwärmphase werden die Monster einzeln vorgespielt und die anderen müssen raten, um was für ein Ungeheuer es sich handelt.

Die Orden können ebenfalls vorher zusammen gebastelt werden oder der Spielleiter bereitet sie vor.

Das Spiel

Die Gruselgestalten stellen sich entlang eines Ganges auf, dessen Begrenzung nach beiden Seiten hin markiert wird (z. B. mit Bändern, Seilen oder mit Stangen, die auf die Erde gelegt werden). Während ein Mitspieler die Geisterbahn durchquert, darf diese Markierung nicht überschritten werden.

Verstößt jemand gegen diese Regel, so wird er vom Spielleiter gebannt und für die Zeit des Durchgangs in ein versteinertes Monster verwandelt, d. h. er darf sich nicht mehr bewegen.

Der Spielleiter gibt das Zeichen zum Start mit 12 Schlägen auf einen Gong:

«Mitternacht. Die Geisterstunde beginnt.»

Auch während der Durchquerung bewegen sich alle langsam, zeitlupenhaft.

Der Durchquerer hat es geschafft, wenn er an der anderen Seite des Ganges den Spielleiter erreicht und selber einmal den Gong schlägt:

«Ein Uhr. Die Geisterstunde ist vorbei.»

Der Durchquerer erhält vom Spielleiter einen Orden und tritt seinen Rückweg durch die Geisterbahn an. Jetzt sind die Gruselgestalten wie verwandelt und feiern den erfolgreichen Geisterbahndurchquerer, beklatschen ihn, gratulieren ihm, lassen ihn hochleben.

Möchte jemand die Geisterbahn mehrere Male durchqueren, so wird auf dem Orden für jeden weiteren Durchgang ein Sternchen verzeichnet.

Je nach Altersgruppe ist es auch möglich, die einzelnen Durchgänge zu variieren und zu steigern:

Variation 1: mit geöffneten Augen
- Nur Grimassen,
- Grimassen und Töne,
- Grimassen, Töne und Gesten

Variation 2: mit verbundenen Augen
- Nur Töne
- Töne und Berührungen

Aggressive Berührungen sind nicht erlaubt. Wer gegen diese Spielregel verstößt, den trifft wieder der Bann des Spielleiters, d. h. er wird in ein versteinertes Monster verwandelt, das sich nicht mehr bewegen darf.

Besteht bei einer Gruppe die Gefahr, dass das Ganze schnell in Toben ausartet, so kann ein Stopp-Puffer eingebaut werden. Dann hält der Spielleiter während der Durchquerung mit einem Gongschlag die Zeit an und alle frieren ein, dürfen sich nicht mehr bewegen, bis der Spielleiter mit einem weiteren Gongschlag das Zeichen zum Weiterspielen gibt.

Als Start für jeden Durchgang steht die Gruppe zusammen, nimmt den Durchquerer in die Mitte und macht ihm Mut: «Du schaffst das! Du kommst durch! Wir drücken dir die Daumen!»

Papa Bang und Hannes Büx

Papa Bang: *Also Hannes, jetzt reicht's aber wirklich! Du steigst sofort aus dem Buch aus. Hier geht's andauernd um Monster. Nachher kannst du heute Nacht nicht schlafen.*

Hannes Büx: *Heute Nacht will ich sowieso nicht schlafen. Da will ich auf Vampirjagd gehen.*

Papa Bang glaubt nicht richtig zu hören. Vor Schreck kräuseln sich ihm die Schnurrbarthaare.

Hannes Büx: *Jetzt bleib mal ganz locker. Wenn du die richtigen Tricks kennst, können sie dir nichts anhaben. Außerdem soll's auch liebe Vampire geben.*

Papa Bang: *Das glaube ich nie! Da kriegt doch eher der Löwenzahn lockige Blätter!*

Hannes Büx: *Wir sprechen uns nach den nächsten Seiten wieder.*

Papa Bang: *Hannes! Hannes!!*

Aber Hannes ist schon wieder weg.

Phantastische Helfer geben Tipps

Melanie und die Schutzvampire

Heute ist Mittwoch. Und heute ist Melanie genau 4 Jahre und 9 Monate alt. In drei Monaten wird sie fünf. «Dann bist du groß», hat Mama gesagt. Und dann ist sie bestimmt auch stark, denkt Melanie. So stark, dass sie sich wehren kann, wenn die anderen blöd sind, kneifen und schubsen. Die «anderen», damit meint Melanie die Kinder im Kindergarten. Denn morgen kommt Melanie in den Kindergarten. Und deswegen ist ihr ganz schön mulmig. Wenn sie nur schon fünf wäre! Noch drei Monate …

So lange kann Melanie nicht warten. Sie muss vorher irgendwas finden. Irgendetwas, dass sie stark macht. Aber was?

Das ist ja das Problem. Das weiß Melanie auch noch nicht so genau. Aber sie weiß, wo sie als erstes suchen will. Im Keller.

Melanie geht in den Keller. Da steht eine große alte Holzkiste.

«Vielleicht ist da ja genau das drin, was ich suche?»

Melanie hebt den Deckel der Kiste an. Er ist schwer und knarzt beim Hochheben.

Ein merkwürdiges Knarzen ist das. So, als würde ein Vampir ganz leise kichern.

Und wirklich ... plötzlich taucht ein Vampir aus der Kiste auf. Ein kleiner Vampir, kaum größer als Melanie.

«Hallo, Melanie!», begrüßt er sie und wedelt mit seinem Umhang.

«Wurde auch Zeit. Hab schon auf dich gewartet. Ich bin übrigens Vampini.»

«Woher wusstest du denn, dass ich komme?», will Melanie wissen.

«Du suchst doch jemanden, der dir hilft. Stimmt's?»

«Stimmt. Weil ich morgen das erste Mal in den Kindergarten gehe.»

«Und da haste Schiss.»

«Ich kenn da ja keinen.»

«Aber jetzt kennste mich.»

«Aber dich kann ich doch nicht mit in den Kindergarten nehmen. Leider. Ich glaub, wenn du bei mir wärst, dann hätt ich auch keinen Schiss.»

«Weiß ich doch.»

«Woher denn?»

«Deswegen bin ich doch da. Um dir zu helfen.»

«Seit wann helfen Vampire einem denn?»

«Ich bin doch kein normaler Vampir. Ich bin ein Schutzvampir. Und ich hab noch ganz viele Freunde.»

Und er zeigt in die Ecken des Kellers, aus denen jetzt ganz viele andere Vampire auftauchen.

Kichernd kommen sie auf Melanie zu:

«Wir sind zwar keine Elfen
können dir aber auch helfen,
Wir sind viele, nicht nur einer,
zwei, drei oder viere,
und wenn du willst,
sind wir deine Schutzvampire.»

«Na, klar will ich das!», freut sich Melanie.

«O. k., dann nimm das hier!» Vampini gibt Melanie seinen Umhang.

«Und was soll ich damit machen?», fragt Melanie.

«Na, umhängen. Damit sind wir immer bei dir.»

Melanie legt den Umhang sofort um. Und alle Vampire umkreisen sie.

«Jetzt bist du stark,
so stark wie wir
stärker als einer,
zwei, drei oder viere,
so stark wie wir,
deine Schutzvampire.»

Und jetzt spürt Melanie, dass sie stark ist. Sie klatscht Vampini ab und kann es kaum noch erwarten, in den Kindergarten zu gehen.

Drei Monate später.

Es ist Melanies fünfter Geburtstag. Mit dem Umhang über den Arm und einem vollbepackten Korb taucht Melanie wieder im Keller auf. Sie klopft an die Kiste. Der Deckel hebt sich und Vampini taucht auf.

«Hey, Melanie, herzlichen Glückwunsch zum Geburtstag!»

Und aus allen Ecken des Kellers tauchen die vielen anderen Vampire auf und gratulieren Melanie ebenfalls.

«Ich hab euch auch was mitgebracht», sagt Melanie und packt den Korb aus. «Hier, Blutorangensaft, Vampirkuchen und Lollis.»

Die Vampire jubeln, vor allem über den dunkelroten Kuchen und die Lollis in Form von Vampirzähnen.

«Und den Umhang, den brauch ich auch nicht mehr.»

Melanie gibt Vampini den Umhang zurück und bedankt sich bei ihm.

«Jetzt bin ich ja fünf. Jetzt bin ich stark!»

«Dann haben wir auch was für dich!», sagt Vampini. Und feierlich überreicht er Melanie den großen Vampirorden. «Aber natürlich leih ich dir den Umhang jederzeit wieder.»

Melanie hängt sich den Orden um und strahlt. In diesem Augenblick fühlt sie sich so stark wie nie.

PAPA BANG UND HANNES BÜX

HANNES BÜX: *Siehste, Papa Bang, ich wusste doch, dass es auch Vampire gibt, die in Ordnung sind. Bangemachen gilt nicht immer.*

PAPA BANG: *Hey, hey, hey, nicht beleidigend werden, ja.*

HANNES BÜX: *Damit meine ich ja nur, es gibt eben solche und solche. Und es gibt bestimmt auch Monster, die in Ordnung sind.*

PAPA BANG: *Dies Buch verdirbt dich. Monster sind furchterregend, schrecklich, abscheulich. Da bleibt dir nur eins: Möhren in Sicherheit bringen und ab durch die Ackerfurchen!*

HANNES BÜX: *Also ich würd ja gern mal ein nettes Monster treffen. In der nächsten Geschichte soll ja eins vorkommen. Ich glaub, das schau ich mir mal an.*

PAPA BANG: *Halt! Hannes! Warte, bleib da!*

Aber Hannes ist schon wieder weg.

PAPA BANG: *Schon wieder ausgebüchst! Es ist aber auch zum Ohrenwegklappen! Von wem er das nur hat? Von mir bestimmt nicht!*

KOKOLORES KICHERERBSE

(Mumpelfitz-Geschichte 1)

Hannes Büx im Monsterreich. Er kann es selber noch nicht glauben, dass er es wirklich gewagt hat. Als Angsthase über Felder und durch Wälder zu flitzen ist eine Sache. Klar, da kann sich einem auch das Fell aufstellen, wenn so ein Fuchs hinter einem her ist. Aber was ist das alles gegen einen Ausflug ins Monsterreich. Hannes stellt seine Ohren auf wie zwei Antennen. Ihm darf nichts entgehen. Er kann es kaum erwarten, dem ersten Monster gegenüberzustehen. Vorsichtshalber hat er extra noch mal den linken Haken geübt. Den kann er jetzt so schnell und so zackig schlagen, dass er wahrscheinlich gute Chancen hätte, bei der Hasenolympiade eine Medaille zu ergattern. Aber das ist eine andere Geschichte. Jetzt steht erst einmal das große Monsterabenteuer auf dem Programm.

Hannes hört ein Geräusch. Ist da etwa schon ein Monster im Anmarsch? Mucksmäuschenstill bleibt er in der Hasen-Lauschstellung stehen und sieht aus der Ferne einen fliegenden Teppich auf sich zukommen. Seltsame Töne gibt er von sich. Hannes versteckt sich lieber mal.

Der Teppich landet direkt vor seinem Versteck. Ein sehr merkwürdiges Wesen mit wirren Haaren und lauter kleinen roten Kügelchen drin steigt aus. Furchterregend sieht es nicht aus. Trotzdem ist Hannes aufgeregt. Einem Monster zu begegnen ist nun mal aufregend. Auch, wenn es ein nettes Monster zu sein scheint.

Von hinten pirscht Hannes sich an das Wesen mit den wirren Haaren heran, legt ihm kumpelhaft seine Pfote auf die Schulter.

«Uuuuaaaah!», schreit es auf, dreht sich abrupt zu Hannes um und faucht ihn an:

«Bist du verrückt, mich so zu erschrecken?»

«Keine Angst, ich bin kein Gespenst», sagt Hannes betont locker.

«Das wär ja noch schöner. Das Gespenst von uns beiden bin ja wohl ich!»

«Hä? Du und ein Gespenst?»

«Klar. Kokolores Kichererbse heiß ich und bin ein Neckgespenst.»

«Ach so, ein Neckgespenst. Ich hab direkt Angst bekommen.»

«Bist wohl ein kleiner Angsthase, was.»

«Also eigentlich bin ich schon fast groß.»

«Dann eben ein großer Angsthase.»

«Aber nicht mehr lange. Ich habe mir nämlich vorgenommen, mutig zu werden. Deswegen will ich ja auch unbedingt einem Monster begegnen.»

«Einem Monster?» Vor Schreck schüttelt Kokolores sich so sehr, dass die Kügelchen in ihren Haaren klappern. «Du bist ja völlig durchgeknallt. Ich kenn die Monster. Die können so ekelhaft werden, abscheulich, grässlich, grauenhaft! Da ist ein Gespenst ein Kuscheltier gegen.»

«Das sagt mein Vater auch.»

«Siehste.»

«Aber du bist doch auch o. k., obwohl du ein Gespenst bist.»

«Na ja, also …»

Kokolores bricht ab, denn von Ferne ist plötzlich Gesang zu hören.

Sofort geht sie unter ihrem Teppich in Deckung und winkt Hannes hektisch zu sich.

Hannes folgt ihr und beide starren gebannt auf die Gestalt, die nun auftaucht.

Es ist ein kleines Monster mit gelbem Fell und lila Hörnchen. Zaghaft traurig singt es immer wieder einen Satz:

«Mumpel, Pumpel
im Gespensterreich ist's so dunkel . . .»

«Da! Das ist eindeutig ein Monster!», flüstert Kokolores Hannes zu. «Schnell! Überraschungsangriff! Das wirkt immer am besten!»

Und ehe Hannes genau begreift, was passiert, schnappt sich Kokolores ihren Teppich und wirft ihn über das kleine Monster. «Los, Hannes, hilf mir! Wir müssen ihn einrollen!»

«Hey, was soll das? Ich hab euch doch gar nichts getan!», wehrt sich das kleine Monster.

«Was für ein Glück, dass du mich getroffen hast. Dies kleine Monster hier hätte Hackfleisch aus dir gemacht», erklärt Kokolores. «Dem quillt die Gefährlichkeit doch nur so aus den Nasenlöchern heraus!»

«Also ich finde, er sieht eher harmlos aus», stellt Hannes fest.

«Alles ein Trick. Wenn wir ihn rauslassen, zerreißt er uns in der Luft mit seinen Monsterzähnen!»

Das kleine Monster schüttelt ängstlich den Kopf. «Mr. Icks, hast du das gehört. Ich soll gefährlich sein. Die spinnen doch!»

Kokolores schaut sich verdutzt um. «Mit wem redet er da? Ich seh niemand.»

Sie beginnt nach diesem mysteriösen Mr. Icks zu suchen, entfernt sich dadurch von dem Monster. Hannes schaut das Monster an, es lächelt ihm zu und zwinkert.

«Ich bin wirklich nicht böse, kannste mir glauben.»

Da fasst Hannes sich ein Herz und befreit das kleine Monster aus dem Teppichgefängnis.

Als Kokolores das sieht, kommt sie aufgeregt herangeflitzt.

«Hannes, bist du wahnsinnig! Monster fressen Gespenster! Und dich wird er auch fressen!»

Das kleine Monster lässt sich davon nicht beirren und geht auf Hannes zu.

«Danke, Hannes. Ich bin Mumpelfitz, Prinz Mumpelfitz.»

«Mumpelfitz, der Sohn vom Monsterkönig?», erkundigt sich Kokolores erstaunt.

«Joa. Muromil Mumpelfitz.»

«Also, ich glaub, Mumpelfitz ist in Ordnung», stellt Hannes fest.

«Na ja … wenn du wirklich Mumpelfitz bist. Hab ich auch schon gehört, dass Mumpelfitz okay sein soll», findet jetzt auch Kokolores. «Ich bin übrigens Kokolores Kichererbse, ein Neckgespenst.»

«Lustig. Vor allem die vielen roten Kügelchen in deinen Haaren.»

«Das sind rote Kichererbsen», erklärt Kokolores.

«Und wer ist Mr. Icks?», will Hannes Büx wissen.

«Ja, also Mr. Icks ist ein ganz spezieller Freund von mir. Er ist unsichtbar und mit ihm kann ich mich über alles unterhalten.»

«Dem würde ich ja gerne mal meinen Vater vorstellen. Ich glaub, der kippt vor Schreck in die nächste Ackerfurche», lacht Hannes.

«Ich leih ihn dir gern mal aus. Jetzt habe ich Mr. Icks dabei, weil ich auf dem Weg ins Reich der Gespenster bin. Und alleine kann's einem da doch ganz schön mulmig werden.»

«Aber wenn man weiß, wie man mit den Gespenstern umgehen muss, ist das pipieinfach», berichtet Kokolores. «Und ich weiß das. Und ich begleite dich natürlich.»

«Wirklich?» Mumpelfitz kann es gar nicht fassen.

«Klar. Ich find das sowieso klasse, mal wieder eine Runde Spuken und Spinnen einzulegen. Und außerdem hab ich ja noch was bei dir gutzumachen.»

«Nehmt ihr mich denn auch mit?», erkundigt sich Hannes Büx.

«Ohne dich hätte Kokolores mich doch platt gemacht. Natürlich bist du dabei.»

Kokolores schaut an den Himmel. «In drei Tagen ist Vollmond. Dann ist die beste Zeit für einen Gespensterbesuch.»

«Gut, dann bin ich bestimmt wieder da», verspricht Hannes Büx. «Ich sag eben meinem Vater Bescheid.»

Mumpelfitz nickt verständnisvoll. «Dann kannste ihm auch gleich Mr. Icks vorstellen.»

«Gute Idee!»

Und jetzt hatte Hannes es plötzlich sehr eilig, zurückzukommen. Sein Vater würde bestimmt Augen machen, wenn er ihm von seinem Abenteuer erzählt.

(Fortsetzung: Mumpelfitz im Reich der Gespenster, s. S. 98)

PAPA BANG UND HANNES BÜX

HANNES BÜX: *Na, Papa Bang, wie stehen die Möhren?*

PAPA BANG: *Gut, gut. Ich hab nur das Gefühl, die Wühlmäuse bereiten einen Angriff vor.*

HANNES BÜX: *Vielleicht weiß mein Freund Rat. Der kennt sich nämlich aus! Darf ich vorstellen, Mr. Icks!*

Papa Bang schaut sich um.

PAPA BANG: *Wie? Wer? Wo? Ich seh nichts, nur Acker.*

HANNES BÜX: *Mr. Icks kannst du ja auch nicht sehen.*

PAPA BANG: *Aha, es ist ein Floh?*

Hannes schüttelt den Kopf.

PAPA BANG: *Doch nicht etwa eine Laus? Geh mir bloß weg mit dem Ungeziefer!*

HANNES BÜX: *Ne, Mr. Icks kannst du nicht sehen, weil der unsichtbar ist.*

PAPA BANG: *Oh ne! Ich wusste es doch. Dies Buch macht aus deinem Hasenhirn eine Pusteblume.*

HANNES BÜX: *Ne, Mr. Icks ist voll in Ordnung und immer da, wenn man ihn braucht.*

PAPA BANG: *Weißte was, mein Junge, ich besorg dir erst mal 'ne anständige Möhre. Mit vollem Magen sieht die Welt bestimmt schon ganz anders aus.*

MURGL, DER ERDKOBOLD

(Wolkenfee-Geschichte 1)

Piuuuh wupp hoppla!

Plötzlich ist ein mächtiger Plumps zu hören. Und Klara landet mitten auf ihrem Hosenboden. Vielleicht denkt ihr jetzt, Klara ist von einer Leiter gefallen oder von einem Baum.

Falsch gedacht. Wo Klara runtergefallen ist, das erratet ihr nie. Von einer Wolke! Von einer großen, weichen, kuscheligen Wolke. Klara ist nämlich eine Wolkenfee. Und dieser Plumps gerade hat sie ganz schön in die Klemme gebracht.

Von einer Wolke runterzufallen, ist eine Sache. Die Frage ist jetzt nur, wie kommt sie wieder hinauf? Klara hat keine Ahnung.

Wenn man keine Ahnung hat, hilft es, wenn man jemanden kennt, den man fragen kann.

Zum Glück kennt Klara jemanden. Der versteckt sich aber immer in seinem Schneckenhaus. Und wenn sie es nicht schafft, ihn da rauszulocken, dann sieht es schlecht aus für sie.

Aber Klara ist sich sicher, dass ihr da schon irgendwas einfallen wird. So macht sie sich erst einmal auf zur Wiese der zitternden Gräser. Da irgendwo soll er nämlich wohnen, der Erdkobold: Murgl, der Erdkobold. Aber als Klara bei der Wiese ankommt, ist niemand zu sehen. So laut sie kann, ruft Klara in die Wiese hinein:

«Murgl, Murgl, komm heraus,
raus aus deinem Schneckenhaus
Murgl, Murgl, witt, witt, witt
oder bring dein Haus gleich mit.»

Aber kein Erdkobold kommt. Nur ganz viele Käfer, Bienen und Schmetterlinge, die auch neugierig auf Murgl sind.

«Könnt ihr mit mir zusammen rufen?», fragt Klara sie verzweifelt.

«Na klaro!», erklärt Mario, der Marienkäfer.

Und so rufen sie den Spruch noch einmal alle zusammen.

Da! Die Gräser beginnen zu zittern und ein großes Schneckenhaus kommt langsam herangewackelt. Klara ist sofort klar: so wackelt keine Schnecke. Das muss Murgl sein.

Und da tönt es auch schon aus dem Schneckenhaus:

«Ich bin Murgl,
und wenn ich mal gurgel,
zittert mein ganzes Schneckenhaus.
Alle haben Angst vor mir.
Ob Riese, Zwerg, Käfer oder Maus.»

«Also Murgl, du kannst ruhig aus deinem Schneckenhaus rauskommen. Ich hab' keine Angst vor dir», ruft ihm Klara zu.

«Keine Angst vor mir?»

«Kein bisschen. Ich finde Erdkobolde nett.»

«Nett! Ich will nicht nett sein! Ich will grauenvoll, grässlich, furchterregend sein! Aber keiner hat Angst vor mir. Alle lachen sie mich nur aus.»

«Hier lacht dich keiner aus!»

«Noch nicht. Aber wenn ich aus meinem Schneckenhaus rauskomme, dann würden bestimmt alle lachen. Und dann komm ich mir so klein und mickrig vor. Wie so'n Erdkobold eben. Klein und mickrig.» Und wimmernd will Murgl sich wieder verziehen.

«Ha, ich tue einfach so, als ob ich Angst habe!», beschließt Klara. «Und könntet ihr nicht auch so tun?», fragt sie die, Bienen und Schmetterlinge.

«Na klaro!», erklärte Mario, der Marienkäfer, wieder und nickt. Und mit ihm nicken alle anderen.

«Murgl!» Klara ruft den Erdkobold zurück. «Also eigentlich habe ich ja doch unheimliche Angst vor dir. Und alle anderen hier auch.»

«Wirklich?»

«Ja, klar! Komm nur mal raus aus deinem Haus, dann wirst du es sehen.»

«Na gut.»

«Ich zähle bis drei: Eins, zwei, drei!»

Und auf Klaras Zeichen beginnen alle, vor Angst zu zittern.

Langsam lugt Murgl aus seinem Schneckenhaus heraus und ist total begeistert.

«Herrlich! Ganz herrlich!!! Bitte, könnt ihr das noch mal machen?»

«Na, klar!», meint Klara und zählt wieder: «Eins, zwei, drei.»

Murgl versteckt sich wieder in seinem Schneckenhaus, und alle beginnen zu zittern.

Und jetzt kann er es gar nicht mehr erwarten, wieder aus seinem Schneckenhaus herauszukommen. «Ach, ihr glaubt gar nicht, was das für einen Erdkobold bedeutet ... für einen Erdkobold wie mich, den mickrigen Murgl.»

«Aber Murgl, du bist doch gar nicht mickrig, du bist murgelig.»

«Murgelig? Das muss ich mir merken. Murgelig. Das ist gut.

Murgl, der murgelige Murgl!»

«Und immerhin bist du der einzige, der weiß, wie ich wieder auf meine Wolke komme.»

«Na ja, ich weiß es nur fast. Das ist ein Geheimnis.»

«Was für ein Geheimnis?»

«Das weiß ich auch nicht. Aber ich weiß, dass dieses Geheimnis in einem goldenen Ei versteckt ist.»

«Und das Ei ist natürlich auch versteckt.»

«Klar. Wahrscheinlich ist es ein Osterei.»

«Und wo das versteckt ist, weißt du auch nicht?»

«Doch, das weiß ich. Das ist bei Mondragur.»

«Wer ist das denn?»

«Mondragur ist Mondragur.»

«Der scheint ja wirklich was ganz Besonderes zu sein.»

«Jui, jui, das ist er.»

«Und wo steckt dieser Mondragur?»

«Mondragur lebt in der Mondhöhle. Das ist in einer Schlucht, die zum Mittelpunkt der Erde führt. Man nennt sie die Purpurschlucht.»

«Die Mondhöhle in der Purpurschlucht. Eine ganz schön komplizierte Adresse.

Aber ich werde ihn finden! Danke, Murgl!»

«Danke euch allen und vor allem dir, Klara. Weißt du, was ich mache, wenn mich jetzt noch mal jemand auslacht?»

«Na?»

«Nichts! Ich lache auch! Denn ...

Ich bin Murgl

Und wenn ich mal gurgel,

bin ich stolz drauf,

dass ich so murgelig bin!

Murgelig! Das ist gut! Das muss ich mir merken!»

«Und ich muss mir die Adresse merken. Die Mondhöhle in der Purpurschlucht ... Wo ist das eigentlich?»

«Willst du da denn wirklich hin, Klara?»

«Ja, klar, Murgl!»

«Ja, also ... ich könnte dich hinbringen ...»

«Worauf warten wir dann noch?»

Und zusammen mit Murgl macht Klara sich sofort auf den Weg. Jetzt weiß sie endlich, wie sie wieder nach Hause finden kann. Und das Geheimnis im goldenen Ei wird sie schon knacken. Da ist sie sich sicher ...

(Fortsetzung: «Das Geheimnis der Purpurschlucht», s. S. 104)

Magische Hilfsmittel

PAPA BANG UND HANNES BÜX

Hannes mümmelt an einer Riesenmöhre.

HANNES BÜX: *Willste auch mal probieren, Mr. Icks?*

PAPA BANG: *Hannes, jetzt hör mit dem Quatsch auf!*

HANNES BÜX: *Das ist kein Quatsch, Papa, das ist magisch.*

PAPA BANG: *Tragisch ist das. Du warst so ein fröhlicher Angsthase, Hoppeln und Mümmeln, das war dein Leben. Und jetzt siehst du Mr. Ickse, die es gar nicht gibt und faselst von Magie, die es auch nicht gibt.*

HANNES BÜX: *Von wegen. In den nächsten Geschichten wimmelt's von magischen Dingen.*

PAPA BANG: *(seufzt) Da kann man ja nur die Ohren einrollen!*

TAMARA UND DER ZAUBERSAND

(Tamara-Geschichte 1)

Tamara ist ein kleines Mädchen, das nicht einschlafen kann. Immer muss sie an soviel denken. Und wenn sie an alles gedacht hat, dann kann sie die Augen erst recht nicht zumachen.

Diesen Abend sitzt Tamara mal wieder verzweifelt im Bett und versucht ihre Augen zuzuhalten. Aber es klappt nicht. Plötzlich tippt ihr jemand auf die Schulter. Tamara dreht sich um und entdeckt eine Fee.

«Hey, kannst auch nicht schlafen? Dumme Sache. Ich kenn das», sagt die Fee. «Deswegen heiße ich ja auch Fee Ohneschlaf. Und du bist Tamara, stimmt's?»

Tamara nickt.

«Ich hab schon 300 Jahre nicht mehr geschlafen. Jetzt habe ich's wirklich satt. Ich habe gehört, dass es einen Schlafstein geben soll, mit dem man auf der Stelle einschläft.»

«Können wir den nicht holen?», schlägt Tamara begeistert vor.

«Genau das habe ich vor. Aber ehrlich gesagt, traue ich mir das alleine nicht zu. Der liegt nämlich mitten in einer ganz dunklen Höhle.»

«Ich kann ja mitkommen», schlägt Tamara vor. «Ich nehme eine Taschenlampe mit. Dann haben wir Licht in der Höhle.»

«Aber das ist noch nicht alles. Die Höhle wird nämlich bewacht. Von wem weiß ich auch nicht so genau. Ich hab nur gehört, dass es irgendein Ungeheuer sein sollen.»

Tamara überlegt. «Vielleicht kennt sich irgendjemand in der Nähe der Höhle besser aus und kann uns weiterhelfen?»

«Eine gute Idee», findet die Fee. «Würdest du denn wirklich mitkommen?»

«Na klar!», meint Tamara. Sie zieht sich an.

Und dann machen sie sich zusammen auf den Weg.

Nach drei Stunden kommen sie in das Tal der grünen Sümpfe. An seinem Ende soll irgendwo die Höhle liegen.

Tamara und die Fee Ohneschlaf sind langsam verzweifelt. Denn noch ist ihnen keiner begegnet, der ihnen weiterhelfen könnte. Da treffen sie einen alten Uhu.

«Kannst du uns etwas sagen über die Höhle, in der der Schlafstein verborgen ist?», fragt die Fee. «Wir wollen ihn holen, um endlich wieder schlafen zu können.»

«Endlich! Endlich taucht jemand auf, der es wagen will!», ruft der Uhu begeistert aus. Und er winkt seine beiden Freunde herbei, ein taubes Kaninchen und eine Fledermaus.

«Wir drei können nämlich auch nicht schlafen», erklärt der Uhu. «Ich kriege tagsüber kein Auge mehr zu. Das Kaninchen muss die Augen immer offen halten, weil es nichts mehr hören kann. Und die Fledermaus ist so durcheinander durch den Lärm der Stadt, dass sich in ihrem Kopf nur noch alles dreht.»

Tamara nickt verständnisvoll.

«In meinem Kopf dreht sich auch immer alles. Dann weiß ich nicht, was ich zuerst zu Ende denken soll.»

«Also, bravo, ihr Tapferen, dass ihr euch aufmachen wollt, den Schlafstein zu holen!», lobt sie der Uhu.

«Wisst ihr denn genauer über die Höhle Bescheid?», erkundigt sich die Fee.

Der Uhu, das Kaninchen und Fledermaus schauen sich nur stumm an.

Tamara spürt, dass das nichts Gutes bedeutet. Dann klopft der Uhu gegen einen alten Baumstumpf. Zwischen zwei dicken knörzigen Wurzeln taucht ein grauhaariger Gnom auf.

«Das ist Nozzo, der Gnom», stellt der Uhu ihn vor. «Er kann euch mehr erzählen.»

«Hm, hm, hm ... ihr wollt wirklich den Schlafstein holen?», fragt Nozzo sehr skeptisch.

«Klar», entgegnet Tamara. «Wir haben extra eine Taschenlampe dabei, damit wir in der dunklen Höhle auch was sehen können.»

Und die Fee Ohneschlaf nickt heftig.

«Ja, wisst ihr denn nicht ...?», hier bricht Nozzo plötzlich ab.

«Dass die Höhle von Ungeheuern bewacht wird?», sagt die Fee. «Doch. Deswegen sind wir ja hier, um mehr darüber zu erfahren.»

«Also, ehrlich gesagt, wollte ich den Schlafstein auch schon immer mal holen. Aber ich habe mich nicht getraut», gesteht Nozzo.

«Dann stimmt das mit dem Ungeheuer?», fragt Tamara.

«Ho,ho, und wie! Da sitzt nicht nur eins davor, das sind ganz viele. Ganz viele Krokodile. Und die fressen alles, was ihnen in die Quere kommt. Deswegen heißt die Höhle ja auch die Krokodilhöhle.»

«Das hört sich wirklich gefährlich an.», gesteht die Fee zaghaft ein.

«Schon. Aber nur, wenn man kein Mittel hat, um die Krokodile zum Schlafen zu bringen.»

Die Fee denkt nach. «Tja, so ein Mittel haben wir leider nicht.»

«Aber ich!», erklärt Nozzo stolz.

«Aber Nozzo, warum hast du den Stein denn nicht schon geholt?», will Tamara wissen.

Der Gnom wird ein bisschen ärgerlich. «Warum, warum? Warum ich trotzdem Angst habe, weiß ich doch selbst nicht.»

Die Fee Ohneschlaf klopft ihm beruhigend auf die Schulter. «Würdest du uns dieses Mittel denn geben. Dann können wir es probieren.»

«Ja, wenn ihr es wirklich wagen wollt. Natürlich! Selbstverständlich! Sofort!» Und er holt ein bisschen Sand vom Boden hoch und legt ihn auf seine flache Hand.

Tamara begutachtet den Sand kritisch. «Was? Und davon sollen die Krokodile schlafen?»

Nozzo, der Gnom streicht mit seiner Hand geheimnisvoll über den Sand.

«Jetzt kommt der Trick ja erst. Jetzt zeige ich euch, wie man aus diesem Sand Zaubersand macht. Ganz einfach: Reibe dreimal die Hände, dann dreh dich zweimal nach rechts, einmal nach links und reibe zweimal die Hände. Öffne die Hand, puste den Sand und sage: Ihr werdet schlafen.»

Tamara und die Fee Ohneschlaf sind so begeistert, dass sie jetzt ein Mittel haben, wie sie die Ungeheuer vor der Krokodilhöhle in Schach halten können, dass sie sich sofort auf den Weg machen wollen. Ihr Mut steckt an. Selbst Nozzo, der Gnom, will es sich nicht nehmen lassen, sie zu begleiten.

(Fortsetzung: Tamara und die Krokodile, s. s. 113)

KARLI, DAS KÄNGURU UND DER ZAUBERSTEIN

Karli ist ein kleines Känguru. Er ist ängstlich, so ängstlich, dass er alle Freude am Hüpfen verloren hat. Alle anderen Tiere hänseln ihn deswegen. Und Karli steht immer abseits. Keiner spielt mit ihm. Als Karli deswegen eines Tages mal wieder besonders traurig ist, geht er zu seinem Moam, dem grauhaarigen Känguru-Opa. Ihm erzählt er alles. Moam kann Karli gut verstehen. Während er überlegt, wie er Karli am besten helfen kann, hören sie eine Stimme und es meldet sich ein spezieller Freund von Moam: Geist Blaufuchs.

«Moam, ich weiß, wie Karli stark und fröhlich werden kann. Es gibt einen Zauberstein Achatus genannt. Der macht stark und fröhlich. Aber um ihn zu finden, dafür müsst ihr in den dunklen Wald gehen.»

«Und wo finden wir den Achatus da?», will Karli wissen.

«Geht in den Wald, dann könnt ihr ihn nicht verfehlen.»

«Hey, Geist Blaufuchs, kannst du uns nicht noch einen genauen Tipp geben?»

Karli wartet verzweifelt auf eine weitere Antwort. Aber es bleibt still.

«Geist Blaufuchs redet manchmal ein bisschen rätselhaft. Aber was er sagt, trifft immer ein», erklärt Moam. «Also, kommst du mit in den dunklen Wald?»

«Na ja, wir können es ja mal versuchen», meint Karli.

Als sie im Wald ankommen, erschreckt Karli sich doch ein bisschen. So dunkel hat er sich den Wald nicht vorgestellt.

«Ein wenig mehr Licht könnten wir schon gebrauchen.»

Moam stupst ihn an und da sieht Karli auch schon Glühwürmchen herbeifliegen. Es sind so viele, dass er sie gar nicht zählen kann. Sie weisen Moam und Karli den Weg.

«Und wie weit ist es noch bis zu diesem Achatus?», will Karli von den Glühwürmchen wissen.

«Unsere Aufgabe ist es zu leuchten. Mehr wissen wir nicht», säuselt das Glühwürmchen, das vorweg fliegt.

Eine dunkle Gestalt kommt auf sie zu. Schnell geht Karli hinter Moam in Deckung.

«Ich bin ein Freund», ruft ihnen die dunkle Gestalt zu. Und als sie näher kommt, sehen sie, dass es ein Indianer ist.

«Mein Name ist Hulahula. Geist Blaufuchs hat mich gebeten, euch bis zur Achathöhle zu bringen.»

«Siehste, hab ich doch gesagt, dass auf Geist Blaufuchs Verlass ist», tröstete Moam Karli.

Und geführt von Hulahula, dem Indianer, und begleitet von den Glühwürmchen kommen sie schließlich an der Achathöhle an. Hier verabschieden sich Hulahula und die Glühwürmchen.

«Den Rest müsst ihr jetzt alleine schaffen», erklärt Hulahula und drückt Moam und Karli noch einmal an sich, ehe er wieder im Wald verschwindet.

Karli will sofort in die Höhle laufen. Da taucht ein Löwe vor ihm auf. Karli will sich direkt wieder hinter Moam verstecken. Aber der Löwe fängt an zu schluchzen.

«Ich bin so traurig und so allein», schluchzt der Löwe. «Alle meine Verwandten sind gestorben. Nur ich, der Löwe Leopold, nur ich bin noch übrig.»

Karli bekommt Mitleid mit dem Löwen. «Armer Löwe Leopold!», sagt er und legt den Arm um ihn.

Da wird der Löwe wütend und brüllt: «Ich bin kein armer Löwe! Ich bin ein starker Löwe. Aber ich bin auch mal traurig.»

«Starker, trauriger Löwe», verbessert sich Karli und umarmt ihn. Und Moam umarmt ihn auch.

Das gefällt Leopold. Er fühlt sich wohl, wie lange nicht, und weint vor Glück. Dann fragt er plötzlich:

«Was macht ihr eigentlich hier?»

«Wir suchen den Achatus, den Stein gegen das Traurigsein», erklärt Karli.

Leopold fängt an zu lachen. «Da müsst ihr nicht mehr länger suchen. Das Ding ist hier, sozusagen direkt unter mir. Ich sitze drauf.»

«Aber ich denke, der Stein hilft gegen Traurigsein. Warum bist du dann überhaupt traurig gewesen?», will Karli wissen.

«Der Achatus ist kein Stein gegen Traurigsein», erklärt der Löwe. «Wenn du den hast, fühlst du dich stark. Und wenn du stark bist, wirst du auch mal traurig sein, sonst wüsstest du nie, was glücklich ist. Ich schenk ihn dir. Ich brauch ihn nicht mehr. Ich bin ein starker, ein trauriger und ein glücklicher Leopold.»

Der Löwe steht langsam auf. Unter ihm ist ein blauer, funkelnder Stein zu sehen. Leopold reicht Karli den Stein. Karli nimmt ihn, steckt ihn glücklich in seinen Känguru-Beutel und hüpft vor Freude eine Runde um Leopold und Moam herum. Sofort fühlt er sich viel stärker ...

PAPA BANG UND HANNES BÜX

HANNES BÜX: *Siehste, alles Magie, Papa Bang! Da werden sogar Steine zu Wunderwaffen!*

PAPA BANG: *Blödsinn! Steine hindern Möhren am Wachsen und stören beim Hakenschlagen. Und ganz gemein ist der Stein des Anstoßes ...*

HANNES BÜX: *Bla, bla, bla! Da möchte man ja glatt aus der Seite hüpfen. Was soll's, ich flüchte lieber in die nächste Geschichte. Da soll es jemand geben, der noch mehr Angst hat als die Angsthasen aller Bangbüxgenerationen zusammen. Wahrscheinlich ist das ein Stiefbruder von dir.*

PAPA BANG: *Junge, ich steh zu meiner Angst! Ich bin sogar stolz drauf. Angsthase in der 774. Generation, das muss erst mal jemand nachmachen. Mein Großvater zum Beispiel ...*
Hannes? Hannes??

Aber Hannes ist schon wieder weg.

PAPA BANG: *Ja, was denn nun? Hat er diesen Mr. Icks mitgenommen oder nicht? Wie soll man das wissen, wenn der Kerl unsichtbar ist?*

DIE MAGISCHE ZEIGEFINGERKETTE

(Zitterwurzel-Geschichte 1)

Hannes Büx schaut sich um und wundert sich. Wo ist er da nur gelandet? Als Angsthase war er schon über so manches Feld gehoppelt. Aber so was wie hier ist ihm bisher noch nicht begegnet. Wo er hinschaut, nur Steine, große, rundliche Steine. Da entdeckt er in der Ferne ein Grasbüschel. Wo Gras ist, könnte auch Löwenzahn sein. So eine Mümmelmahlzeit zwischendurch wär gar nicht schlecht. Er hoppelt auf das Grasbüschel zu und merkt, wie das Grasbüschel auch auf ihn zuhoppelt. Hannes dreht nervös an seinem längsten Schnurrbarthaar.

«Was immer das bedeutet, normal ist das nicht», murmelt er vor sich hin und geht hinter einem besonders dicken Stein in Deckung.

Das Grasbüschel kommt näher. Hannes Büx nimmt sich ein Herz und macht einen Satz mitten in das Grasbüschel hinein.

«Au! Oje, oje, oje, oje!», hört er es unter sich wimmern. Er rollt sich zur Seite und entdeckt ein rundliches Etwas, das sich an den Boden kauert und am ganzen Körper zittert.

Hannes tippt ihm auf den Rücken. «Hey, kannst ruhig hochkommen, ich bin Hannes Büx, ein harmloser Angsthase.»

Der zitternde Brocken streckt sich langsam und wird zu einem zitternden Kobold.

«Ha, Ha, Ha, Hannes ... ha, ha, hallo!», stammelt er. «Ich bin Winfried Zitterwurzel, ein Erdkobold. Bist du wirklich harmlos?»

«So harmlos wie eine Pusteblume», erklärt Hannes. «Apropos Pusteblume, gibt's hier irgendwo Löwenzahn?»

Zitterwurzel schüttelt den Kopf. «Hier gibst nur Steine. Deswegen heißt diese Gegend ja auch die Ebene der kullernden Steine.»

«Verstehe. Und du hast hier den Grasbüscheltanz geübt, oder was?»

«Nein, nein. Das war meine Tarnung. Ich habe was ganz Wichtiges verloren, was ich unbedingt wiederfinden muss. Und ich glaube, es ist hier irgendwo unter die Steine geweht.»

«Das klingt gut, das klingt nach einem Geheimnis», freut sich Hannes und wittert ein Abenteuer.

Zitterwurzel erschreckt sich. «Wer hat dir das mit dem Geheimnis verraten?»

«Na, eigentlich hast du es mir verraten.»

«Oje, oh, oh, oje! Das darfst du keinem verraten. Wenn das die Windhexe erfährt, dann gibt's ein Donnerwetter.»

«Du kennst eine Hexe? Jetzt versteh ich, warum du soviel Angst hast.»

«Die Windhexe Schirrocina ist in Ordnung. Keine kennt soviel Tricks gegen Angst wie sie. Und gerade hat sie einen neuen erfahren und ihn gleich aufgeschrieben. Und diesen Zettel sollte ich in ihr Archiv bringen, in ihre Höhle auf den sieben Abendbergen. Aber dann hat mich eine Windböe erwischt und ... wuasch! Plötzlich war der Zettel weg. Wahrscheinlich ist er unter irgendeinen der Steine geweht. Oje, oh, oh, oje! Wie soll ich den nur wiederfinden, eh Schirrocina zurückkommt.»

«Kumpel, keine Panik! Ich helf dir natürlich!», schlägt Hannes vor. «Na, komm, dann bringen wir die Steine gleich mal ein bisschen zum Kullern. Dann finden wir den Zettel bestimmt!»

Er will einen großen Stein wegrollen, zögert aber.

«Du hast Angst vor dem, was darunter sein könnte, stimmt's?», fragt Zitterwurzel

Hannes Büx nickt.

«Dafür hab ich einen Tipp, der ist auch von Schiroccina: Schick die Angst fort und verwandle sie in kullernde Steine. Und dann sagst du:

Angstkoller kullern
kichernde Kreise,
kugelig leise
gehen Tränen auf die Reise.»

Und mit diesem Spruch machen sich Hannes Büx und Zitterwurzel gleich an die Arbeit. Einen Stein nach dem anderen kullern sie zur Seite. Aber der Zettel bleibt verschwunden.

Zitterwurzel wird immer nervöser.

«Oh ne, oh ne, oh ne, oh ne!», ruft er und kullert sich selber verzweifelt hin und her. «Warum hab ich Dösbattel auch nicht aufgepasst!» Seine Verzweiflung wird so groß, dass er einen Handstand macht und unruhig mit den Beinen zappelt. Da flattert ein Zettel aus seiner Hosentasche. Hannes Büx schnappt ihn sich und beginnt zu lesen:

«Die magische Zeigefingerkette ...»

Wie elektrisiert springt Zitterwurzel hoch und ruft aufgeregt. «Wer hat dir das verraten?»

«Keiner. Das steht hier auf dem Zettel.»

«Wie? Wo? Auf welchem Zettel?»

«Na, auf dem, der aus deiner Hosentasche gefallen ist.»

«Wie? Was?» Aus meiner Hosentasche? Der Zettel war die ganze Zeit in meiner Hosentasche?»

«Klar, sonst hätte er jetzt ja nicht rausfallen können. Ist das etwa das Geheimnis?»

Zitterwurzel schnappt sich den Zettel. «Ja, klar. Die magische Zeigerfinger-kette. Das ist ein Superspezialtrick.»

«Und wie funktioniert der?»

«Wie? Ach so, wie? Ja, wie eigentlich? Das weiß ich auch nicht.»

«Aber das steht da doch.»

«Ach ja! Du hast Recht. Da können wir ja direkt nachschauen.»

Und beide lesen:

«Leg die Spitzen deiner Zeigefinger auf die Spitzen der Zeigefinger von anderen. So wird eine Zeigefingerkette gebildet, die Angst vertreibt.

Bist du allein, so leg die Spitzen deiner Zeigefinger aufeinander.»

«Klingt gut», findet Hannes Büx. «Aber ob das auch mit meiner Hasenpfote funktioniert?»

«Das können wir doch gleich ausprobieren», schlägt Zitterwurzel vor.

Und Zitterwurzel legt die Spitzen seiner Koboldzeigefinger auf die Spitzen von Hannes Büx Hasenpfoten.»

«Fühlt sich super an!», stellt Hannes fest. «Dann können wir ja jetzt gleich das nächste Abenteuer starten!»

«Später!», vertröstet ihn Zitterwurzel. «Ich muss den Zettel doch erst in Schiroccinas Höhle bringen.»

Das versteht Hannes Büx. Aber eh Zitterwurzel wieder verschwindet, verab-redet er sich mit ihm zu einem neuen Abenteuer ... irgendwann und irgendwo ...

KAPITEL 4 | *Abenteuerspiele, die Sicherheit geben*

Kinder lieben Abenteuer, die sie zu bestehen haben, Abenteuer allerdings, an deren Ende das intensive Gefühl «Ich habe es geschafft!» steht. Kinder mögen Abenteuer, in denen es eng wird, in denen es um Leben und Tod geht. Intensiv erlebte Abenteuer fordern die ganze Persönlichkeit. Solche Spiele können Kinder nur aushalten, weil sie um das «Es könnte so sein...», um das «Als ob» des Spiels wissen. Das Spiel konfrontiert die Kinder auf freiwilliger Basis mit gruseligen, grausamen, furchterregenden Situationen und Gestalten, die stärker sind als die Kinder. In den Abenteuerspielen werden Vernichtungsängste der Kinder auf eine für sie aushaltbare Weise inszeniert. Dadurch gewinnen die Kinder Handlungssicherheit, fühlen sich nicht ausgeliefert, verfügen sie doch über Kräfte, auch in ausweglosen Situationen eine ebenso pragmatische, kreative oder paradoxe Lösung zu finden.

PAPA BANG ...

PAPA BANG: *Ne, ne, das scheint ja jetzt wirklich unheimlich zu werden. Nur gut, dass Hannes Büx mit Mr. Icks immer noch unterwegs ist. Da kommt er wenigstens nicht auf dumme Gedanken und büxt in irgendwelche Phantasiereiche aus.*

Phantasiereiche erkunden

IM GLUCKSENDEN GRUMMELSUMPF

(Ein Spiel, bei dem es auf Geräusche und Bewegungen ankommt – mindestens 5 Spieler)

Jeweils ein Spieler macht sich auf, den glucksenden Grummelsumpf zu durchqueren, um zur Muschelinsel in der Mitte zu gelangen. Hier darf er eine Muschel einsammeln, die er behalten kann, wenn er auch den Rückweg erfolgreich hinter sich bringt. Sonst kommt die Muschel wieder auf die Insel zurück und der Spieler muss es ein weiteres Mal probieren.

Vorbereitungen und vorbereitende Übungen

Der Spielleiter stellt mit den Spielern den Sumpf her: eine möglichst runde
Fläche, über die Gitterlinien von (zusammengeklebten) Krepppapierbändern
gelegt werden, oder die Linien werden mit Kreppband auf den Boden geklebt
oder sie werden – wenn möglich – auf den Boden gezeichnet.

In der Mitte dieses Sumpfes wird die Muschelinsel angelegt. Hier liegen
echte Muscheln oder Kieselsteine oder sonst irgendwelche Muschelsymbole.

Durch verschiedene Geräusche, die ein Teil der Spieler von sich gibt, wird
der Sumpf zum Grummelsumpf. Die Geräusche werden durch stimmliche
Laute erstellt oder mit Hilfe von Instrumenten – Flöte, Maultrommel, Mund-
harmonika – und anderen Klangteilen –, Bambusstückchen, Erbsen, die
eine Büxe kullern, baumelnde Metallteile . . . usw.

Als vorbereitende Übungen können Bewegungs- und Geräuschübungen
gemacht werden (s. auch «Geräusche, Klänge, Musik» S. 161).

Das Spiel

Ein Teil der Kinder stellt Sumpfwesen dar und bildet einen Kreis um den
Sumpf. Jeweils ein Kind spielt den Sumpfdurchquerert, der sich zur Muschelinsel in der Mitte aufmacht. Bei seiner Durchquerung darf er auf dem Hin-
und Rückweg die Gitterlinien nicht betreten, sonst muss er wieder von vorne
anfangen.

Während der Spieler den Sumpf durchquert, geben die Sumpfwesen
verschiedene Laute von sich und bringen den Sumpf zum Grummeln, zum
Grimmeln, zum Glucksen, zum Blubsen, zum Platschen, zum Matschen,
zum Schmatzen, zum Flatschen, zum Blubbern . . . und was den Sumpfwesen
sonst noch für Geräusche einfallen.

Wenn der Sumpfdurchquerer es geschafft hat, applaudieren alle Sumpfwesen und feiern ihn.

Variationen:

Verschiedene Arten, den Sumpf zu durchqueren:
- In zeitlupenartigen Bewegungen
- Auf 2 Beinen hüpfend
- Auf einem Bein hüpfend
- Auf allen Vieren
- Mit zugebundenen Augen. Dann geht es nur darum, die Muschelinsel zu
  finden und wieder ans «Sumpfufer» zurückzukommen.

PAPA BANG UND HANNES BÜX

HANNES BÜX: *Sag mal, Papa Bang, gibt es auch Sumpfhasen?*

PAPA BANG: *Ich denke nicht. Im Sumpf wachsen doch keine Möhren.*

HANNES BÜX: *Und Mondhasen?*

PAPA BANG: *Du stellst Fragen. Frag doch deinen Mr.Icks, ich denk der weiß alles.*

HANNES BÜX: *Glaubst du jetzt auch, dass es ihn gibt? Du machst Fortschritte, Papa Bang, Bravo!*

PAPA BANG: *Wie? Was? Wahrscheinlich liegt's daran, dass heute Nacht Vollmond ist.*

HANNES BÜX: *Was??? Heute Nacht ist Vollmond? Heute Nacht schon? Dann muss ich los!*

PAPA BANG: *Aber nimm bloß deinen Mr.Icks mit!*

Aber Hannes ist schon wieder weg.

MIT MUMPELFITZ IM REICH DER GESPENSTER

(Mumpelfitz-Geschichte 2)

«Heute Nacht ist Vollmond!», jubelt Hannes Büx. Zeit für den Besuch im Reich der Gespenster, zu dem er sich mit Mumpelfitz, dem Monsterprinzen, und Kokolores Kichererbse, einem Neckgespenst, verabredet hat. So schnell es seine Hasenbeine erlauben, sprintet er durch das Monsterreich und schlägt vor Begeisterung einen dreifachen Hakensalto. Er kann es gar nicht erwarten, seine beiden neuen Freunde wiederzutreffen.

«Mr. Icks, keine Bange», ruft er seinem unsichtbaren Begleiter zu, «wir finden Mumpelfitz und Kokolores bestimmt. Oder vielleicht finden sie uns.»

Da hört Hannes vertraute Klänge über sich. «Klingt ganz so wie der fliegende Teppich von Kokolores, Mr. Icks!»

Aus der Luft streckt sich Hannes plötzlich eine Hand entgegen. Hannes schaut hoch und entdeckt, wem die Hand gehört: Mumpelfitz. Mit Kokolores fliegt er auf dem Teppich gerade über Hannes hinweg. Im letzten Augenblick kann Hannes noch zupacken. Kokolores hilft Mumpelfitz . Zusammen ziehen sie Hannes hoch auf den Teppich.

«Deinen Mr. Icks habe ich auch mitgebracht», sagt Hannes zu Mumpelfitz.

«Dann kann ja gar nichts mehr schief gehen!», erklärt Mumpelfitz.

«Und jetzt volle Kraft voraus ins Gespensterreich!», ruft Kokolores und der Teppich düst mit doppelter Geschwindigkeit durch die Vollmondnacht.

Als sie im Gespensterreich landen, schlottern Hannes doch ein bisschen die Knie. Und auch Mumpelfitz reibt nervös an seinen Monsterhörnchen.

«Noch ist es ja ganz ruhig», stellt er fest.

Kokolores freut sich auf das Abenteuer. «Das ist ja der Trick bei den Schreckgespenstern. Ihr lockt sie selbst herbei.»

«Also im Augenblick hätte ich nichts dagegen, wenn sie gar nicht auftauchen», gesteht Mumpelfitz.

«Iiiich auch nicht», stammelt Hannes und vor Angst kräuseln sich seine Schnurrbarthaare.

«Ich glaub, eieieigentlich will ich doch lililieber nichts mit denen zu tun haben.»

Kokolores lacht. «Genau das nutzen sie aus. Kenn ihr denn nicht ihr Geheimnis?»

Mumpelfitz ist ganz verdutzt. «Was für ein Geheimnis?»

«Die Schreckgespenster, die warten nur darauf, dass jemand Angst vor ihnen hat. Und je mehr einer jammert und wimmert und heult, je mehr drehen sie auf. Die schlucken nämlich die ganzen Jammerlaute und spucken sie dann als Schreckenslaute wieder aus.»

«Heißt das, sie erschrecken mich dann mit meinen eigenen Jammerlauten?», erkundigt sich Hannes.

«Super Trick, oder?», freut sich Kokolores.

«Und wieso findest du das so klasse?», will Mumpelfitz wissen.

«Na ja, wenn man ihren Trick durchschaut hat, dann kann man sie ganz einfach besiegen und ein Spiel draus machen.»

Mumpelfitz und Hannes verstehen es nicht.

«Also, wenn sie auftauchen, dann füttern wir sie einfach mit Lauten, die Angst vertreiben. Dann schlucken sie die und vertreiben sich damit selbst.»

«Und das funktioniert?», fragt Mumpelfitz

«Na, los, wir können es doch gleich ausprobieren. Da sind ja schon die ersten Schreckgespenster im Anmarsch.»

Mumpelfitz versucht, sich Mut zu machen. «Mr. Icks sagt auch, dass wir es schaffen können.»

Hannes erstarrt vor Schreck und wimmert: «Oh, Grausen, schon beginnen mir die Ohren zu sausen!»

Und wirklich … eine Horde von Schreckgespenstern kommt auf sie zu mit unheimlichen Spukbewegungen und gespenstischem Gesang:

> «*Monsterschwanz, Gespensterauge.*
> *Geistertanz und Tränenlauge,*
> *Krallenkitzel, Schwartenhaar,*
> *Kommt zu uns,*
> *wir sind schon da!*»

«Wir waren aber eher da!», rufen Mumpelfitz, Kokolores und Hannes ihnen entgegen.

Die Gespenster kommen immer näher:
Schubedidu
und schon macht's wieder buh!

> *Katzenbuckel, Krötenwarzen,*
> *Schlangenpickel, Warzenschwarten,*
> *Läusepopel, Drachenmolch,*
> *kommt zu uns,*
> *wir warten auf euch!*»

«Und wir warten auf euch!», rufen die drei mutig.

«Also, wir schütteln die Angst aus der Hos und schubedidubedi, los!», flüstert Kokolores. «Singt mir nach:
Gespenster sind harmlos,
harmlos, wie ein Kartoffelkloß!»

Mumpelfitz, Hannes Büx und Kokolores Kichererbse singen den Gespenstervertreibespruch und werden dabei immer fröhlicher.

Verdutzt halten die Schreckgespenster inne. Ihre Spukbewegungen verwandeln sich in komische Zuckungen. Und die Gespenster selbst werden immer fröhlicher. Sie beginnen zu kichern, fangen an zu tanzen und singen am Ende ausgelassen:
«Schubedi, dubedi, buh, buh, buh
heissa hei und jupdidu!

Jetzt geht es ab, jetzt geht es los,
Gespenster sind harmlos,
harmlos wie ein Kartoffelkloß.»

Und so verschwinden sie ...

Mumpelfitz, Hannes und Kokolores gratulieren sich gegenseitig. Mumpelfitz schaut sich nach Mr. Icks um und entdeckt eine Bohne auf der Erde. Er hebt sie auf.

«Ist das eine Gespensterbohne?», will Mumpelfitz wissen.

«Vielleicht ist es eine Zauberbohne», meint Kokolores. «So eine, die in den Himmel wachsen kann, wenn man sie in eine besondere Erde steckt.»

«Das würde ich ja gerne mal ausprobieren», sagt Mumpelfitz. «Aber in was für Erde muss man sie stecken?»

Kokolores zuckt mit den Schultern.

«Da könnte ich meinen Vater fragen», schlägt Hannes vor. «Der kennt sich mit Erde aus. Der weiß auch, wo die besten Möhren wachsen.»

«Klasse!», freut sich Mumpelfitz. «Und dann starten wir ein neues Abenteuer!»

(Fortsetzung: Der Gespenstersturm, s. S. 132)

PAPA BANG UND HANNES BÜX

HANNES BÜX: *Sag mal, Papa Bang, weißte, wo Bohnen besonders gut wachsen?*

PAPA BANG: *Tja, wenn du mich nach Möhren fragen würdest, da kenn ich mich aus.*

HANNES BÜX: *Und wo wachsen die?*

PAPA BANG: *Das hängt von der Güte des Bodens ab. Das ist das ganze Geheimnis.*

HANNES BÜX: *Super! Hier geht's jetzt auch gleich um Geheimnisse. Dann können wir das ja rausfinden.*

PAPA BANG: *Da gibt's nichts rauszufinden. Das kann ich dir sagen: Gut abgelagerter Kuh- oder Schafsmist drauf und das wird was.*

HANNES BÜX: *Hä? Damit kriegt man dicke Möhren? Schöner Mist!*

Geheimnisse ergründen

DER PIRATENSCHATZ AUF DER MONSTERINSEL

(Ein Teamspiel, mindestens 4 Spieler)

Auf der Monsterinsel ist ein Piratenschatz verborgen. Er wird von einem namenlosen Ungeheuer bewacht. Was das für ein Ungeheuer ist und wie man es besiegen kann, das wissen nur die Hüter des Schatzes. Sie geben ihr Geheimnis nicht freiwillig preis. Immer wieder versuchen Piraten sich auf einem Floß der Insel zu nähern und den Schatz zu erbeuten. Um dies zu schaffen, müssen die Piraten erraten, welches Ungeheuer dort hockt und ihm einen Namen geben. Dann geben die Hüter den Schatz frei.

Erschwerend kommt für die Piraten hinzu, dass sich die Wetterverhältnisse über dem Meer um die Insel ständig ändern und sie Möglichkeiten finden müssen, damit umzugehen.

Vorbereitungen und vorbereitende Übungen

Der Spielleiter präpariert den Schatz mit einer speziellen Botschaft (Beispiel nächste Seite) in einer Schatzkiste oder ähnlichem. Der Schatz ist jeweils etwas, das auf die Vorlieben und Bedürfnisse der Gruppe zugeschnitten ist – bunte Murmeln, Süßigkeiten, Minigeschenke ... usw. Es sollte wirklich eine freudige Überraschung sein.

Die Gruppe der Spieler wird in Hüter und Piraten aufgeteilt: mehr Piraten als Hüter.

Die Hüter einigen sich darauf, was für ein Ungeheuer den Schatz bewacht und wie sie es gemeinsam darstellen können. Die Piraten besprechen, ob sie alle auf ein Floß gehen wollen oder jeder auf ein einzelnes oder ob sie gegeneinander antreten wollen (kann vom Spielleiter auch angegeben werden).

Als vorbereitende Übungen können zum Warmwerden Bewegungsübungen gemacht werden.

Das Spiel

Die Hüter des Schatzes auf der Monsterinsel beobachten von der Insel aus, wie sich die Piraten der Insel nähern.

Die Piraten versuchen, mit einem (unsichtbaren) Floß die Insel zu erreichen. Bei der Überquerung haben die Piraten mit verschiedenen Schwierigkeiten zu kämpfen:

- Das Floß bleibt nur auf dem Wasser, wenn alle sich an den Händen halten.
- Wenn einer loslässt, geht es unter und alle Piraten müssen wieder an den Strand des Meeres zurück.
- Das Floß nähert sich schrittweise. Nach jedem Schritt können die Piraten einmal raten, was für ein Ungeheuer auf der Insel hockt.
- Wenn sie falsch raten, ändert sich das Wetter, das von den Hütern des Schatzes auf der Monsterinsel vorgegeben wird.
- Die Piraten müssen auf das Wetter reagieren, um nicht unterzugehen.

Jedes Mal, wenn ihnen das gelingt, ruft der Spielleiter «Stopp». Das Wetter stoppt. Alle erstarren und die Piraten können erneut das Ungeheuer erraten.

Wenn die Piraten es erraten haben, stellen die Hüter des Schatzes gemeinsam das Ungeheuer dar. Die Piraten müssen ihm nun einen Namen geben, um es zu bannen. Dann geben die Hüter den Schatz der Monsterinsel frei und die Piraten können die Schatztruhe öffnen.

Neben dem Schatz finden sie auch eine Botschaft in der Truhe. Sie lautet:
Der Bann wirkt erst dann lang,
wenn jeder an dem Schatz teilhaben kann.

Wechselnde Wetterphasen und wie die Piraten darauf reagieren können:

- Sturm, die Wellen schlagen hoch — sich gegenseitig festhalten und gegen den Sturm anschaukeln
- Frost setzt ein, das Meer gefriert — sich gegenseitig warm hauchen, damit man nicht erfriert
- Sonne taut das Eis auf, Windstille — pusten, damit es vorangeht

Durch das Pusten kommt ein Sturm auf und alles beginnt von vorne …

Variationen:

- Ein Floß: dann steht die Piratengruppe dicht gedrängt zusammen
- Jeder auf einem Floß: dann fasst sich die Gruppe verteilt an den Händen
- Zwei Piratengruppen, dann treten sie mit zwei Flößen gegeneinander an.

DAS GEHEIMNIS DER PURPURSCHLUCHT

(Wolkenfee-Geschichte 2)

Die Purpurschlucht ist eine Schlucht, die es in sich hat. Schon der Weg dahin ist nicht einfach. Sieben Stunden sind Klara, die Wolkenfee und Murgl, der Erdkobold, schon unterwegs. Plötzlich kommen sie in eine Gegend, auf der es aussieht wie auf dem Mond. Keine Bäume, keine Blumen, keine Grashalme ... nur Steine. Steine in allen Größen und Formen.

«Ganz schön steinige Gegend», findet Klara.

«Das ist das Tal der grinsenden Steine», erklärt Murgl. «Weil ... die haben nämlich alle Gesichter, die Steine.»

«Was für Gesichter? Die stecken sie wohl gerade in den Sand. Ich seh jedenfalls nichts. Nicht eine einzige Nase.»

«Schau genau hin, lass dir Zeit, dann siehst du die Gesichter.»

«Und warum grinsen sie?»

«No ja» ... und plötzlich fängt Murgl an zu stottern. «Sie, sie, sie ... frrrrreuen sich, dass es mal wieder jemand wagt ... ähm ... in die Purpurschlucht zu gehen.»

«Ist das denn gefährlich?»

«Ooooch, na ja ... also ... gefährlich ist es nicht ... wenn man Riesenspinnen mag.»

«Riesenspinnen???» Klara glaubt nicht richtig zu hören.

«No ja, irgendwo in der Schlucht, da soll so ein Vieh sitzen. Taramanta. Also ich persönlich, ich möcht' ihr nicht begegnen.»

«Also ich möchte das eigentlich auch nicht.»

«No ja, wenn du wirklich zu Mondragur willst ... ich fürchte, dann geht's nicht anders.»

«Ja, aber dieser Typ hat doch das goldene Ei. Und in dem steht doch drin, wie ich wieder nach Hause finde zu meiner Wolke.»

«Schon ...»

«Also muss ich da durch, wenn ich wieder nach Hause will auf meine Wolke.»

«Schon ... aber Mondragur ist noch gefährlicher als Taramanta.»

«Wieso das denn?»

«No ja, genau weiß ich das auch nicht. Aber ich weiß, dass Taramanta das weiß.»

«Na, los, dann fragen wir sie.»

«Wir??? Klara, nein! Ich, der murgelige Murgl, ich geh da nicht rein in die Purpurschlucht.»

«Aber du hast doch wenigstens dein Schneckenhaus, in dem du dich verkriechen kannst, wenn's gefährlich wird.»

«Genau. Und da verkriech ich mich auch drin. Jetzt sofort.»

Und Murgl verschwindet, verkriecht sich in der äußersten Ecke seines Schneckenhauses.

Klara klopft energisch gegen sein Haus. «Hey, und wo ist der Eingang zur Schlucht?»

«Ich geh da nicht rein!», tönt es energisch aus dem Schneckenhaus.

«Aber ich!»

Murgl schaut noch einmal kurz aus seinem Haus heraus. «Also gut, wenn du es wirklich wagen willst:

Sieben Schritte musst du gehen
ohne versuchen zu verstehn.
Dreh dich einmal im Kreise
und bleib dann stehn.

Und jetzt viel Glück! Ich wart hier auf dich hinter einem Stein.»

Und schon verschwindet Murgl wieder in seinem Schneckenhaus und wackelt hinter einen besonders dicken Stein.

Klara probiert den Spruch gleich aus. Sie geht sieben Schritte, dreht sich einmal im Kreis und bleibt erwartungsvoll stehen.

Plötzlich taucht eine graue Gestalt ohne Gesicht auf und taucht alles in purpurfarbenes Licht.

Klara nimmt ihren ganzen Mut zusammen und spricht das gesichtslose Wesen an.

«Entschuldigung, wissen Sie vielleicht, wo hier die Spinne hockt?»

Das graue Wesen wendet sich zu ihr und spricht mit monotoner Stimme:

«Taramanta hockt da,
wo niemand je sah,
Augen, die hören,
Ohren, die sprechen
Lippen, die sehen.»

«Ähm ja ... das kapier ich leider nicht.», sagt Klara. «Geht's vielleicht ein bisschen deutlicher?»

Aber da verschwindet das graue Wesen schon wieder. Klara bleibt kopfschüttelnd zurück, schaut die Steine an. Aber die grinsen nur.

«Was soll denn der Blödsinn! Naja, wenn dies graue Wesen schon kein Gesicht hat, hat es wahrscheinlich auch kein Gehirn. Ich hätte jetzt lieber auch keins. In meinem Kopf dreht sich nämlich grad alles ...»

Und Klara beginnt immer mehr zu zweifeln. Vor Angst schlottern ihre Knie.

«Wenn diese Spinne jetzt kommt. Was mach ich denn da? Hey, ihr grinsenden Steine! Immer nur grinsen gilt nicht. Sagt mir lieber, was ich tun soll.»

«Weglaufen!», flüstern die Steine.

«Weglaufen? Aber dann komm ich doch nie an das goldene Ei!»

Plötzlich wird es dunkler in der Purpurschlucht. Und in einer besonders dunklen Ecke beginnt etwas zu leuchten. Klara starrt gebannt in die Ecke und entdeckt ein großes leuchtendes Spinnennetz. In der Mitte hockt, wie ein großes dunkles Ungeheuer: Taramanta.

Klara reißt ihre Augen ganz weit auf, wagt es nicht, sich zu bewegen.

«Ich fürchte, zum Weglaufen ist es sowieso zu spät», flüstert sie den Steinen zu.

Klara nimmt ihren ganzen Mut zusammen und geht auf Taramanta zu, ruft ihr entgegen:

«Taramanta, eh du dich jetzt auf mich stürzt oder sonst irgendetwas Schreckliches mit mir machst ... hör mir zu, wenigstens einen kleinen Moment zu!

Ich hab gedacht, ich hätte den Mut, dich nach Mondragur zu fragen. Aber ich schaffe es nicht. Ich habe Angst!!!», brüllt sie ganz laut.

Und mit kläglicher Stimme gesteht sie Taramanta:

«... Schon vor ganz kleinen Spinnen habe ich Angst. Aber ich brauche deinen Rat ...»

Plötzlich richtet Taramanta sich auf und ...

Klara schließt die Augen, weil sie denkt, Taramanta würde jetzt auf sie springen. Aber dann hört sie die Spinne sprechen. Und ihre Stimme klingt ganz sanft und freundlich.

Klara öffnet die Augen und entdeckt, dass Taramanta an der Unterseite ganz bunt ist. Jetzt sieht sie gar nicht mehr aus wie ein Ungeheuer. Und was sie sagt, klingt sehr tröstlich:

«Ich weiß, Klara, ich weiß alles», sagt Taramanta.

«Alles, was du erlebt hast, steht in winzigen Buchstaben auf meinen Spinnwebenfäden geschrieben. Und ich helfe dir gerne, so wie du mir geholfen hast.»

«Ich dir geholfen? Wie das denn?»

«Ich war zum Schweigen verurteilt.

Verurteilt, als dunkles Ungetüm, Furcht und Schrecken zu verbreiten.

So lange, bis jemand seine Angst vor mir überwindet und mit mir redet.

Du hast es geschafft! Der Bann ist gebrochen.

Jetzt kann ich dir helfen.»

Sie reicht Klara einen kleinen Beutel.

«Hier, nimm dieses Zauberpulver. Wenn du es über dich streust, ist Mondragurs Zauber bei dir wirkungslos.»

«Kann der denn wirklich zaubern, dieser Mondragur?»

«Seine Augen haben magische Kräfte. Damit kann er seine Opfer in Puppen verwandeln, die nur noch nach seiner Pfeife tanzen.»

«Ich würde das sowieso nicht tun», entgegnet Klara.

«Mit dem Pulver hast du auch nichts zu befürchten. Aber das darf Mondragur nicht merken. Sonst denkt er sich vielleicht etwas anderes aus. Erst, wenn du das goldene Ei hast, bist du ganz sicher.»

«Dann tue ich eben so, als ob ich eine Puppe bin. Und in einem unbeobachteten Moment stibitze ich ihm das goldene Ei. Dann schaut er bestimmt ganz schön dumm aus der Wäsche.»

«Mit Sicherheit. Bisher hat es noch niemand geschafft, ihn zu besiegen.»

«Und du meinst wirklich, ich schaff das?»

«Dafür würde ich mein Spinnennetz verwetten. Und zur Sicherheit gebe ich auch noch allen Spinnen in der Mondhöhle Bescheid, dass sie dich beschützen.»

«Super, dann kann ja gar nichts mehr passieren!»

Vor lauter Freude hätte Klara Taramanta fast umarmt. Aber im letzten Augenblick war es ihr doch ein bisschen ungewohnt, eine Spinne zu umarmen.

«Auf dem Rückweg knuddel ich dich!», rief Klara Taramanta zu.

Und jetzt kann es die Wolkenfee gar nicht mehr erwarten, Mondragur gegenüberzustehen. So schnell sie kann, macht Klara sich auf in die Mondhöhle. Mit Taramantas Pulver in der Tasche fühlt sie sich stark wie nie. Und wenn sie es geschafft hat, Taramanta ins Gesicht zu blicken, dann konnte ihr Mondragur schon gar nichts anhaben.

(Fortsetzung: Klara und Mondragur, s. S. 122)

PAPA BANG UND HANNES BÜX

PAPA BANG: *Hannes, komm, lass uns aus diesem Buch aussteigen. Die Geschichten werden ja immer unheimlicher. Das ist einfach zuviel für uns Angsthasen.*

HANNES BÜX: *Dann versteck du dich doch solange hinter dem nächsten Baumstumpf. Ich steh das schon alleine durch.*

PAPA BANG: *Aber du weißt doch gar nicht, was alles passieren kann.*

HANNES BÜX: *Vielleicht steht's auf dem Fliegenpilz.*

PAPA BANG: *Was soll der Blödsinn denn schon wieder. Auf einem Fliegenpilz sind Punkte und keine Buchstaben.*

HANNES BÜX: *Auf dem hier aber wohl.*

Und Hannes Büx liest, was auf dem Fliegenpilz eingeritzt ist:
«Ein Rätselabenteuer wartet auf dich an der alten Eiche. Z.»
HANNES BÜX: *(aufgeregt)* «*Z*», *das kann nur Zitterwurzel heißen!*
PAPA BANG: *Also ich les da gar nichts. Für mich sieht das so aus, als ob Würmer ein Muster gefressen haben. Hannes? Hannes??*
Aber Hannes ist schon wieder weg.

DAS GEHEIMNIS DES RIESENMAULS

(Zitterwurzel-Geschichte 2)

Neunundneunzig Mal ist Hannes Büx jetzt schon um den dicken Stamm der dreihundertjährigen Eiche gehoppelt. Von seinem Freund, dem Erdkobold Winfried Zitterwurzel, ist immer noch nichts zu sehen. Hat er ihre Verabredung vielleicht vergessen?

Erschöpft lässt Hannes sich gegen den dicken Stamm der alten Eiche fallen. Da fällt ihm eine Eichel auf die Nase. Hannes schaut nach oben und entdeckt: Winfried Zitterwurzel. Lachend sitzt er auf einem dicken, knorrigen Ast.

«Sitzt du etwa schon die ganze Zeit da?», fragt Hannes empört.

«Joa.»

«Ich hab dich gar nicht gesehen.»

«Klar. Du hast ja auch nur nach unten geschaut und in die Ferne.»

«Und da lässt du mich neunundneunzigmal um den Baum laufen, bevor du was sagst?»

Zitterwurzel klettert vom Baum herunter.

«Jetzt bist du gut im Training, Hannes, jetzt können wir unser nächstes Abenteuer wagen.»

«Ja, dann los, Zitterwurzel! Diesmal soll's doch um ein Rätsel gehen.»

«Ja,ja,ja,ja … das Rätsel des Riesenmauls!»

«Wow, das lässt mein Hasenherz höher schlagen! Weißt du, Zitterwurzel, ich bin nämlich der größte Rätselknacker des Angsthasenuniversums. Ab geht's!»

Und Hannes sprintet los.

«Hey, stopp, halt! Wo willst du hin?»

«Na, zum Riesenmaul! Ich kann's gar nicht erwarten, dem eins aufs Maul zu geben!»

«Das ist aber die falsche Richtung.»

Hannes sprintet sofort in die andere Richtung und schlägt voll Vorfreude auf das Abenteuer einen doppelten Haken. Aber Zitterwurzel bremst ihn wieder: «Da geht's auch nicht lang!»

«Ja, gehört der Weg auch schon mit zum Rätsel, oder was? Wo geht's denn dann lang?»

«Nirgends. Du bist schon da.»

«Wo?»

Zitterwurzel grinst schelmisch. «Du stehst direkt davor.»

«Wovor? Doch nicht etwa vor . . .???» Hannes Büx schaut sich den Baumstamm genauer an und entdeckt plötzlich einen breiten Spalt, der aussieht wie ein geschlossenes Maul.

«Und wieso lauf ich da neunundneunzig Mal dran vorbei?», fragt sich Hannes und schlackert mit den Ohren.

«Das ist jetzt die falsche Frage», erklärt Zitterwurzel.

«Weißt du eine bessere?»

«Na ja, z. B.: Wie komme ich in das Maul?»

«Wieso? Ich will doch gar nicht in das Maul rein. Ich lass mich doch nicht von irgend so einem Riesenmaul verschlucken!»

«Aber wenn du das Rätsel lösen willst, musst du das. Das gehört dazu.»

«Und dann?»

Zitterwurzel zuckt mit den Schultern. «Das weiß ich auch nicht. Das ist ja gerade das Rätsel.»

«Und wie soll ich reinkommen?»

«Das ist einfach. Dafür gibt es einen Spruch.»

«Okay, dann sag schon, damit ich's hinter mir hab.»

Hannes Büx kneift noch einmal kurz die Augen zu, nimmt seinen ganzen Mut zusammen und Zitterwurzel sagt den magischen Riesenmaul-öffne-dich-Spruch:

«Riesenmaul, öffne dich weit!
Ich bin bereit.
Dein Rätsel
soll nicht länger Rätsel sein,
lass mich hinein!»

Langsam öffnet sich im Baum ein riesiges Maul. Hannes Büx winkt Zitterwurzel noch einmal zu und steigt hinein. Kaum ist er drin, schließt sich das Maul wieder. Ganz dunkel wird es jetzt um Hannes. Nur durch ein paar Astlöcher fällt ein wenig Licht. Hannes Büx klopft von innen gegen den Baumstamm.

«Hey, Zitterwurzel, hier ist es nur dunkel. Hier gibt's kein Rätsel zu erkunden. Wie komm ich denn jetzt wieder raus?»

«Ähm . . . also . . . ich, ich, ich . . . ich fürchte . . .»

«Was? Jetzt sag schon!»

«Ich fürchte, ähm ... also ich glaube, das ... das genau ist das Rätsel.»

«Willst du damit sagen, dass du auch nicht weißt, wie man hier wieder rauskommt?»

«Ähm ... nein. Nininicht wirklich», gesteht Zitterwurzel mit schlotternden Knien.

Und auch Hannes fängt plötzlich an zu zittern.

«Hahahast du eine Idee?», erkundigt sich Zitterwurzel zaghaft.

«Wie soll ich eine Idee haben? In meinem Kopf ist nichts mehr. Nur noch ein schwarzes Loch.»

«Dagegen kenn ich ein Mittel», tröstet ihn Zitterwurzel:

«Atme dreimal tief und lang,

dann ist dir schon nicht mehr bang.»

Hannes sagt den Spruch und atmet dreimal tief und lang. Es funktioniert. Gleich fühlt er sich besser. Erleichtert streicht er sich über seine Schnurrbarthaare. Plötzlich hat er eine Idee. Er reißt sich das längste Schnurrbarthaar aus.

«Zitterwurzel, ich glaub, ich hab die Lösung!», ruft er seinem Freund zu.

Er nimmt das Schnurrbarthaar und kitzelt das Riesenmaul damit von innen.

«Haa, haa,haa ...», macht das Maul und öffnet sich immer weiter ...

Hannes kriecht so schnell wie möglich durch das geöffnete Riesenmaul nach draußen.

«Haaaaa–tschiiii!», macht das Maul und schließt sich wieder.

«Wie hast du das geschafft?», will Zitterwurzel wissen.

«Hier, mit meinem Schnurrbarthaar!» Stolz kitzelt Hannes Zitterwurzel mit seinem Schnurrbarthaar.

«Hatschi, hatschi, hatschi, hatschi!», niest Zitterwurzel. Er betrachtet sich das Schnurrbarthaar und klopft Hannes voll Bewunderung auf die Schulter.

«Hannes, du bist der Größte! Ab heute heißt du für mich nicht mehr einfach nur Hannes, sondern «Hannes, der «Schnurrbarthaar-Zauberer»!

Hannes streicht über seine anderen Schnurrbarthaare und ist in diesem Augenblick sehr stolz darauf, ein (Angst)Hase zu sein.

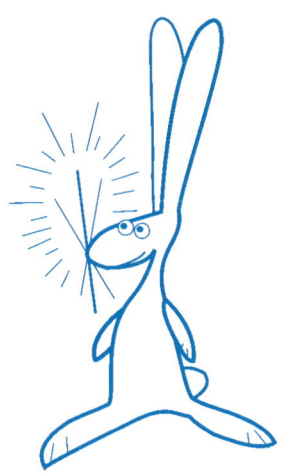

PAPA BANG UND HANNES BÜX

HANNES BÜX: *Weißt du, Papa Bang, wir Angsthasen können wirklich froh sein, dass wir so super Schnurrbärte haben.*

PAPA BANG: *War mir jetzt auch neu, zu was man die alles benutzen kann.*

HANNES BÜX: *Das ist doch wirklich eine Wunderwaffe!*

PAPA BANG: *Na, na, Hannes Büx, jetzt bleib mal schön in der Ackerfurche hocken und heb nicht gleich ab! Du hast Glück gehabt. Was da hätte alles passieren können!*

HANNES BÜX: *Na und? Ich hab ja noch ein paar Schnurrbarthaare! Also jetzt hab ich wirklich vor nichts mehr Angst!*

Papa Bang will nicht glauben, was er da hört und schaut, als ob er in eine wurmstichige Möhre gebissen hätte.

Spannende Aufgaben lösen

TAMARA UND DIE KROKODILE
(Tamara-Geschichte 2)

Tamara, Fee Ohneschlaf und Nozzo, der Gnom durchqueren das Tal der grünen Sümpfe so schnell sie können. Sie wollen an der Krokodilhöhle sein, ehe die Sonne untergeht. Vielleicht können sie alle heute Nacht endlich einmal einschlafen.

Denn in dieser Krokodilhöhle liegt irgendwo ein Stein, der ihnen dabei helfen kann: Es ist der Schlafstein. Leider wird er von einer ganzen Horde Krokodile bewacht. Und vor allem das Oberkrokodil ist für seine Gefräßigkeit bekannt. Es verschlingt alles, was ihm vor die Schnauze kommt. Deswegen sollte man sich diesen Krokodilen auch nur nähern, wenn man irgendetwas hat, mit dem man sie in Schach halten kann. Nozzo, der Gnom hat lange nach einem Zaubermittel gegen gefräßige Krokodile gesucht. Nozzo hat auch eins gefunden. Bisher hat er sich nur nicht getraut, es zu testen. Aber Tamara ist wild entschlossen, das Zaubermittel auszuprobieren. Was anderes bleibt ihnen auch gar nicht übrig. Wie sollen sie sonst an den Schlafstein kommen?

Tamara, Fee Ohneschlaf und Nozzo, der Gnom hören plötzlich furchterregende Schlinggeräusche: «Huamm, huamm, schmatz, knacks!»

Das klingt nicht sehr ermutigend. Das klingt genau wie eine Horde gefräßiger Krokodile.

Und da taucht das Oberkrokodil auch schon zwischen dicken, grünen Sumpfpflanzen auf.

«Mhmmm, frisches Fleisch! Ich rieche frisches Fleisch! Lecker, lecker!» Und es ruft den anderen zu: «Kameraden, hier toben drei Leckerbissen rum, direkt vor unserer Nase!»

Nozzo verkriecht sich sofort hinter einem großen Grasbüschel. Und auch Fee Ohneschlaf geht im Schilf in Deckung.

«Hey, soll ich das jetzt hier alleine machen?», beschwert sich Tamara.

«Ich hab vor Schreck das Zaubermittel vergessen», stottert die Fee.

«Zzzzzaubermittel? Wwwwas ffffür ein Zzzzzaubermittel?», stottert Nozzo.

Tamara erinnert sich, was der Gnom gesagt hatte: «Reibe dreimal die Hände, dann dreh dich zweimal nach rechts, einmal nach links und reibe zweimal die Hände. Öffne die Hand, puste das Pulver und sage: Ihr werdet schlafen.»

Da kommt das Oberkrokodil schon auf sie zu und klappt grauenvoll mit seinem Maul.

«Wir schlafen nie, du leckerer kleiner Sonntagsbraten!!!»

Auch die anderen Krokodile reißen hungrig ihre Mäuler auf.

«Schnell, beeil dich, Tamara!», ruft Fee Ohneschlaf.

Tamara nimmt ein bisschen Sand hoch, reibt sich dreimal die Hände, dreht sich zweimal nach rechts ...

Das Oberkrokodil folgt ihrer Bewegung. Und auch die anderen Krokodile kommen immer näher.

«Huamm, huamm, lecker Frischfleisch!», schmatzen sie.

«Schneller, schneller! Gleich schnappen sie uns!», schreit die Fee.

Tamara dreht sich schnell einmal nach links und reibt zweimal die Hände!

«Schneller, mach schneller! Die sind gleich da! Fee Ohneschlaf ist ganz verzweifelt.

Und da reißt das Oberkrokodil sein Maul auch schon besonders weit auf ...

Tamara pustet ihm den Zaubersand entgegen und ruft: «Ihr werdet schlafen!»

Und tatsächlich. Die Krokodile werden langsamer. Tamara atmet erleichtert auf. Aber noch ist sie vorsichtig. Die Krokodile werden langsamer und langsamer. Mit einem Male strecken sie alle Glieder von sich. Die Augen fallen ihnen zu und sie fangen an zu schnarchen.

Tamara fasst dem Oberkrokodil vorsichtig in den Rachen. Es regt sich nicht.

«Tiefschlaf», triumphiert Tamara.

«Es hat geklappt! Es hat geklappt!», brüllt der Gnom im Hintergrund und hüpft vor Aufregung von einem Bein auf das andere. Fee Ohneschlaf umarmt Tamara glücklich.

«Du bist die Größte!»

Tamara, Fee Ohneschlaf und Nozzo, der Gnom steigen über die Krokodile und entdecken den Eingang der Krokodilhöhle. Noch ist er von einer großen Felsplatte versperrt, Mit vereinten Kräften schieben die drei die Felsplatte beiseite, gehen in die Höhle und finden den matt glänzenden Schlafstein. Tamara hebt ihn auf, und sie gehen zurück.

Am Rande der grünen Sümpfe, in Sicherheit, schauen sie sich den Stein genauer an. Jeder nimmt ihn einmal in die Hand . . . und fängt sofort an zu gähnen. Müde, wie lange nicht, legen sie sich auf den Boden im Kreis und beginnen zu schlafen.

In Windeseile spricht es sich herum, dass Tamara und Fee Ohneschlaf mit Hilfe von Nozzos Zaubermittel den Schlafstein gefunden haben. Und aufgeregt eilen der alte Uhu, das taube Kaninchen und die Fledermaus herbei. Sie finden Tamara, Ohneschlaf und den Gnom, wie sie im Kreis liegen, den Schlafstein in der Mitte, und tief und fest schlafen. Da fängt auch der Uhu an zu gähnen, und auch das Kaninchen gähnt und die Fledermaus. Und wenn sie nicht aufgewacht sind, dann schlafen sie heute noch!

PAPA BANG UND HANNES BÜX

PAPA BANG: *Also Hannes, ich hab noch mal über alles nachgedacht. Und wir können ja auch über alles reden. Das mit den ganzen Abenteuern musste vielleicht sein. Aber es ist auch wichtig einzusehen, wann Schluss ist. Und ich denke, jetzt ist der Zeitpunkt gekommen . . .*
Hannes Büx ist abgelenkt, spitzt die Ohren.
PAPA BANG: *Hannes Büx, schau mich an, wenn ich mit dir rede.*
HANNES BÜX: *Ich hör da aber was!*
PAPA BANG: *Na und?! Hier ist den ganzen Tag irgendwas zu hören!*
HANNES BÜX: *Nein, das ist . . . das hört sich an . . . nach Zitterwurzel!*
PAPA BANG: *Hannes! Hannes Büx!!!*
Aber Hannes ist schon wieder weg.

(Zitterwurzel-Geschichte 3)

«Hannes! Hannes! Hannes Büx!» Erdkobold Zitterwurzel ruft, so laut er kann. Er kann es gar nicht erwarten, seinem Freund, dem Angsthasen, von der blauen Schärpe zu erzählen. Und da kommt Hannes auch schon herange-flitzt mit einem eleganten Hasenhakenslalom.

«Hast du ein neues Abenteuer für mich?», erkundigt sich Hannes.

«Ja, das Schärpenabenteuer.»

«Was ist das denn?»

«Na, eine Schärpe ist sowas wie ein Gürtel. Die bindest du dir um. Und die blaue Schärpe soll einem besondere Kräfte verleihen.»

«Warum haste mir die denn nicht gleich mitgebracht?»

«Die muss man sich holen, im Labyrinth der Miesepriemen. Und da trau ich mich nicht rein.»

«Was ist denn an diesen Miesepriemen so gefährlich?»

«Ich hab gehört, die nehmen einen auseinander. Also nicht wirklich. Aber mit Worten.»

«Hä?» Hannes versucht sich das vorzustellen, hat aber keine Idee.

«Also ich finde, das klingt eher nach einem Spiel. Wenn die nur mit Worten kämpfen, was soll denn da passieren?»

«Na ja, um das rauszufinden, müsste man wohl in das Labyrinth.»

«Ja, dann. Ab geht's!»

«Ohne mich. Da soll es echt ungemütlich sein!»

«Bestimmt nicht ungemütlicher als in einem Riesenmaul. Und da bin ich auch wieder rausgekommen. Also ich hol mir diese Schärpe.» Und schon flitzt Hannes los.

Zitterwurzel bleibt zurück, winkt ihm hinterher. «Ich wart hier auf dich und drück dir die Daumen!»

So macht Hannes sich diesmal ganz allein auf den Weg, guten Mutes und voll und ganz überzeugt davon, dass Worte ihm nichts anhaben können.

Im Labyrinth der Miesepriemen angekommen, wundert er sich. Weit und breit scheint keiner da zu sein. Nichts zu sehen, außer einem großen unförmigen Klumpen, der ihm den Weg versperrt. Plötzlich löst sich aus diesem Klumpen eine kleine Gnomengestalt. Dann werden es immer

mehr. Der Klumpen löst sich auf in lauter Miesepriemen, die Hannes umtanzen.

Der Obermiesepriem nähert sich Hannes, tippt ihm mit seinem langen,
dürren Finger an.

«Du bist hier falsch, Hannes!», sagt er und foppend hält er ihm eine blaue
Schärpe hin.

«Wieso? Woher weißt du das?», will Hannes Büx wissen.

«Wir Miesepriemen wissen einfach Bescheid. Anstatt Babybrei, haben wir
die Weisheit mit Löffeln gefressen!»

«Meinetwegen fresst, was ihr wollt. Aber gebt mir die blaue Schärpe!»,
wehrt Hannes ihn ab und greift nach der Schärpe. Aber der Obermiesepriem
zieht sie im letzten Moment weg.

«Erst spuckst du große Töne und dann machst du dich lächerlich! Du
schaffst das doch nie, an die Schärpe zu kommen! Die schlabbert sowieso
nur an dir rum! Die ist dir doch viel zu groß!!»

«Wenn ich will, schaff ich das auch!», ruft Hannes ihm entgegen und
greift wieder nach der Schärpe, verfehlt sie aber knapp.

Alle Miesepriemen hüpfen nun um ihn herum und veräppeln ihn:
«Wenn er will, wenn er will,
steht alles hier für Hannes still.
April, April, April, April.»

«Warum soll ich das nicht schaffen?», fragt Hannes trotzig.

Der Obermiesepriem lacht dreckig. «Du bist einfach zu dumm! Noch dazu
ein Angsthase!

Du denkst, du kannst es wirklich schaffen?» Er lacht sich fast kaputt.

«So dumm, wie du bist! So ängstlich, wie du bist!!! Du Floh, du Hasenzwerg, du Schrumpfpuppe!»

Und wieder tanzen alle Miesepriemen um Hannes herum und lachen ihn
aus:
«Floh, Hasenzwerg, Schrumpfpuppe,
Floh, Hasenzwerg, Schrumpfpuppe,
Feigling, Feigling, Feigling,
Angsthase!»

Hannes wird immer mehr bedrängt, traut kaum, sich zu bewegen. Da fällt ihm
der Mutmachspruch von Zitterwurzel wieder ein: *«Atme dreimal tief und lang,*

dann ist dir schon nicht mehr bang. » Hannes atmet dreimal tief und lang. Dann nimmt er seine ganze Kraft zusammen und brüllt die Miesepriemen an:

«Na und! Dann hab' ich eben Angst.

Ihr seid doch nur so mutig, weil ihr so viele seid.

Na und! Dann ist mir eben zum Heulen!

Ihr reißt den Mund doch nur so auf, weil ihr nicht alleine seid.

Na und! Dann bin ich eben ein Angsthase!

Deswegen schaff ich's aber trotzdem.

Stark sein heißt nämlich nicht nur Muckis haben!»

Und mit einem Ruck entreißt er dem Obermiesepriem die blaue Schärpe. Der ist so überrascht, dass er sie einfach loslässt. Und plötzlich ist er wie verwandelt. Anerkennend reicht er ihm die Hand.

«Glückwunsch, Hannes, du hast die Schärpe wirklich verdient. Und nichts für ungut, das war alles nicht so gemeint.»

Und die anderen Miesepriemen schließen sich ihm an:

«Ein kleiner Scherz, ein kleines Spiel, ein kleiner Spaß!

Wir wussten doch gleich, dass du es schaffen wirst!»

«Wär schön, wenn wir Freunde werden!», schlägt ihm der Obermiese-priem vor.

Hannes Büx legt sich die Schärpe um, stellt stolz die Ohren auf und ruft der Meute zu:

«Nichts für ungut, ihr miesen Primeln, aber auf Freunde wie euch kann ich verzichten!»

Und mit einem dreifach gedrehten Hasenhaken macht Hannes sich wieder auf zu seinen wirklichen Freunden …

Papa Bang und Hannes Büx

Hannes Büx: *Na, Papa Bang, was sagst du zu der Schärpe? Willst du sie auch mal anprobieren?*

Papa Bang: *Ne, lass man. Wie sieht das denn aus, wenn ich mit einer blauen Schärpe über den Acker hoppele.*

Hannes Büx: *Die gibt dir aber so ein saugutes Gefühl! Ehrlich, jetzt könnte ich es mit jedem Ungeheuer aufnehmen, sogar mit einem Drachen!*

Papa Bang: *Zum Glück gibt's ja keine Drachen.*

Hannes Büx: *Das sagst du!*

Papa Bang: *Das sagt mir mein Hasenverstand. Und auf den kannst du dich ruhig verlassen.*

Hannes Büx zweifelt daran, so sehr, dass seine Schnurrbarthaare die Form von Fragezeichen annehmen

KAPITEL 5 | *Mutmachspiele, die Ungeheuer vertreiben*

In der magisch-phantastischen Entwicklungsphase von Kindern herrscht eine polare Sichtweise vor: gut und böse, hell und dunkel, schwarz und weiß, schwach und stark, weich und hart. Und Kinder erfahren zugleich, dass sie beide Anteile in sich tragen: sie eben nicht nur lieb sein können, sondern auch aufsässig und gemein. Aus dieser Polarität gewinnen die Mutmach-Spiele ihre ganz eigene Faszination. Das Ungeheuer, das Monster, der Drache, vor dem man Angst hat, enthält eigene Anteile. Sie sind nicht nur die Bösen, die es zu vernichten gilt, sie haben auch ihre «guten» Seiten, die man auf den ersten Blick vielleicht nicht erkennen kann, weil sie sich hinter einer grässlichen Fassade verstecken. Die Mutmach-Spiele machen mithin Mut, alle Persönlichkeitsanteile in sich zu akzeptieren – auch jene, die man an sich selber nicht mag, verbunden mit der Hoffnung als ganze, widersprüchliche Persönlichkeit von anderen angenommen zu sein. Anders formuliert: Nehme das Ungeheuer, das vor dir steht, an, dann nimmst du das Ungeheuer in dir an!

Ungeheuer verzaubern, besiegen

KLARA UND MONDRAGUR
(Wolkenfee-Geschichte 3)

Klara weiß nicht, wie lange sie schon die Purpurschlucht entlangläuft. Sie hat das Gefühl, dass diese Schlucht nie endet. Irgendwann muss sie doch an die Mondhöhle kommen. Sie spürt, wie heimatlos sie sich als Wolkenfee ohne ihre Wolke fühlt. Wenn sie sich jetzt alles von oben anschauen könnte, von ihrer Wolke, dann könnte sie bestimmt sehen, wie weit es noch ist. Aber wenn sie schon wieder auf ihrer Wolke säße, dann müsste sie gar nicht in die Mondhöhle zu diesem Mondragur. Da wollte sie ja nur hin, um sich das goldene Ei zu holen. Wenn sie das goldene Ei findet, dann findet sie auch ihre Wolke wieder. Wie das alles genau zusammenhängt, das will sie rausfinden ... in der Mondhöhle ... bei Mondragur.

Plötzlich entdeckt Klara am Rand ihres Weges eine kleine Spinne, die ihr aufmunternd zuwinkt. Es werden immer mehr. Dann hatte Taramanta, die

Riesenspinne, also Wort gehalten. Sie hatte versprochen, ihren Verwandten Bescheid zu sagen, damit sie ihr beistehen. Ihre Nachricht scheint angekommen zu sein.

Und da taucht noch jemand auf. D.h. erst ist nur ein Schneckenhaus zu sehen.

Klara kennt das Schneckenhaus gut. Es gehört ihrem Freund Murgl, dem Erdkobold.

«Murgl, wo kommst du denn her? Ich denke, du hast Schiss vor Mondragur?», ruft Klara in das Schneckenhaus hinein.

«Hab ich auch», ruft der murgelige Murgl. Ganz vorsichtig taucht er aus seinem Schneckenhaus auf. «Aber mit diesem Monster Mondragur kann ich dich doch nicht alleine lassen.»

Klara zeigt Murgl einen kleinen Beutel.

«Hier, ich habe das Zauberpulver von Taramanta. Das schützt mich vor Mondragurs magischen Kräften.»

«Schnell, schnell streu es über dich. Eh er kommt!»

«Sind wir denn schon da?»

«Aber ja!»

Klara schaut sich ungläubig um. Inzwischen sind immer mehr Spinnen gekommen. Alle nicken jetzt ganz heftig und raunen Klara zu:

«Verstreu das Pulver, so schnell es geht,
damit Mondragur im Regen steht.
Beeil dich! Schnell!
Gleich ist er zur Stell!»

So schnell sie kann, stäubt Klara sich mit dem Pulver ein. Keinen Augenblick zu früh.

Denn zwischen einer Felsspalte schiebt sich jetzt eine riesige, lilaschwarzschimmernde Kralle vor. Dann erscheint der, zu dem diese Kralle gehört: Mondragur. Noch riesiger als seine Kralle ist sein schwarzer Kopf mit großen gelben Augen in zwei dunklen Höhlen. Gelb, wie die Augen, ist auch eine kleine Plastiktasche, die er umhängen hat. Majestätisch langsam bewegt sich das Monsterwesen auf Klara zu.

Klara bleibt mutig stehen. Murgl verkriecht sich sofort wieder in sein Schneckenhaus.

Mit tiefer, dunkler Monsterstimme beginnt Mondragur zu sprechen:
«Ich bin Mondragur,

böse bin ich von Natur.
Ich mag keine Wolkenfeen.
Will sie am liebsten nur verwandelt sehn. »

Doch Klara lässt sich nicht einschüchtern. «Sie sind also dieser merkwürdige Mondragur?», fragt sie ihn frech.

«Ganz recht. Ganz recht. Du kannst ruhig «Mondi» zu mir sagen», antwortet das Monster und tut dabei ganz freundlich.

Aber Klara lässt sich einfach nicht einschüchtern. «Also Mondi, du magst keine Wolkenfeen? Warum eigentlich?»

«Wolkenfeen sind laut! Sie toben rum! Sie lachen zu viel! Sie fragen zu viel!

Sie haben ihren eigenen Dickkopf! Grässlich! Die sind auch immer so fröhlich! Du könntest fast selbst eine sein!»

«Das bin ich auch, wenn du's genau wissen willst.»

«So. Dann werde ich dich gleich in eine Puppe verwandeln, die für mich tanzt. Schau mir in die Augen, Kleines! … Ja, so ist es gut.»

Mondragurs Augen beginnen zu leuchten. Wie unter Hypnose erstarrt Klara plötzlich zur Puppe.

Das Monster fängt schallend an zu lachen. «Ich werde immer besser. Diesmal hat mein magischer Trick besonders schnell funktioniert. Dann hol ich mir jetzt noch was Leckeres zu trinken, bevor ich die Wolkenfee tanzen lasse. Hm … was trinke ich denn? Ja, Rattenmilch! Leckere Rattenmilch!»

Mit diesen Worten verschwindet er wieder hinter der Felsspalte.

Kaum ist er verschwunden, wird Klara wieder lebendig und klopft an Murgl's Schneckenhaus.

«Murgl, schnell, komm raus. Was mach ich denn jetzt? Mondragur schafft es zwar nicht, mich zu verzaubern. Aber wie soll ich es schaffen, an das goldene Ei zu kommen? Das ist bestimmt in seiner gelben Tasche. Und die trägt er wohl immer bei sich.»

Murgl traut sich nicht ganz aus seinem Schneckenhaus heraus. Und vorsichtshalber flüstert er auch nur. «Vielleicht wartest du, bis er schläft?»

«Da kann ich lange warten. Das heißt, wenn wir ihm ein Schlaflied vorsingen, vielleicht klappt's dann eher.»

«Aber ob Mondragur davon einschläft?», zweifelt Murgl. «Bestimmt, bestimmt. Wir singen mit», flüstern alle Spinnen und machen Klara Mut.

«Du schafft das, Klara! Du schaffst das bestimmt!»

«Na gut, dann legen wir los, sobald Mondragur wieder auftaucht.»

Und da schiebt sich auch schon wieder die dunkle Kralle durch die Felsspalte. Mondragur taucht auf.

Auf Klara's Handzeichen legen alle los und beginnen zu singen:
«Schlaf, Mondragur, schlaf,
du bist nun mal kein Schaf,
du bist nun mal kein Teddybär,
sonst wär das Ganze nicht so schwer,
Schlaf, Mondragur, schlaf.»

Mondragur fängt an zu gähnen. «Huahh! Die Ratten wollten sich nicht melken lassen ... huahh ... Da habe ich Läuseschleim genommen ...»

Mit einem besonders kräftigen Gähner geht er auf Klara zu, hält ihr den Becher hin.

«Hier willst du mal ... prooooobieeeeeren?»

Klara schüttelt mit dem Kopf.

Mondragur gähnt, sackt in sich zusammen und beginnt zu schnarchen.

Blitzschnell öffnet Klara das kleine gelbe Täschchen und findet ... das goldene Ei!

Triumphierend hält sie es in die Höhe. Murgl und alle Spinnen klatschen Beifall.

Klara öffnet das Ei vorsichtig und ... zieht eine Schnute.

«Das war ja wohl eine Niete.»

Enttäuscht zeigt sie Murgl, was sie in dem Ei gefunden hat: eine Nuss.

«Das ganze Geheimnis ist nichts als eine hohle Nuss ...»

Murgl schaut sich die Nuss ganz genau an.

«Manche Dinge ergeben erst auf den zweiten Blick einen Sinn. Ich kenn die Nuss. Sie ist von dem Nussbaum am Narzissenbach. Das ist ein besonders hoher Nussbaum. Manchmal, wenn es sehr bewölkt ist, verschwindet sein Wipfel in den Wolken.»

Da geht Klara ein Licht auf. «Murgl, das ist es! Na, klar. Ich muss nur in den Nussbaum klettern und darauf vertrauen, dass meine Wolke vorbeikommt.»

«Würdest du die denn erkennen?»

«Na klar erkenn ich meine Wolke! Zeigst du mir den Weg?»

«Sofort! Nur schnell weg von diesem Ort! Eh das Mondragurmonster wieder aufwacht.»

Aber zu spät. Mondragur beginnt sich zu räkeln.

«Hat jemand meinen Namen gerufen?»

Langsam kommt er zu sich, entdeckt das goldene Ei in Klaras Hand und stutzt.

«Was? Du hast es tatsächlich geschafft? Du hast mich überlistet? Mich, den bösartigen Mondragur?» Anerkennend haut er Klara auf die Schulter. «Respekt! Das hätte ich einer Wolkenfee gar nicht zugetraut.»

«Ich hatte ja auch viele Helfer», erklärt ihm Klara.

«Aber du hast den Mut gehabt, mir zu widerstehen. Deswegen wäre es mir eine Ehre, wenn wir Kumpel werden könnten.» Und er reicht Klara seine rechte Kralle.

Klara klatscht ihn ab. «Klar, Kumpel Mondi!»

Und dann macht sich Klara mit Murgl auf zum Nussbaum am Narzissenbach. Die Spinnen begleiten sie. Und Mondragur winkt ihnen nach, bis sie am Rande der Purpurschlucht verschwinden. «Ich glaube, das ist der Beginn einer ganz besonderen Freundschaft», meint er und trottet wieder in seiner Mondhöhle.

PAPA BANG UND HANNES BÜX

PAPA BANG: *Siehst du, Hannes Büx, ich sag dir die ganze Zeit, diese Geschichten regen dich zu sehr auf.*

HANNES BÜX: *Wie kommste denn darauf?*

PAPA BANG: *Na, warum würdest du sonst die ganze Zeit im Kreis rumhoppeln?*

HANNES BÜX: *Ich kann's nicht erwarten, bis es wieder losgeht.*

PAPA BANG: *Nein, nein, nein. Nicht schon wieder.*

HANNES BÜX: *Aber ich muss doch die blaue Schärpe testen. Sieht super aus, oder?*

Hannes Büx betrachtet sich im spiegelnden Wasser eines Baches.

PAPA BANG: *Das ist doch nur Firlefanz.*

Ein großes Blatt kommt herangeschwommen. Hannes angelt es sich.

HANNES BÜX: *Da! Auf dem Blatt steht was drauf. Vielleicht mal wieder eine Nachricht von Zitterwurzel.*

PAPA BANG: *Du steigerst dich zu sehr in alles hinein. Siehst jetzt überall schon Buchstaben! Blätter haben Zeichnungen, das ist ganz normal.*

OTTO SCHAMOTTO AUS HOTTENTOTTO

(Zitterwurzel-Geschichte 4)

Im Tal der Miespriemen hat Hannes Büx, der Angsthase, die blaue Schärpe ergattert. Damit fühlt er sich fast schon wie ein Held. Deswegen versteht er gar nicht, warum sein Freund Zitterwurzel, der Erdkobold, sich mit ihm am großen Tränensee verabreden wollte. Zum Weinen ist ihm wirklich nicht zu Mute.

Hannes schaut in den klaren See und zieht eine fröhliche Grimasse.

«Wow! Leute, hier seht ihr Hannes Büx, den Träger der blauen Schärpe! Die macht mutig, stark und fröhlich.» Dann ruft er in die Gegend: «Zitterwurzel, ich warte auf dich, ich warte auf unser nächstes Abenteuer!»

«Hannes, ich bin schon auf dem Weg!», ruft ihm Zitterwurzel zu. Woher, das kann Hannes noch nicht erkennen. Denn weit und breit ist kein Zitterwurzel zu sehen. Nur ein struppiger Busch taucht plötzlich auf. Hannes stutzt. Kommt der Busch etwa näher?

Hannes geht auf den Busch zu. Plötzlich taucht Zitterwurzel aus ihm auf.

«Gute Tarnung, oder?»

Hannes springt vor Schreck einen Hopser zurück.

«Erdkobolde verstecken sich gerne mal in Büschen», erklärt Zitterwurzel. «Vor allem in der Nähe vom großen Tränensee.»

«Sind da wirklich lauter Tränen drin?»

Zitterwurzel nickt. «Da fließen die Tränen von all denen zusammen, die aus Angst weinen.»

«Aber warum musst du dich hier verstecken?»

«Oje, oje, oje, oje! Stimmt! Du weißt ja gar nicht, wer hier wohnt.»

«Egal, wer! Ich nehme es mit ihm auf!», prahlt Hannes. «Also was für ein Ungeheuer ist es?»

«Ungeheuer trifft die Sache schon ganz gut.»

«Ganz gut? Das wird ja immer besser. Bestimmt ist es ein Krokodil!»

Zitterwurzel schüttelt mit dem Kopf.

«Ein Tyrannosaurier?»

Zitterwurzel schüttelt heftiger mit dem Kopf.

«Ein schwarzer Riese?»

Zitterwurzel schüttelt jetzt nicht nur seinen Kopf, sondern den ganzen Körper.

«Oder ist es ein Drache?», erkundigt sich Hannes begeistert.

Zitterwurzel schüttelt sich immer langsamer. Und sein Kopfschütteln geht in ein Nicken über.

«Ein Drache? Es ist wirklich ein Drache?» Hannes kann es noch gar nicht glauben.

«Er heißt Otto Schamotto aus Hottentotto», erklärt Zitterwurzel.

«Der soll nur kommen, dieser Otto Hottentotto! In Nullkommanix hab ich den im Kampf besiegt!»

«Noa ja . . . warum willst du mit ihm kämpfen?»

«Ich muss doch mit ihm kämpfen, wenn ich ihn besiegen will.»

«Aber wenn du seine schwache Stelle kennst, kannst du ihn auch so besiegen.»

«Die kenn ich doch nicht.»

«Aber ich kenn sie!», erklärt Zitterwurzel und er flüstert Hannes zu: «Er darf nicht in einen Spiegel schaun!»

«Aber wo soll ich denn hier einen Spiegel hernehmen?» Da fällt Hannes etwas ein. «Der See, der See ist ja auch so etwas wie ein Spiegel!»

«Pscht!», ermahnt ihn Zitterwurzel. «Ich glaube, da kommt er schon!»

Er verkriecht sich in seinem Busch. Und vorsichtshalber geht Hannes da auch erst einmal in Deckung.

Schnaufend taucht der Drache Otto Schamotto auf. Er schnüffelt überall herum und kommt dem Busch dabei bedrohlich nahe:

«Ah, ich rieche Hasenfleisch!», ruft er. «Leckeres Angsthasenfleisch! Komm raus, du kleiner Angsthase. Ich warte auf dich!

Ich, der fürchterliche Drache
Otto Schamotto
Ich mache ernst
Ich spiele nicht Lotto!»

Hannes Büx rückt seine blaue Schärpe zurecht und kommt mutig aus dem Busch heraus.

«Vor dir steht Hannes,
ich sag dir, der kann es.
Denn ich, Hannes Büx,
hab Angst vor nix.»

«Dann zeig mal, was in dir steckt!», ruft der Drache Hannes zu. «Na, los, mach schon! Ich will mit dir kämpfen!»

«Lass dich da bloß nicht drauf ein!», flüstert Zitterwurzel seinem Freund aus dem Busch zu.

«Ich will aber nicht kämpfen!», ruft Hannes dem Drachen entgegen.

«Du willst nicht kämpfen?» Otto Schamotto kann es nicht fassen. «Beim ausgehöhlten Drachenstachel, willst du mich beleidigen?»

«Nein. Ich will nur nicht kämpfen.»

«Aber das ist eine Beleidigung. Beim ausgehöhlten Drachenstachel, das ist unverschämt! Mir den ganzen Spaß zu verderben! Oder glaubst du, es macht Spaß, dich zu fressen, ohne mit dir gekämpft zu haben??!!»

Hannes bleibt stur. «Ich will aber nicht kämpfen.»

Otto Schamotto wird misstrauisch. «Ach, du willst mich reizen. Ein besonders raffinierter Trick. Ich verstehe.»

«Kein Trick. Ich will nur nicht kämpfen.»

«Du musst ihn dazu bringen, dass er in den See schaut!», flüstert Zitterwurzel aus dem Busch.

Hannes nickt ihm so heftig zu, dass seine Ohren wackeln.

«Deine Ohren schlackern! Das ist gut! Du hast Angst vor mir? Gib's zu! Beim ausgehöhlten Drachenstachel, bin ich nicht geradezu prächtig furchterregend?»

«Na, klar! Nur … diesen Pickel auf Ihrer Nase … den find ich irgendwie zum Lachen.»

«Ich? Einen Pickel?» Otto Schamotto glaubt nicht richtig zuhören. «Ich habe keinen Pickel!!!»

«Doch! Da!», ruft Hannes ihm zu und deutet in die Mitte seiner Drachennase.

«Das gibt es gar nicht.»

«Ich sehe ihn aber und mein Freund Zitterwurzel sieht ihn auch.»

Zitterwurzel taucht aus dem Busch auf und sagt ganz schnell: «Stimmt.» Dann verschwindet er lieber wieder.

Der Drache fasst sich an die Nase und jammert. «Ich habe keinen Pickel auf der Nase.»

«Schauen Sie in den Spiegel des Sees», schlägt ihm Hannes Büx vor. «Da können Sie Ihren Pickel sehn. Es ist wirklich ein picklig puckliger Pickelpuckel.»

«Ein pucklig, packliger Pockelpuckel, äh Puckelpackel, äh Packelpickel?»

Verdattert trottet der Drache zum See und schaut sich sein Spiegelbild an. Er schaut einmal, zweimal, dreimal ...

Hannes Büx und Zitterwurzel beobachten ihn dabei ganz genau.

«Ich sehe keinen Pickel», stellt Otto Schamotto ratlos fest. «Aber was ich sehe, ist auch nicht schön. Wem gehört diese lächerliche Pupsfratze?»

«Na, dir. Du siehst dich selbst im Spiegel des Sees», erklärt Hannes und Zitterwurzel nickt.

«Beim ausgehöhlten Drachenstachel, wer soll denn vor mir Angst haben? Ich seh doch nur lächerlich aus», jammert Otto Schamotto. «Ich kann mich doch nur in die dunkelste Höhle in Hottentotto verkriechen und mich schämen.»

«Warum denn schämen?», will Zitterwurzel wissen.

«Na, so nimmt mich als Drache doch keiner ernst.»

«Also für uns bist du in Ordnung, so wie du bist.»

«Auch wenn ich euch gar nicht auffressen will?»

«Dann erst recht. Wenn du uns auffrisst, sind wir ja ratzeputz weg», stellt Hannes fest.

«Und dann bist du wieder allein», erklärt Zitterwurzel.

«Eben», jammert der Drache.

Hannes Büx klopft ihm beruhigend auf seine Drachenschuppen. «Aber damit ist ja jetzt Schluss. Jetzt hast du ja schon mal zwei Freunde.»

«Äh ja?», fragt Otto Schamotto.

«Klar. Mich, Hannes Büx, und ihn», Hannes zeigt auf den Erdkobold, «Winfried Zitterwurzel!»

«Zwei Freunde auf einmal!», freut sich der Drache. «Heute ist mein Glückstag! So stark hab ich mich noch nie gefühlt!»

Jetzt traut sich sogar Zitterwurzel, den Drachen zu berühren, klopft ihm kumpelhaft auf die Schuppen und meint: «So ist das, Otto Schamotto, manchmal ist man viel stärker, wenn man schwach ist.»

Ungeheuer vertreiben

PAPA BANG UND HANNES BÜX

Papa Bang zeigt Hannes Büx üppig wucherndes filigranes Kraut.

PAPA BANG: *Schau mal, Hannes, dieses Kraut deutet auf Supermöhren hin. Saftig, knackig voller Geschmack. Die wachsen hier einfach so. Sehr interessant. Sieht aus, als ob wir wilde Möhren entdeckt haben.*

HANNES BÜX *(schaut sich um):* *Wilde Möhren, wilden Salat, wilde Radieschen, wilde Tomaten. Ich würde sagen, wir sind hier in einem wilden Gemüsegarten gelandet.*

PAPA BANG: *Ups! Beim zweiten Blick, denke ich, du hast Recht.*

HANNES BÜX *(hat plötzlich eine Idee):* *Dann wachsen hier bestimmt auch Bohnen.*

PAPA BANG: *Aber sicher. Auf dem Boden hier wächst bestimmt alles.*

HANNES BÜX: *Auf so einem Boden würden bestimmt auch Zauberbohnen wachsen.*

PAPA BANG: *Hannes, fängst du schon wieder an zu spinnen? Hannes? Hannes??*

Aber Hannes ist schon wieder weg.

DER GESPENSTERSTURM

(Mumpelfitz-Geschichte 3)

Der Angsthase Hannes Büx und Mumpelfitz, das kleine Monster, sind im Monsterreich zusammen auf der Suche nach einer geeigneten Stelle, an der sie die Zauberbohne einpflanzen können. Zwölf verschiedene Stellen haben sie schon untersucht. Jetzt, an der dreizehnten, entdeckt Hannes etwas, das ihm bekannt vorkommt.

«Das Kraut sieht aus wie Möhrenkraut», findet Hannes. «Das ist gut. Wo Möhren wachsen, wachsen auch Bohnen, sagt mein Vater.»

«Auch Zauberbohnen?», will Mumpelfitz wissen.

Hannes nickt. «In dieser Erde müsste es klappen.»

Ganz tief steckt Mumpelfitz die Bohne in den Boden. Kaum ist sie mit Erde bedeckt, beginnt sie auch schon zu wachsen. Immer höher und höher dem Himmel entgegen. So hoch, dass die Spitze des Bohnenstranges in den Wolken verschwindet.

Mumpelfitz hat eine Idee. «Hey, wenn ich da jetzt hochklettere, dann könnte ich ja meine Mutter besuchen.»

«Wohnt die denn in den Wolken?», erkundigt sich Hannes erstaunt.

«Ja, da ganz weit oben ist ihr Palast. Meine Mama ist nämlich eine Sonnenfee.»

Hannes schaut in den Himmel, kann aber nichts entdecken. «Ich glaube, mir wär das zu hoch.»

«Ich probier's einfach mal!», beschließt Mumpelfitz und klettert auf die erste Blattsprosse.

«Ich halt hier unten die Bohnenranke fest, damit es nicht so wackelt», schlägt Hannes vor.

«Gut. Wenn's klappt, kannst du ja nachkommen.»

Und Mumpelfitz klettert von Blattsprosse zu Blattsprosse immer weiter hoch. Plötzlich beginnt die Bohnenranke zu schwanken.

«Äh, Hilfe, das wackelt!», ruft Mumpelfitz Hannes zu. «Kannst du noch fester halten?» – «Ich probier's ja schon!», stöhnt Hannes. Aber es haut irgendwie nicht hin!» – «Ouh, Hannes, das wackelt immer mehr. Ich glaube, ich hab Angst.»

«Bleib ganz ruhig, Mumpelfitz. Ich kenn da einen guten Trick. Wir könnten eine Zeigefingerkette bilden. Die vertreibt die Angst.»

«Aber wie denn? Du bist doch unten und ich hier oben. Da haut das nicht hin.»

«Stimmt», stellt Hannes fest. «Der Trick nützt hier nichts. Aber uns fällt bestimmt etwas anderes ein.»

«Aber wir müssen uns beeilen. Wenn die Gespenster mitbekommen, dass ich Angst habe, tauchen die bestimmt bald hier auf.»

«Stimmt. Die warten ja nur darauf, dass jemand Angst hat.»

Und da hören sie auch schon unheimliche Stimmen aus der Ferne:

Gruselstrudel, Gespenstersturm,
Wolkengrauen schluckt Monsterwurm.
Du hängst in der Luft,
wir kriegen dich.
Mumpelfitz, du entkommst uns nicht!»

«Hannes, hörst du! Da sind sie schon!»

«Wir machen sie zu fröhlichen Gespenstern mit dem Gespenstervertreibe- spruch. Dann können sie dir nichts anhaben. Los: Gespenster sind harmlos, harmlos wie ein Kartoffelkloß! Mach mit, Mumpelfitz.»

Und Mumpelfitz und Hannes rufen sie dem Gespenstersturm entgegen:

«Gespenster sind harmlos,
harmlos wie ein Kartoffelkloß.»

Die Gespenster stutzen, fangen an zu kichern und legen los mit einem wilden Gespenstertanz.

Ausgelassen und fröhlich singen sie:

«Gruselgrauen schluckt der Sturm.
Wolken wirbeln Strudelwurm.
Die Luft kitzelt in der Hos.
Gespenster sind harmlos,
Harmlos wie ein Kartoffelkloß»

«Super, Mumpelfitz, es funktioniert!»

«Schon! Aber es wackelt immer weiter! Weil die jetzt alle tanzen.» Mum- pelfitz atmet ganz tief ein und wieder aus. «Puh!», so versucht er seine Angst in den Wind zu pusten.

Hannes beobachtet das von unten aus und sieht, wie die Gespenster bei dem Puh zurückweichen. «Mach noch mal Puh!», feuert Hannes Mumpel- fitz an.

Mumpelfitz atmet wieder tief ein und pustet ein lautes «Puh» in die Luft. Die Gespenster weichen noch ein Stück zurück.

«Wir können sie wegpusten!», ruft Hannes nach oben.

Und jetzt atmen sie beide tief ein und pusten ... einmal, zweimal, dreimal.

Die Gespenster schwanken, finden das aber eher lustig und kommen wieder ein Stückchen auf Mumpelfitz zu.

«Alleine schaffen wir das nicht!», ruft Mumpelfitz.

Hannes hat eine Idee. «Wenn alle, die diese Geschichte jetzt hören, auch pusten, vielleicht klappt es dann?»

«Das ist gut, Hannes! Hoffentlich kriegen das auch ganz viele mit!»

«Wir probieren es! Also, alle, die ihr uns jetzt hört, tief einatmen und los pusten!»

Und auch Hannes Büx und Mumpelfitz atmen wieder tief ein und pusten, was das Zeug hält.

Jetzt schwanken die Gespenster immer mehr, wirbeln durcheinander, machen Purzelbäume rückwärts in der Luft und kugeln sich weg, ganz weit weg ... bis Hannes und Mumpelfitz sie nur noch als ganz kleine Punkte sehen, nicht größer als Staubkörnchen.

Und diese Gespensterstaubkörnchen pusten sie mit einem letzten Superpuster weg.

«Wir haben es geschafft!», jubelt Hannes Büx. Mumpelfitz setzt sich erleichtert auf das Riesenblatt und jubelt ebenfalls. «Danke an alle, die mitgeholfen haben. Ihr seid wirklich die besten Gespensterwegpuster, die ich kenne!»

«Und jetzt kannst du zu deiner Mutter, der Sonnenfee klettern. Wir passen von hier auf dich auf. Und wenn die Gespenster wiederkommen, pusten wir sie einfach weg!»

«Das ist monstermäßigmegagut! Dann seid ihr auch noch die besten Kletterbeschützer, die es gibt! Also bis bald wieder! Wir treffen uns bei einem neuen Abenteuer!»

Und mit neuer Kraft klettert Mumpelfitz die Bohnenranke hinauf, winkt seinem Freund Hannes Büx und allen, die ihm geholfen haben, noch einmal zu und verschwindet in den Wolken. Und auch Hannes macht sich wieder auf nach Hause und freut sich schon auf das nächste Abenteuer ...

Ungeheuer vernichten

DRACHEN SIND AUCH NUR MONSTER

In dieser Lektion lüftet Professor Gruselix das Geheimnis, wie Drachen besiegt werden können. Der ebenso einfache, wie überzeugende Trick besteht darin, selbst in die Haut eines Drachen zu schlüpfen: zu fühlen, wie er – sich zu bewegen, wie er – furchterregende Laute wie er von sich zu geben. Wenn man einmal so weit ist, ist alles andere eine Kleinigkeit.

Ein Tipp:

Je mehr Spieler sich daran beteiligen, umso größer ist die Wirksamkeit des Tricks.

Vorbereitungen und vorbereitende Übungen

Der Spielleiter bereitet Materialien vor, mit denen sich die Spieler verkleiden können, z. B.:

große und kleine Stofffetzen, dünne Plastikfolien (z. B. aus bunten Müllsäcken und Malerabdeckfolien), dünne Wellpappe, Krepppapier, Luftballons, Kartons. Bei Kindern ist es wichtig, dass diese Materialien leicht veränderbar sind und sie problemlos mit ihnen umgehen können, sonst brauchen sie die Unterstützung von Erwachsenen.

Eventuell kann der Spielleiter ein Grundgerüst für den Drachenkopf vorbereiten oder den Drachenkopf gemeinsam basteln lassen.

Als vorbereitende Übungen können Bewegungs- und Geräuscheübungen gemacht werden. (s.auch Kapitel 6).

Das Spiel

(Das Symbol der Angst wird gemeinsam aufgebaut, dann geht die Gruppe damit um und am Ende besiegt sie es, indem sie es zerstört.)

Alle Spieler bauen zusammen einen Riesendrachen, wobei jeder ein einzelnes Glied bildet.

Mit den bereitgestellten Materialen verkleidet sich jeder zu einem Drachenglied. Dann wird der Drachen zusammengesetzt, indem sich die Spieler der Größe nach hintereinander aufstellen und mit Bändern verbunden werden. Der Größte trägt oder bildet den Drachenkopf, danach folgt der lange Drachenschwanz.

Langsam setzt sich der Riesendrache fauchend und unheimliche Töne spuckend in Bewegung.

Die Länge des Weges, den er zurücklegt, kann variieren, kann nach draußen führen, in andere Zimmer, je nachdem, was mit der Gruppe möglich ist oder was die Örtlichkeiten zulassen. Bei kleineren Kindern ist es ratsam, auch hier das Stopp-Ritual einzubauen, damit in die Dynamik auch immer Ruhe hineinkommt.

Am Ende berührt der Drache – wenn möglich – mit dem Kopf sein Schwanzende und bildet so einen magischen Kreis. Dreimal geht der Drache in diesem magischen Kreis nach rechts und dreimal nach links. Dabei wird ein Zauberspruch aufgesagt, z. B. der von Fidibus Galaktikus, einem intergalaktischen Zauberer:

Fidi Fidi, Bussi Bussi
Gala Gala, Tussi Tussi
Akti Ala, Ala Gala
Balla Balla, Schnalla Lalla
Aktus Schnallus Fidibus
Mit dem Angsteinjagen ist jetzt Schluss.

Oder der Spruch des Zauberers Zapalottis:
Zapalott und Federkiel,
Mäuseschwanz und Besenstiel,
Schlangenauge, Läusesud,
aus böse wird gut,
es wächst der Mut.

Am Ende werden die einzelnen Verkleidungsteile des Drachen gemeinsam zerstört: Luftballons zertrampelt, damit sie richtig knallen, Krepppapier und Pastifolie zerrissen, Pappteile auseinandergerissen ... usw.

Variation:

Statt zerstört, kann der Drache auch umgewandelt werden in einen freundlichen Drachen oder mehrere kleine freundliche Drachen, die am Ende tanzen. Diese Version bietet sich an, wenn man mit der Herstellung des Drachens eine aufwendigere Bastelaktion verbinden möchte und man das Gefühl hat, die Spieler sind enttäuscht, wenn das Werk zerstört wird. Das ist von Gruppe zu Gruppe verschieden und hängt von deren Zusammensetzung ab. So kann man auch gemeinsam vorher beschließen, wie der Drache am besten entzaubert wird.

OLIVER UND DIE MONSTERSCHIFFCHEN

Auf der Suche nach einem neuen Abenteuer kommt der Angsthase Hannes Büx im Tal der 1000 Teiche vorbei. Hier entdeckt Hannes einen Jungen. Er hockt nachdenklich an einem dieser vielen Teiche und starrt ins Wasser. Der Junge ist allein und sieht traurig aus. Hannes blinzelt die Sonne an.

«Dies ist kein Tag, um traurig zu sein», findet er und geht zu dem Jungen hin.

«Na, zählst du Fische?»

Der Junge schüttelt stumm den Kopf.

«Du würdest dich aber bestimmt gut mit denen verstehen. Die sprechen nämlich auch nicht.»

Der Junge sagt immer noch nichts.

«Ich bin übrigens Hannes Büx. Hast du auch einen Namen?»

«Ich heiß Oliver.»

«Oliver! Der Name klingt, als ob du kein Abenteuer auslässt.»

«Geht so», antwortet Oliver zaghaft.

«Das klingt jetzt eher so, als ob du gerade mitten in einem Abenteuer steckst.»

«Wieso?»

«Na ja, du klingst nicht fröhlich, sondern eher … so, als ob es da etwas gibt, was dich hindert fröhlich zu sein.»

«Das sind diese blöden fliegenden Monster. Die kommen immer abends, wenn ich schlafen will.» Hannes stellt seine Ohren auf. «Du kennst fliegende Monster?» Oliver nickt. «Ja, mit ganz grässlichen Gesichtern. Die sind so gruselig … da kann ich überhaupt nie schlafen.»

«Und wie sehen die genau aus?»

«Wieso willste das wissen?»

«Na ja, vielleicht kann ich dir helfen, sie zu fangen.»

«Also die sind groß und kräftig. Und haben ganz böse Gesichter. Ganz dunkle Augen, lange Nasen und einen großen Mund mit scharfen Zähnen.»

«Hm, am besten malst du sie auf. Dann haben wir Monstersteckbriefe. Und dann finden wir diese langnasigen Scharfzahnmonster bestimmt.»

Oliver ist begeistert von der Idee. Er holt aus seinem Rucksack einen Malblock und Buntstifte und fängt an, die Monster aufzumalen. Hannes Büx kräuseln sich die Schnurrbarthaare vor Schiss, als er die grässlichen Fratzen sieht. Eine schlimmer als die andere. Hannes wird immer ratloser.

«Tja, ich glaube, da haben wir ein großes Abenteuer vor uns. Wie sollen wir die denn wegkriegen?» Hannes streicht grübelnd seine Barthaare entlang. «Was hältst du von Pusten?»

Oliver ist skeptisch. «Die können doch fliegen, die Monster. Pusten finden die vielleicht noch toll!»

Hannes nickt. Nachdenklich knickt er seine Ohren ein.

Oliver schaut auf den Teich und hat plötzlich eine Idee.

«Vor Wasser, da haben die Monster Angst!» Und aufgeregt schlägt er Hannes vor: «Weißt du was, wir bauen aus den Monsterbildern Papierschiffchen und die lassen wir im Teich schwimmen. Und dann tun wir Steine in die Schiffchen und dann gehen die Monsterschiffchen unter!»

«Die Idee gefällt mir», sagt Hannes. «Das klingt nach einem guten Plan.»

«Genau!», ruft Oliver begeistert. «Im Wasser lösen sich die Monsterfratzen bestimmt auf. Und dann kann man sie nicht mehr sehen!»

Auch Hannes ist jetzt voll überzeugt. «Ja, los, worauf warten wir noch!»

Und Hannes Büx und Oliver falten aus den Monsterbildern Papierschiffchen und lassen sie in einem der 1000 Teiche schwimmen. Dann sammeln sie am Ufer Steine ein. Und während sie die Steine in die Schiffchen tun, murmeln sie einen Zauberspruch, der die Monster vertreiben soll:

«Wasser, weich böses Luftmonster zu Brei,
lös es auf, spül die Fratze entzwei,
spül hinein in alle Monsterecken,
jetzt kann es keine Kinder mehr erschrecken.»

Und wirklich, die Papierschiffchen lösen sich auf. Hannes und Oliver holen die weichen Papierlappen aus dem Wasser und blicken in völlig verschwommene Monsterfratzen.

Begeistert klatschen sie sich ab.

«Wir haben es geschafft! Die sind wir los!»

Da taucht plötzlich ein anderer Hase auf mit einem großen Paket.

«Hey, Emil, was machst du denn hier?», ruft Hannes ihm zu und zu Oliver sagt er:

«Das ist Emil, ein Hasenkollege, der arbeitet normalerweise als Osterhase. Und zwischendurch, wenn es nicht soviel zu tun gibt, dann hilft er als Postbote aus.»

«Genau! Und hier habe ich ein Paket für euch.»

Oliver und Hannes schauen sich erstaunt an.

«Für uns?»

Sie nehmen das Paket und lesen die Anschrift:

«Für Hannes Büx und Oliver
zur Zeit im Tal der 1000 Teiche»

«Von wem ist das denn?», will Oliver wissen.

Sie schauen sich das Paket genau an, können aber keinen Absender entdecken.

«Da hilft nur eins», schlägt Hannes vor. «Wir müssen es so schnell wie möglich aufmachen.»

Oliver und Hannes öffnen das Paket und zum Vorschein kommen eine Urkunde und zwei Orden. Auf der Urkunde steht: *Für Oliver, den Erfinder des Monsterschiffes.* Und auf der einen Medaille steht: *Für Oliver, den siegreichen Helden, der die Luftmonster zum Verschwinden gebracht hat.*

Die andere Medaille ist für Hannes Büx. Auf ihr steht: *Für Hannes, den siegreichen Monstervertreibehelfer.*

Und auf dem Boden des Paketes finden Oliver und Hannes noch einen Zettel. Auf ihm steht:

«Herzlichen Glückwunsch, das habt ihr super gemacht!
Papa Bang im Namen aller Angsthasen»

«Ich werd nicht wieder! Das Paket ist von meinem Papa!», ruft Hannes erstaunt. «Woher weiß der denn das alles?»

«Alle im Angsthasenland sprechen von eurem großen Sieg!», erklärt Emil. «Und alle sind sehr beeindruckt, ich übrigens auch.»

Oliver und Hannes Büx lächeln sich stolz zu.

Und Oliver erklärt: «Weißt du was, Hannes, die Urkunde und die Medaille hänge ich über mein Bett. Dann kommen die Monster bestimmt nie wieder.»

Und genauso war es. In Windeseile hatte es sich bei allen bösen Luftmonstern rumgesprochen, dass mit Oliver, dem siegreichen Helden, der die Luftmonster zum Verschwinden gebracht hat, nicht zu spaßen ist. Deswegen tauchten sie auch nie wieder bei ihm auf.

HANNES WIRD GEFEIERT

Stolz steht Hannes Büx mit seiner «Monstervertreibehelfer-Medaille» vor seinem Vater.

PAPA BANG: *Hannes, mein Sohn, ich bin wirklich überaus stolz auf dich. Nicht nur ich, all unsere Verwandten im Angsthasenland sind stolz. Wer hätte das gedacht. Dabei hattest du als junger Hase so sensible Hasenzähnchen. (schnief)*

HANNES BÜX: *Tja, inzwischen hab ich gelernt mich durchzubeißen.*

PAPA BANG: *Das kann man wohl sagen. Aber weißt du, was mich am meisten freut. Dass das jetzt endlich vorbei ist mit den Abenteuern. Du hast dir eine Medaille erkämpft und kannst nun voller Stolz weiter durch die Ackerfurchen hoppeln.*

HANNES BÜX: *Ehrlich gesagt stell ich mir das nicht gerade unter einem Abenteuer vor. Das hört sich eher ... langweilig an.*

PAPA BANG: *Hannes Büx, das ist nicht langweilig, das ist unser Angsthasenalltag.*

Hannes Büx zieht eine unwillige Schnute. Da taucht Osterhase Emil, der
Aushilfspostbote auf. Und übergibt Hannes Büx eine Blattrolle.

HASE EMIL: *Für dich, Hannes Büx, eine dringende Nachricht von Erdkobold*
    Zitterwurzel.

Hannes Büx entrollt die Blattrolle, liest und seine Schnurrbarthaare drehen
sich vor Aufregung wie Korkenzieher ein. Papa Bang wirft Emil einen vor-
wurfsvoll, vernichtenden Blick zu.

PAPA BANG: *(verächtlich) Steckst du etwa mit diesen Abenteurern unter*
    einer Decke?

HASE EMIL: *(wackelt unschuldig mit den Ohren)*
    Mein Name ist Hase, ich weiß von nichts.

PAPA BANG: *Hannes? Hannes??*

Aber Hannes ist schon wieder weg.

PAPA BANG: *(seufzt) Hört das denn nie auf*
    mit den Abenteuern?

DAS GEHEIMNIS DER ANGST

(Zitterwurzel-Geschichte 6)

Hannes Büx ist heute besonders hoppelig zu Mute. Aufgeregt prüft der Angsthase die Luft mit seinen Schnurrbarthaaren und kann es gar nicht erwarten,
seinen Freund, den Erdkobold Winfried Zitterwurzel wiederzutreffen. Zitterwurzel hat ihm diesmal ein ganz großes Abenteuer versprochen. Er will
Hannes an einen Ort führen, wo sich Wesen rumtreiben, die das Geheimnis
der Angst kennen. Mehr hat Zitterwurzel nicht verraten, nur noch: dass man
zu so einem Treffen gute Nerven braucht.

Hannes schielt auf seine zitternden Schnurrbarthaare und versucht sich
Mut zu machen:

«Ich habe Gespenster verjagt, bin in ein Riesenmaul gekrochen und habe
sogar einen Drachen besiegt. Wovor soll ich da noch Angst haben?»

«Die wissen das genau!», erschreckt ihn eine Stimme von hinten.

«Äh … die??? Wwwer? Wwwie? Wwwwas?», verdutzt fährt Hannes Büx
herum. Er hat gar nicht bemerkt, dass Zitterwurzel inzwischen aufgetaucht
ist.

«Zitterwurzel, da bist du ja endlich!»

«Du kannst es wohl gar nicht erwarten, die Schatten zu treffen, was?»

«Die Schatten? Ne, danke, Schatten will ich nicht treffen. Die sind nur dunkel. Und wer und was die genau sind, das kann man nicht erkennen. Das ist alles wie im Nebel. Und gegen Nebel kann man nicht kämpfen.»

«Aber die Schatten kennen das Geheimnis der Angst», flüstert Zitterwurzel.

«Zitterwurzel, kannst du mir das nicht auch sagen. Dann müssen wir diese Nebelfieslinge gar nicht treffen.»

«Ich weiß es doch nicht. Bisher hab ich mich nicht getraut, mir anzuhören, was die Schatten zu sagen haben. Immer, wenn sie aufgetaucht sind, hab ich gleich die Mücke gemacht.»

«Meinst du denn, wir beide zusammen schaffen das?»

«Joa ... vielleicht, vielleicht, vielleicht ...» Zitterwurzel hat soviel Bammel, dass er den Satz nicht beenden kann.

«Du meinst, vielleicht ist es ganz leicht?», hofft Hannes Büx.

«Vielleicht, vielleicht ... klappt's mit der Zeigefingerkette.»

Hannes Büx und Zitterwurzel probieren es sofort und legen ihre Zeigefinger aufeinander.

«Ich fühl mich gut», meint Hannes.

«Äh ... ich ... mich auch», meint jetzt auch Zitterwurzel.

«Schatten, ihr könnt kommen!», ruft Hannes begeistert aus.

«Oje, oje, oje, oje, jetzt sind sie bestimmt gleich da!» Vorsichtshalber geht Zitterwurzel hinter Hannes Büx in Deckung.

Und da tauchen auch schon dunkle Gestalten mit ganz vielen Augen auf.

«Warum haben die so viele Augen?», will Hannes wissen.

«Da, da, damit sie uns besser anstarren können», stammelt Zitterwurzel und drückt seinen Zeigefinger ganz fest auf Hannes Zeigefinger.

Die Schattenwesen schauen sie genau an und geben dabei merkwürdige Laute von sich:

«Aaaaaa, ohhhhhh, uhhhhhh, aahhhnnng...ssst!»

Aus diesen Lauten werden nach und nach Worte:

«Angst, Angst,
ist wie ein wildes Tier
das starrt dich an
und lähmt alles in dir.

Kaum kannst du atmen.
Kaum kannst du gehn.
Kaum kannst du sitzen.
Kaum kannst du stehn.

Dir ist nur zum Brüllen.
Dir ist nur zum Schrein.
Dir ist nur zum Heulen.
Du fühlst dich allein. »

«Ich bin nur froh, dass ich nicht allein bin!», flüstert Hannes Zitterwurzel zu.

Zitterwurzel nickt nur heftig. Ihm hat es die Sprache verschlagen.

Plötzlich werden die Schatten starr und bewegungslos und starren Hannes und Zitterwurzel nur noch an.

«Wie? Und das soll das Geheimnis sein?», erkundigt sich Hannes enttäuscht.

«Nur ein Teil», flüstert Zitterwurzel.

«Wie viele Teile gibt's denn?»

«Drei.»

«Aber die sagen doch nichts mehr.»

«Dafür müssen andere Schatten kommen.»

«Und wie gehen die wieder weg?»

«Mit einem speziellen Vertreibespruch. Am besten sprichst du ihn mit», flüstert Zitterwurzel.

« Im Dunkeln munkeln,
Töne funkeln,
Laute knarren,
Blicke starren,
Geister kleistern
Angst an Wände,
Spuck vorbei,
klatsch in die Hände. »

Zitterwurzel und Hannes Büx klatschen in die Hände.

Die Schattenwesen bewegen sich wieder und ziehen sich zurück.

Hannes Büx atmet auf. «Puh, einmal haben wir es schon geschafft. Auf zur nächsten Runde!»

Und sofort bilden sie eine neue Zeigefingerkette.

Da tauchen auch schon die nächsten Schattenwesen auf. Diesmal haben sie ganz viele Krallen.

«Warum haben die so viele Krallen?», will Hannes wissen

«Da, da, damit sie uns besser packen können», stammelt Zitterwurzel und drückt seinen Zeigefinger wieder ganz fest auf Hannes Zeigefinger.

Die Schattenwesen heben ihre Krallen und auch sie geben merkwürdige Laute von sich:

«Krrr! Krkrkr! Kakakakakakakakrrrrrri! Kri ank ank ank … sssst!»

Aus diesen Lauten werden wieder nach und nach Worte:

«Angst, Angst
ist wie ein dunkles Loch,
fast fällst du hinein,
doch etwas hält dich noch.

Angst, Angst
ist wie ein murmelnder Sumpf,
Klagen und Jammern,
Augen blicken stumpf.

Angst, Angst,
du spürst Bilder in dir.
Monster werden lebendig,
auf einmal sind sie hier.»

Die Krallen greifen nach Hannes und Zitterwurzel. Beide ducken sich im letzten Moment.

Doch bevor die Krallen zupacken, werden die Schatten wieder starr und bewegungslos.

Hannes Büx fleht Zitterwurzel an: «Hoffentlich kennst du auch einen Vertreibespruch für diese Monsterfinger.»

Einen winzigen Moment muss Zitterwurzel überlegen. Dann fällt es ihm wieder ein. Und Hannes spricht den Spruch gleich mit:

«Klauen greifen,
Krallen schleifen,
Pranken quetschen,
Zähne fletschen,

Drachen lachen,
Grauen zu Ende,
Spuk vorbei,
klatsch in die Hände.»

Wie wild klatschen Zitterwurzel und Hannes Büx diesmal in die Hände.

Langsam ziehen die Schatten ihre Krallenpranken zurück und verziehen sich.

Hannes freut sich. «Hey, Zitterwurzel, jetzt haben wir es schon zweimal geschafft. Da schaffen wir die nächste Runde auch noch!»

«Hoffentlich!», flüstert Zitterwurzel.

Und schon streckt ihm Hannes wieder seinen Zeigefinger hin. Zitterwurzel berührt ihn mit seinem Zeigefinger.

Und da nähern sich auch schon die nächsten Schatten. Zischelnd schlängeln sich aus ihren Schattenhüllen ganz viele bunte Schlangen.

«Warum hetzen die jetzt die Schlangen auf uns?», will Hannes wissen.

«Da, da, damit sie uns besser einwickeln können», stammelt Zitterwurzel und drückt seinen Zeigefinger wieder ganz fest auf Hannes Zeigefinger.

«Aber eigentlich sehen die ganz lustig aus», findet Hannes.

«A,a,also ich weiß nicht», stottert Zitterwurzel.

Die Schlangen schlängeln auf die beiden zu, zischen sie an und fangen an zu sprechen:

«Angst, Angst
doch zur Angst gehört auch Mut,
Mut zum Heulen,
Mut zum Schreien,
Mut zu Tränen,
Mut zur Wut.

Mut, Mut,
die Monster zu sehn,
die aus Bildern in dir
vor deinen Augen entstehn

Und du entdeckst
die Monster,
sie gehören zu dir.

Du selbst hast sie geschaffen.
Durch deine Angst sind sie hier. »

Hannes Büx und Zitterwurzel schauen sich verdutzt an. Hannes nimmt
seinen Mut zusammen und fragt eine Schlange.

«Wenn ich die Monster selber geschaffen habe, kann ich sie dann auch
wieder verjagen?»

Alle Schlangenköpfe nicken:

«Schick die Monster fort,
dann hast du Ruh.
Verwandle sie in kullernde Kürbisse,
die zwinkern dir kichernd zu.

Kürbisse kullern
kichernd im Kreise,
aus Angst wird Lachen
Tränen gehen auf die Reise. »

«Na gut! Und jetzt schicken wir euch auf die Reise!», ruft Hannes ihnen
munter entgegen. «Los, Zitterwurzel, der Spruch!»

«Jau!», ruft Zitterwurzel und springt ausgelassen in die Luft. Auch seine
Angst ist jetzt weg. Er holt tief Luft und zusammen mit Hannes Büx legt er
fröhlich los:

Spinnentiere,
Fliegenschmiere,
Schlangen asen,
Kröten quasen,
Krokodile
Schnappen behände,
Spuk vorbei,
klatscht in die Hände!

Hannes Büx und Zitterwurzel fangen an, mit den Händen eine Melodie zu
klatschen. Die Schlangen tanzen dazu und verschwinden.

Hannes und Zitterwurzel klatschen sich begeistert ab.

«Geschafft! Geschafft! Wir haben es geschafft!»

Und ausgelassen fangen sie an zu tanzen und singen:

Kürbisse kullern
kichernd im Kreise,
aus Angst wird Lachen
Tränen gehen auf die Reise.

PAPA BANG UND HANNES BÜX

PAPA BANG: *Ne, Hannes, was du alles so mitmachst.*
HANNES BÜX: *Musste auch mal probieren.*
PAPA BANG: *Ach weißte, ich bin nicht so im Training.*
HANNES BÜX: *Das kannste mit dem nächsten Kapitel ändern.*
PAPA BANG: *Und außerdem ... mir kommen zu wenig Möhren vor in den Geschichten.*

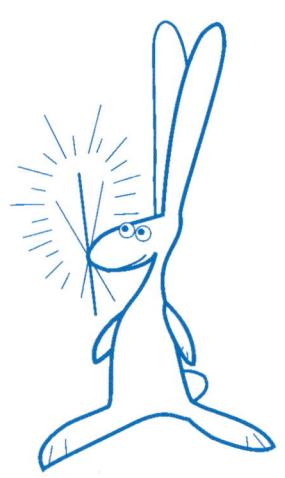

KAPITEL 6 | *Spielend Geschichten darstellen*

Wir haben schon erläutert, wie wichtig eine Atmosphäre der Geborgenheit ist, in der Kinder mit Geschichten vertraut gemacht werden – ob nun beim Erzählen und Vorlesen, beim Spielen und Inszenieren. Unterstützen kann man diese Atmosphäre bei jüngeren Kindern dadurch, indem man aus Decken und Kissen eine Kuschellandschaft baut und die Kinder ihr Lieblingskuscheltier oder Lieblingsmaskottchen dabeihaben. Diese Dinge geben (spielerisch) Halt und helfen, die Angstlust zu genießen, wenn der Erzähler von Monstern, Gespenstern und anderen Ungeheuern berichtet.

Wenn man eine Spieleinheit gestalten möchte, muss das Vorlesen oder Erzählen der Geschichte nicht am Anfang stehen. Manchmal ist es sinnvoller, mit Lockerungs- und Bewegungsübungen zu beginnen.

Wir machen nun Vorschläge.

Je nach Alter und Zusammensetzung der Gruppen können Übungen selber zusammengestellt und kombiniert werden, z. B. mit Erlebnisreisen, den unterschiedlichen Spielen und Geschichten. Natürlich kann jeder Baustein für sich stehen und benutzt werden, wann immer man das Gefühl hat, er könnte spielerisch passen.

Um Spieleinheiten zu strukturieren und abzurunden, bietet es sich an, Rituale einzuführen, die der Gruppe mit der Zeit immer vertrauter werden und die am Ende auch einen gemeinsamen Abschluss schaffen.

Nach einer Spieleinheit sollte auf jeden Fall immer die Möglichkeit zu einem Feed-back gegeben werden. Dabei kann man erzählen lassen, wie es den Spielern ergangen ist, wo sie sich besonders wohl gefühlt haben oder wo sie Probleme hatten.

Für Kinder ist es wichtig, dass sie Möglichkeiten haben, ihre Erlebnisse zu verarbeiten, indem sie Bilder malen oder Figuren basteln. Dabei sollte man unbedingt beachten, dass man Kindern ihre Zeit lässt, sie nicht drängt oder verbal überfordert.

Jedes Kind hat seinen eigenen Rhythmus, Erlebnisse zu verarbeiten und der muss respektiert werden.

RITUALE BEIM SPIELEN

Jede Gruppe kann sich ihre eigenen Rituale schaffen, sich auf Sprüche und Aktionen einigen, die das Gemeinsamkeitsgefühl stärken und die Konzentration fördern. Kindern macht es viel Spaß, sich dafür etwas auszudenken.

So sind die folgenden Vorschläge nur Beispiele, wie ein Ritual aussehen kann.

Zu Beginn können sich alle im Kreis sammeln und der Spielleiter begrüßt die Spieler z. B. mit dem Spruch:

Hallöchen, Popöchen,
macht euch bereit, mit den Augen zu sehn,
was vor eurer Nase hier wird geschehn
und sperrt auch eure Ohren auf,

denn unser Spiel nimmt nun seinen
Lauf.

Auch am Ende wird wieder der Kreis
gebildet und der Spielleiter verabschie-
det sich:

Hallöchen, Popöchen,
eure Ohren haben gehört
eure Augen haben gesehn
mit Mut kann man
jedes Abenteuer bestehn

Damit sich alle am Ende noch einmal
stärken, kann ein Kreis gebildet werden.
Alle fassen sich gemeinsam an den
Händen, bilden einen Ton, der immer
stärker wird, dann leise wieder abklingt,
und sprechen dann gemeinsam:

Quak, quak, quak
Gemeinsam sind wir stark

Um auch zwischendurch Möglichkeiten
zu haben, die Gruppe zur Ruhe zu bringen
und zu konzentrieren, ist es ratsam, ein
Stopp-Ritual einzuführen, vor allem bei
Übungen, in denen viel mit Bewegung
gearbeitet wird: Jeder erstarrt, sobald der
Spielleiter «stopp» sagt oder in die
Hände klatscht oder aufhört, Tamburin zu
schlagen, falls er eine Übung mit diesem
Instrument begleitet. Es kann jedes
beliebige andere Signal verabredet
werden, auf das jede Bewegung zum
Stillstand kommen muss. Bildhafte
Zeichen sind ebenso möglich, wie ein
Zauberwind, der weht und alles zum
Erstarren bringt.

ÜBUNGEN ZUM LOCKERN UND DARSTELLEN

Alle Übungen können mit dem Stopp-
Ritual strukturiert werden.

Als Einstieg:

1
- Durcheinanderlaufen, hallo sagen,
- sich begrüßen: Hand geben,
- sich wie die Indianer begrüßen: Hand
  vor den Mund, Indianergeheul,
- sich wie die Chinesen begrüßen:
  Hände vor der Brust zusammenlegen,
  verbeugen,
- sich wie Roboter begrüßen: zackige
  Bewegungen,
- sich wie supercoole Typen begrüßen:
  abklatschen,
- den anderen lange Nasen zeigen,
- die anderen zu der langen Nase
  beglückwünschen.

2
- Durch den Raum gehen,
- schnell gehen, ohne anzustoßen,
- versuchen, den ganzen Raum auszu-
  füllen,
- laufen, ohne sich gegenseitig zu
  berühren,
- langsamer werden,
- gehen.

3
- Auf spitzen Steinen gehen,
- im Sumpf gehen,

- auf Wolken gehen,
- mit Gewichten an den Beinen gehen,
- immer langsamer gehen,
- noch langsamer, in Zeitlupe gehen,
- sich in Zeitlupe fallen lassen.

4

- Atem spüren, fließen lassen,
- den eigenen Rhythmus finden,
- einatmen, Pause, auf das Ausatmen ...
  eine Kerze leicht ausblasen, Pause,
- einatmen, Pause, auf das Ausatmen ...
  eine Kerze kräftig ausblasen, Pause,
- einatmen, Pause, auf das Ausatmen ...
  einen Ton summen, Pause,
- dazwischen ausseufzen und den
  ganzen Körper entspannen.

Lockerungsübungen:

Sie fördern das Vertrauen in der Gruppe
und bauen Hemmungen ab.

1

Mit dem Element Feuer spielen:

- Trockene Zweige darstellen, die
  zerstreut liegen,
- einer lässt ein Streichholz fallen,
- die Zweige fangen Feuer,
- brennen lichterloh,
- das Feuer wird gelöscht.

2

Mit dem Element Wasser spielen:

- Sich fühlen wie ein Ball, der im Wasser
  treibt,
- wie eine Welle,
- wie das Meer,

- das langsam gefriert
- und wieder schmilzt,
- wie Wasser, das kocht
- und verdunstet.

3

Mit dem Element Luft spielen:

- Durch die Luft flattern wie ein
  Schmetterling,
- wie ein Maikäfer,
- wie ein Vogel,
- immer weiter nach oben fliegen in die
  Wolken,
- in den Wolken schaukeln,
- auf ihnen herumspringen,
- an einem riesigen Fallschirm zur Erde
  hinuntersegeln,
- sanft landen.

4

Verwandlungen

- Stell dir vor, du bist ein ...
- Roboter, seine Batterie läuft aus,
  dadurch wirst du langsam zum ...
- Gummimännchen, wirst weich und
  biegsam, streckst dich immer länger,
  deine Arme werden länger, deine
  Beine werden länger und du verwan-
  delst dich in einen ...
- Affen, der führt einen Affentanz auf
  und hampelt so rum, dass er sich
  verwandelt in einen ...
- Hampelmann, der fängt plötzlich an zu
  quaken, wird zu einem ...
- Frosch, der hüpft und hüpft und wird
  beim Hüpfen immer länger, verwandelt sich in eine ...

Raupe, in die vielfräßige Raupe Schmatz, schmatz, die kriecht zu großen Salatköpfen (sie werden auch von Spielern oder vom Spielleiter selbst dargestellt) und frisst sich satt … schmatz, schmatz … und als sie genug gefressen hat, kugelt sie sich zusammen, wird ganz rund und verwandelt sich in einen …
- Schmetterling oder einen
- Maikäfer, der schwirrt um die Salatköpfe herum und landet schließlich auf der großen (Decken- oder Bettlaken-)Wiese.

6
In Zeitlupe, ohne sich echt zu berühren, den anderen
- boxen,
- schlagen,
- streicheln,
mehrmals hintereinander.

7
Einer lässt es jeweils auf den Rücken des anderen «regnen»:
- Einer lässt den Oberkörper locker hängen,
- der andere lässt es mit seinen Fingerspitzen auf den Rücken «regnen»,
- der Regen wird immer stärker,
- dann über den Rücken streichen,
- wechseln.

Darstellungsübungen:
Damit wird ein Gefühl dafür geschaffen, was Mimik und Körperhaltungen ausdrücken können oder auch wie man mit einfachen Dingen – z. B. einem Bettlaken – alles Mögliche darstellen kann.

1
Tiere darstellen:
- Entweder alle zusammen in der Gruppe
- oder einer oder einige stellen ein Tier dar und die anderen raten, welches.

2
Monster und Ungeheuer werden verwandelt:
- Schwarze Riesen in pfeifende Kobolde
- Ungeheuer in tanzende Hüpfflöhe
- Gespenster in lispelnde Schildkröten
- Drachen in schmatzende Eichhörnchen
- Vampire in neugierige Watschelenten
- Monster in pupsende Schweinchen
- Tyrannosaurier in kichernde Neckgespenster

3
Wesen darstellen, die alles nur mit einem Sinnesorgan wahrnehmen.
Wie nimmt es die Umgebung wahr?
Wie bewegt es sich?
- Ein Wesen mit einem Riesenohr
- Ein Wesen mit einem Riesenauge
- Ein Wesen mit einer Riesennase
- Ein Wesen mit einer Riesenzunge
- Ein Wesen mit einer Riesenhand

4

Fratzen schneiden:

- Beginnen mit extremen Bewegungen der Gesichtsmuskulatur, dann
- Augen aufreißen, Augen zusammenkneifen,
- Mund breit, groß, spitz, rund,
- an den Ohren ziehen: nach oben, zur Seite, nach unten.

5

Gesichtsausdrücke wechseln:

- traurig
- fröhlich
- böse
- mutig
- ängstlich
- stolz
- beleidigt
- wütend
- verliebt

6

Spiegelübung mit Gefühlen:

- Einer gibt ein Gefühl vor,
- der andere macht jede seiner Grimassen und Bewegungen nach,
- so als sei er sein Spiegel.

7

Verdeckte Gefühle

Die Gefühle nur mit einzelnen Körperteilen ausdrücken:

- mit Armen und Händen
- mit Beinen und Füßen

Der Rest des Körpers wird von Spielern mit einer «Bettlakenwand» verdeckt.

8

Jemanden mit extremen Eigenschaften darstellen, einer (eine),

- der (die) ganz stark ist
- ganz mutig
- ganz böse
- ganz ängstlich
- ganz fröhlich
- ganz traurig
- ganz schüchtern
- ganz beleidigt
- ganz eitel
- ganz wütend
- ganz verliebt

Sich mit der entsprechenden Körperhaltung vor der Gruppe präsentieren und sagen: «Vor euch steht der stärkste ... (Namen des Spielers) / die stärkste ... der Welt.»

9

Spiel mit Decken oder Bettlaken

Decke oder Bettlaken wird:

- zu einer Lakenwand, hinter der man sich verstecken kann
- zu einem fliegenden Teppich
- zu einem lebenden Berg, indem ein oder mehrere Spieler sich darunterhocken
- zum Meer, indem es bewegt wird
- zu einer großen Qualle, indem ein oder mehrere Spieler darunterkriechen
- zu einem Gespenst
- zu einer Wiege, indem einer sich hineinlegt und von den anderen gewiegt wird

(möglichst abwechseln, damit jeder mal drankommt)

GESTALTETES SPIELEN

Geschichten kann man vielfältig darstellen. Man kann sie frei nachspielen, die Rollen improvisieren und mit eigenen Erfahrungen füllen. Oder man gestaltet das Spiel mit bewusst gesetzten Ausdrucksmitteln, macht ein Theaterspiel daraus oder ein Puppenspiel.

Will man eine Geschichte darstellen, so ist es ratsam, immer mit einem freien Nachspiel zu beginnen. Hierbei ist es gar nicht so wichtig, dass die Handlung exakt wiedergegeben wird. Viel wichtiger ist die Möglichkeit für die Spieler, ihre Rollen nutzen zu können, um ihren Gefühlen freien Lauf zu lassen und sie im Spiel ausleben zu können. Dabei sollten sie sich in ihren Aktionen so frei fühlen können, dass sie den Mut haben, das zu spielen, was sie wollen. Sie müssen das Gefühl haben, alle akzeptieren sie so, wie sie sind.

Auch beim freien Nachspielen helfen Kostüme, Masken, Bühnenbildelemente und Musik. Die Lust am Verkleiden hilft Hemmungen abzubauen. Auf diese Punkte gehen wir später noch genauer ein und geben Tipps, wie man auch mit kleinen Dingen viel erreichen kann.

Die Geschichten, die wir in diesem Buch erzählen, sind so angelegt, dass sie einzeln gespielt werden können. Einige Teile können als größere Geschichtenfolge auch nacheinander zusammengefügt werden:

Die Geschichten von Mumpelfitz

Teil 1: Kokolores Kichererbse

Teil 2: Mumpelfitz im Reich der Gespenster

Teil 3: Der Gespenstersturm

Die Geschichten von Klara der Wolkenfee:

Teil 1: Murgl, der Erdkobold

Teil 2: Das Geheimnis der Purpurschlucht

Teil 3: Klara und Mondragur

Die Geschichten von Tamara und dem Schlafstein:

Tamara und der Zaubersand

Tamara und die Krokodile

Die Geschichten von Zitterwurzel

Die magische Zeigefingerkette

Das Rätsel des Riesenmauls

Im Labyrinth der Mieseprimen

Otto Schamotto aus Hottentotto

Das Geheimnis der Angst

Zu diesen Geschichten finden Sie im nächsten Kapitel (7) ausgeschriebene Spielvorlagen.

Einige Geschichten eignen sich besonders zum Improvisieren und für eine Spielaktion, in die die ganze Gruppe einbezogen werden kann:

Melanie und die Schutzvampire

(s. Kap. 3, S. 74)

Die Geschichte erzählt davon, wie Melanie im Keller Vampini, einen kleinen Vampir, trifft, der ihr einen Umhang mitgibt, mit dem sie sich stark fühlt.

Neben Melanie und Vampini können die anderen Kinder der Gruppe hier alle zu den Schutzvampiren werden, die Melanie umtanzen und sie stärken.

Als Bastel- und Schminkaktion bieten sich die Vampirkostüme und der Vampir-orden an. Und gemeinsam könnten alle am Ende Melanies fünften Geburtstag als Vampir-Geburtstagsfest feiern.

Oliver und die Monsterschiffchen

(s. Kap. 5, S. 137)

Gemeinsam mit Hannes Büx kommt Oliver auf ein besonders wirksames Ritual, um Luftmonster zu vertreiben. Er malt die Fratzen der grässlichen Unge-heuer auf und baut mit Hannes Büx zusammen aus diesen Bildern Papier-schiffchen. Die lassen die beiden dann schwimmen.

Dieses Ritual kann ebenfalls zum Anlass einer gemeinsamen Aktion ge-macht werden. Dabei malen die Kinder zunächst Bilder von Angst machenden Ungeheuern, Monstern und sonstigen Gruselgestalten. Dann bauen auch sie aus ihren Bildern Schiffchen, beschweren sie mit Steinen. Und diese Schiffchen können dann gemeinsam schwimmen gelassen werden: in großen Schüsseln, die mit Wasser gefüllt sind, in einer Badewanne oder auch draußen in einem Teich oder einem Bach.

Als Abschluss der Aktion bekommt jedes Kind dann einen «Monsterver-treibe-Orden» mit der Aufschrift:

Für Oliver (bzw. Name des Kindes), den siegreichen Helden, der die Luft-monster zum Verschwinden gebracht hat.

ROLLENVERTEILUNG

Was kann man tun, wenn es in den Geschichten weniger Rollen als Spieler in der Gruppe gibt und alle wollen mitmachen? Hier hat man verschiedene Mög-lichkeiten:

- Man kann Rollen wechseln, sodass sie nacheinander von verschiedenen Spielern gespielt werden, wobei jede Rolle sowohl männlich als auch weiblich besetzt werden kann.

- Es ist auch möglich, eine Rolle von mehreren Kindern spielen zu lassen, sodass z. B. ein großes Monster von mehreren dargestellt wird. Oder es gibt zwei Zitterwurzel-Figuren, die zusammen agieren.

- Natürlich kann man auch beliebige Rollen, wie Feen, Elfen, Kobolde, alle möglichen Tiere und lebende Pflanzen hinzufügen. Hier sind der eigenen Phantasie keine Grenzen gesetzt.

- Das gilt auch für die Gestaltung des Bühnenbildes, das auch dargestellt werden kann:

- Ein Wald voll lebender Bäume, eine Schlucht mit lebenden Felsen, eine Wiese mit lebenden Blumen ... alles ist möglich.

Die Figur des Erzählers schafft den Bogen für die Geschichten, leitet über, hält sie zusammen. Der Erzähler kann zugleich der Spielleiter sein, muss es aber nicht.

Wollen Gruppenmitglieder sich gar nicht an dem direkten Spiel beteiligen, ist es möglich, ihnen auch begleitende Rollen vorzuschlagen. Sie können z. B. Reporter spielen, die dann über das Geschehen berichten, oder sie begleiten das Spiel mit stimmungsbeschreibenden Lauten, z. B. indem sie Waldgeräusche machen, Windgeräusche, Gespensterge-räusche.

KOSTÜME, MASKEN

Kinder lieben es, sich zu schminken und zu verkleiden. Es unterstützt sie dabei, in die Rollen der Gestalten zu schlüpfen, die ihre Phantasie beschäftigen. Und indem sie sie nachspielen, verarbeiten sie das, was sie gehört, gesehen und erlebt haben.

Verkleidungen, Schminke und Masken schaffen eine zweite Haut, in die Kinder schlüpfen und hinter der sie sich verste-cken können, um sich stärker zu fühlen. Wie die fast fünfjährige Melanie, die als Vampir verkleidet in den Kindergarten geht und so die Herausforderung, mit dieser neuen Situation umzugehen, meistern kann. Mehrere Wochen lang verlässt sie das Haus morgens nicht ohne weiße Schminke und den Vampirumhang. Im Kindergarten haben sich die Kinder schon fast an diesen Anblick gewöhnt. Dann wird Melanie fünf und von einem Tag auf den anderen braucht sie die Verkleidung nicht mehr, jetzt fühlt sie sich auch ohne Verkleidung stark genug. Das Ritual hat seinen Zweck erfüllt.

Verkleidungen können Türöffner sein, um Seiten zu entdecken und auszuleben, die Kinder sich sonst nicht zu zeigen trauen oder die sie selbst gar nicht an sich vermutet hätten. Und dass das nicht nur bei Kindern funktioniert, dafür ist der Karneval das beste Beispiel.

Für Phantasie- und Rollenspiele aller Art bietet es sich an, diese Lust am Schmin-ken und Verkleiden zu nutzen. Auch hier ist es so, dass Kinder selber auf die erstaunlichsten Ideen kommen, wenn man ihre Spiellust weckt und fördert. Und der eigenen Phantasie und Gestaltungs-freude sind keine Grenzen gesetzt. Unsere Anregungen dazu sollen ermun-tern, es einfach mal zu probieren.

Verkleidungsmaterial kann fast alles

sein: alte Klamotten, Hüte, Handschuhe, Schals, Gürtel, Taschen, Rucksäcke. Hier hat es sich bewährt, einen speziellen Verkleidungs-Sack, -Korb oder -Karton anzulegen, in dem diese Dinge gesammelt werden können. Damit sind sie immer zur Stelle, wenn sie gebraucht werden.

Auch mit Haushaltsgegenständen kann man sich verkleiden. Ein Sieb kann zum Helm werden und ein Wischmopp zur Perücke. Bunte Plastiktopfkratzer, Schwämme, diverse Abwasch- und Staubtücher lassen sich ebenfalls gut an Kostümen verarbeiten. Aber immer sollte man daran denken, dass die Kostüme robust sein sollten und dass man sich gut in ihnen bewegen kann.

Ein paar einzelne Tipps:

- Kissen können zu einem Turban umfunktioniert werden, Kaffeewärmer zu Mützen.

- Aus Gummi- und Gartenhandschuhen kann man Pranken mit Krallen machen.

- Tücher werden verwandelt durch Knoten, indem man Ecken abbindet oder Löcher reinschneidet.

- Klötze unter den Schuhen befestigt, verändern Gang und Größe.

- Umhänge eignen sich besonders zum Spielen. Man kann sie schwingen, sich unter ihnen verstecken, sie auf der Erde ausbreiten, einen weiteren Spieler mit drunterkuscheln lassen.

- Auch Naturmaterialien geben besondere Kostümverzierungen ab, z. B.: Holz- und Bambusstücke, Tannenzapfen, Wurzelteile.

- Karnevalsartikel können kombiniert und eingearbeitet werden, z. B. auch Blinkteile.

- Wenn man verstärkt mit Geräuschen arbeiten möchte, bietet es sich an, Kostüme zu schaffen, mit denen man Geräusche erzeugen kann, indem man sie verziert z. B. mit: vielen raschelnden Plastikstreifen, Tischtennisbällen oder Glöckchen.

- Um ungewöhnliche Formen zu schaffen, können Styroporelemente aus der Bastelabteilung benutzt werden, wie Kugeln, Ringe, Kränze.

- Eingenähte Hulahup-Reifen helfen, eine runde Fülle zu stabilisieren.

- Mit Drähten in Hohlnähten können alle möglichen Formen hergestellt werden.

- Für Monsterverformungen zwei T-Shirts aufeinandernähen und ausstopfen.

- Aus Schaumgummi kann man die verschiedensten Formen schnitzen und sie dann mit Farbe besprühen.

- Effekte, mit denen man Dinge an Kostüme dranheften und wieder abnehmen kann, sind gut mit Klettband zu erzielen.

- Normale Kleidungsstücke werden «aufgemotzt» und umgestaltet, indem man sie bemalt.

- Aus Stofffetzen lassen sich alle möglichen Gebilde herstellen.

- Bei dem Gestalten von Monsterkostümen dazu anregen, dem Monster auch etwas Witziges zu geben. Damit wird der Kern der Verwandlung schon von vornherein angedeutet und es wird ein sichtbares Zeichen gesetzt, dass das Ungeheuer nicht nur böse ist. (So hat Mondragur z. B. eine gelbe Plastikhandtasche dabei, in dem das goldene Ei versteckt ist.)

- Wenn keine Kostümteile organisiert werden können, hilft auch schon Schminke, um Verwandlungsprozesse zu unterstützen. Dabei muss es gar keine perfekte Vollmaske sein, ein aufgemalter Schnurrbart, rote Backen, eine rote Nase, ein schwarzer Monstermund und dunkle Augenhöhlen reichen oft schon.

- Effektvoll sind auch Brillen, Augenklappen, Halbmasken, künstliche Nasen. Sie schaffen Distanz, erleichtern manchen das Spiel sehr, denn dann gibt es etwas, hinter dem sie sich verstecken können.

- Eigene Monstermasken können hergestellt werden mit Maschendraht, den man mit Papierschnitzeln verkleidet, die in Tapetenkleister eingeweicht sind. Wenn diese Masse trocken ist, kann sie gut bemalt werden.

Und noch ein Tipp: Wenn es ein Theater in der Nähe gibt, fragen Sie einfach mal nach ausgedienten Stoffen, Kostümen, Requisiten.

RÄUME, BÜHNENBILD

Von einem Theaterraum geht eine bestimmte Magie aus. Die Dunkelheit im Zuschauerraum lenkt die Konzentration auf die Bühne, macht es leichter, alles um einen herum zu vergessen. Die Scheinwerfer zaubern mit Licht Stimmungen, Räume, Illusionen. Eine Turnhalle, ein Gemeinderaum oder ein Klassenzimmer ist dagegen in der Regel eher ernüchternd. Und wenn im Profitheater ganze Inszenierungen fast nur mit Licht auskommen, so kann es für das Spiel, um das es uns hier geht, nur eine untergeordnete Rolle spielen. Wer die Möglichkeit hat, mit Hell und Dunkel zu spielen, einzelne Scheinwerfer einzusetzen, dem raten wir, damit zu experimentieren, um magische Momente zu betonen. Andererseits gibt es auch Theatergruppen, die auf der

Straße spielen, auf Marktplätzen, in Messehallen. Auch das funktioniert.

Die Frage ist nun, wie kann man auch in normalen Wohnräumen, deren eigene Atmosphäre wenig Unterstützung bietet, eine Umgebung schaffen, die hilfreich für das Spiel ist?

Sicher entsteht Magie auch immer durch die Ausstrahlung der Spieler, die Zuschauer in ihren Bann zu ziehen vermögen. Aber es gibt auch ein paar Tricks, wie mit wenigen Mitteln Spielräume geschaffen werden können, die es den Spielern leichter machen, sich in die Situationen des Spiels hineinzudenken und vor allem sie auch zu erfühlen.

So ist es wichtig, einen Bühnenraum klar zu definieren und abzugrenzen:

- Er kann sich einfach innerhalb eines Kreises oder Halbkreises befinden, der von den anderen Gruppenmitgliedern gebildet wird.

- Er kann durch Matten auf dem Boden gebildet werden.

- Er kann durch Klebeband oder sonstige Abgrenzungsmaterialien markiert werden.

- Er kann erhöht sein, wie es bei den meisten Bühnen der Fall ist.

- Er kann nach hinten eine Abdeckung haben, z. B. aus Vorhängen, bemaltem Stoff (Bettlaken, Gaze, Nessel), aus variablen Wänden (bemalter Pappe, Sperrholz). Aber manchmal reicht es auch schon, einfach Maler-Abdeckfolie zu drapieren, um dem Raum das «Normale» zu nehmen.

- Er kann nach vorne durch einen Vorhang abgegrenzt sein, wobei es dazu keiner Theatermaschinerie bedarf. Einen Vorhang kann man überall installieren, wo man eine Leine spannen kann. Und als Gag, um Überraschungen auf der Bühne gestalten zu können, kann der Vorhang auch von Mitgliedern der Gruppe gespielt bzw. an Stangen gehalten werden.

Bühnenbildelemente helfen den Bühnenraum zu gestalten

Auf die Möglichkeit, ein lebendes Bühnenbild zu schaffen, also Bäume, Büsche, Felsen von Spielern darstellen zu lassen, haben wir ja schon hingewiesen. Und auch wenn es darum gehen soll, die Geschichte mit Objekten zu illustrieren, sind der Phantasie keine Grenzen gesetzt. Erfindungsreichtum und Bastlerlust können sich hier optimal ergänzen und wahre Wunderwerke hervorbringen, ob aus Pappe, Holz oder Styropor.

Aber oft genügen auch schon ein paar Dinge, um Akzente zu setzen und Möglichkeiten zu schaffen, hinter denen sich eine Figur z. B. auch verstecken kann. Das müssen nicht immer realistische Bäume oder Büsche sein. Angemalte Autoreifen-

schläuche, Riesenkartons, die wie Bau-
klötze benutzt werden, oder Kisten mit
Tüchern verhüllt lassen Räume auch zu
etwas Besonderem werden. Überhaupt
sind Tücher – vor allem, aus weichen,
fließenden Stoffen – eine Art Allroundmit-
tel, um das Spiel zu unterstützen und
Theaterbilder zu gestalten.

Ein Spieler betritt mit einer langen
blauen Schleppe die Bühne, überquert
sie, lässt die Schleppe fallen und schon
hat man einen Bach. Oder ein breites
rotes Tuch wird über die Bühne gebreitet,
fertig ist die «Purpurschlucht».

Wenn man mit Tüchern arbeiten
möchte, ist die Stoffauswahl wichtig.
Sicher wird das oft eine Kostenfrage sein.
Ein Stoff, mit dem man optimal spielen
kann, der leicht jede Bewegung mitmacht
und dabei federleicht ist, ist Fallschirm-
seide. Leider ist sie ziemlich teuer. Eine
kostengünstige Lösung dagegen ist
Nessel. Nessel gibt es in verschiedenen
Stärken – vom transparenten Schleier-
nessel bis zum festen Tuch. Der Vorteil
von Nessel ist auch, dass er sich gut
färben und bemalen lässt.

Daneben gibt es noch eine Lösung, bei
der keinerlei Kosten anfallen. Man kann
das Bühnenbild auch ganz den Phanta-
siebildern überlassen, die bei den Zu-
schauern im Kopf entstehen, wenn sie
das Spiel verfolgen. Dann ist der Raum
wirklich offen für alle möglichen Assozia-
tionen.

GERÄUSCHE, KLÄNGE, MUSIK

Was im Hörspiel perfektioniert ist, kann
auch für das Theater benutzt werden.
Geräusche, Klänge und Musik schaffen
Klangräume, die Stimmungen transpor-
tieren, emotionale Tiefe schaffen. Hör-
erlebnisse ziehen Kinder in den Bann.
Deshalb hat es einen doppelten Effekt,
wenn zu einem Spiel auch Geräusche,
Klänge und Musik selber gemacht werden: Durch das freiwillige Eintauchen in
selbstgestaltete Hörbilder können
angestaute Gefühle abgearbeitet werden. Für diese Hörbilder können nicht nur
«normale» Musikinstrumente benutzt
werden.

Vielmehr begeistert es Kinder, auch mit
Geräuschen und Klängen zu experimentieren. Sie sind kreativ genug, um auf alle
möglichen Ideen zu kommen, wie und
womit sie Geräusche und Klänge erzeugen können. Kinder lieben es «Musik» zu
machen mit allen Dingen, denen sich ein
Ton entlocken lässt.

Deshalb wollen wir hier lediglich ein
paar Anregungen für illustrierende
Geräusche geben:

- *Bach:* Wasser in eine mit etwas Wasser gefüllte Schüssel langsam und
  gleichmäßig eingießen.

- *Regen:* Erbsen in ein Küchensieb schütten und damit kreisende Bewegungen machen.

- *Hagel:* Reis oder Erbsen in eine Pappschachtel rieseln lassen.

- *Donner:* Ein dünnes Blech (Donnerblech) an einer Ecke festhalten und hin- und herschütteln.

- *(Pferde)Getrappel:* Zwei Kokosnusshälften im Rhythmus eines (Pferde-) Getrappels aneinanderschlagen.

- *Meeresbrandung:* Mit einem Handfeger über ein großes hängendes Papier streichen. Oder: Mit einer Bürste auf einem Kuchenblech im Takt einer Brandung hin- und herbürsten.

- *Schiffstuten:* Über den Hals einer offenen Flasche blasen. Bei voller Flasche klingt das Tuten hell, ist wenig Flüssigkeit enthalten, klingt das Tuten dumpf.

- *Gruselstimme:* In eine Blechbüchse oder einen Eimer mit verstellter Stimme sprechen.

Ein «Universalinstrument», um alle möglichen Geräusche zu erzeugen und zu imitieren, ist die Stimme. Auch hier sind unsere Übungen zum stimmlichen Ausdruck als Anregung gedacht, selber mit den Kindern zu experimentieren:

1

Landschaften nur mit Geräuschen darstellen, z. B.:
- eine Wiese im Sonnenschein, bei Nebel oder Nacht
- ein See bei Windstille, Sturm oder Orkan
- ein Wald bei Windstille, Sturm oder Orkan

2

Archetypen nur mit Lauten und Geräuschen darstellen, z. B.:
- Hexen
- Riesen
- Feen

3

Echo-Spiel
Einer macht ein Geräusch vor, die anderen machen es nach.

4

Geräusche – Raten
Im Wechsel macht eine Gruppe Geräusche nach, die andere Gruppe muss sie erraten, z. B.:
- Vogel- und andere Tierstimmen
- Maschinen
- Fahrzeuge
- Musikinstrumente
- Knarzende Türen, rasselnde Ketten,
- eine Prügelei
- ein Autounfall
- eine Explosion

5

Lärmkonzert

Hier geht es darum, Geräusche mit dem Mund zu machen, z. B.:

- brummen
- lachen
- schmatzen
- rülpsen
- summen.

Die Teilnehmer an diesem Spiel stellen ihr spezielles Geräusch vor, dann basteln sie am Ablauf der Geräusche und bestimmen einen Dirigenten, der den Lärm koordiniert und zu einem Orchester formt. Dafür ist es wichtig, sich gemeinsam über den Einsatz der verschiedenen Geräusche (nacheinander, zwei gleichzeitig, zu einem Zeitpunkt alle gemeinsam) ebenso abzustimmen wie über den Rhythmus, der bei geübten Kindern auch während des Stückes variieren kann.

6

Geräusche erfinden

Wie klingt:

- Klangmus
- Klangkonfetti
- Tonstreusel
- Klängegulasch
- Schallgeraspel
- Schallschnitzelbitzel
- ein Tonwolf

7

Geräusche verwandeln

Im Wechsel macht eine Gruppe unheimliche Schreckens- und Monstergeräusche.

Die andere Gruppe nimmt die Geräusche auf und verwandelt sie in witzige Geräusche.

PAPA BANG UND HANNES BÜX

HANNES BÜX: *Na, Papa Bang, kriegste nicht langsam auch Lust, mal was zu spielen?*

PAPA BANG: *Was denn?*

HANNES BÜX: *Na, eins von den ganzen Abenteuern.*

PAPA BANG: *Die hab ich doch alle schon wieder vergessen.*

HANNES BÜX: *Also ich mach da auf jeden Fall mit.*

PAPA BANG: *Wo?*

HANNES BÜX: *Im nächsten Kapitel ...*

KAPITEL 7 | *Geschichten als Spielvorlage*

Die Geschichten in diesem Buch haben wir bewusst so erzählt, dass sie gut nachgespielt werden können. Einige sind nach Motiven von Theaterstücken für Kinder entstanden.

Allgemeine Tipps zum Nachspielen haben wir schon in Kapitel 6 gegeben. Hier folgen nun die ausgeschriebenen Spielvorlagen zu den einzelnen Geschichten.

Die Figur des Erzählers schafft den Rahmen, führt in die Geschichte ein, stellt Übergänge her und setzt den Schlusspunkt. Der Erzähler kann gleichzeitig auch die Geräusche machen. Oder diese Aufgabe wird an Einzelne verteilt bzw. von den zuschauenden Kindern gemeinsam gemacht und vom Erzähler / Spielleiter dirigiert und koordiniert.

Als Andeutungen für Kostüme sind in Klammern jeweils die Attribute angegeben, die wichtig für das Spiel sind. Das Gleiche gilt für die Beschreibung des Bühnenbildes. In der weiteren Ausgestaltung sind der Phantasie natürlich keine Grenzen gesetzt.

Das gilt auch für das Spiel, begleitende Geräusche oder Musikuntermalung. Dabei ist vor allem wichtig, den Kindern den Freiraum zu geben, den sie brauchen. Nur so können sie die Geschichten zu *ihren* Geschichten machen.

Die Geschichten von Mumpelfitz

Es spielen in allen Teilen
Erzähler
Hannes Büx, ein Angsthase
Mumpelfitz, ein kleines Monster *(lila Monsterhörnchen, gelbes Fell kann z. B. durch eine Plüschweste angedeutet werden.)*

In Teil 1:
Kokolores Kichererbse
Kokolores Kichererbse, ein Neckgespenst *(Perücke mit wirren Haaren, in denen rote Perlen befestigt sind)*

In Teil 2:
Mumpelfitz im Reich der Gespenster
Kokolores Kichererbse, ein Neckgespenst *(Perücke mit wirren Haaren, in denen rote Perlen befestigt sind)*
Schreckgespenster *(können von beliebig vielen Spielern dargestellt werden)*

In Teil 3:
Der Gespenstersturm
Schreckgespenster *(können von beliebig vielen Spielern dargestellt werden)*

Im Monsterreich

Die Landschaft des Monsterreiches kann durch einfache Phantasieobjekte angedeutet werden, z. B. Pappkartons mit farbigen Tüchern bedeckt.

ERZÄHLER: Hannes Büx im Monsterreich. Er kann es selber noch nicht glauben, dass er es wirklich gewagt hat. Als Angsthase über Felder und durch Wälder zu flitzen ist eine Sache. Klar, da kann sich einem auch das Fell aufstellen, wenn so ein Fuchs hinter einem her ist. Aber was ist das alles gegen einen Ausflug ins Monsterreich.

Hannes Büx kommt auf die Bühne gehoppelt. Er erkundet die Gegend und lauscht intensiv in alle Richtungen.

ERZÄHLER: *(kommentiert)* Hannes stellt seine Ohren auf. Ihm darf nichts entgehen. Er kann es kaum erwarten, dem ersten Monster gegenüberzustehen. Vorsichtshalber hat er extra noch mal den linken Haken geübt. Den kann er jetzt so schnell und so zackig schlagen, dass er wahrscheinlich gute Chancen hätte, bei der Hasenolympiade eine Medaille zu ergattern. Aber das ist eine andere Geschichte. Jetzt steht erst einmal das große Monsterabenteuer auf dem Programm.

Geräusch, das einen fliegenden Teppich beschreibt, z. B. ein «Heulrohr», das herumgewirbelt wird. Hannes Büx erschreckt sich, schaut in die Ferne.

HANNES: *(ängstlich)* Ist da etwa schon ein Monster im Anmarsch?
Mucksmäuschenstill bleibt er stehen, hält eine Hand über die Augen, schaut in die Ferne.
ERZÄHLER: Hannes sieht in der Ferne einen fliegenden Teppich auf sich zukommen. Er versteckt sich lieber mal.

Hannes geht hinter einem Bühnenobjekt in Deckung.

ERZÄHLER: Der Teppich landet. Ein sehr merkwürdiges Wesen, steigt aus …

Kokolores Kichererbse betritt die Bühne mit ihrem fliegenden Teppich unter dem Arm. Sie legt ihn direkt vor Hannes' Versteck auf den Boden.

KOKOLORES: Gar nicht so einfach, einen fliegenden Teppich einzuparken.

Von hinten pirscht Hannes sich an Kokolores heran, legt ihr kumpelhaft seine Pfote auf die Schulter.

KOKOLORES: *(schreit erschreckt)* Uuuuaaaah! *(dreht sich abrupt zu Hannes, faucht ihn an)* Bist du verrückt, mich so zu erschrecken?
HANNES: Keine Angst, ich bin kein Gespenst.
KOKOLORES: Das wär ja auch noch schöner. Das Gespenst von uns beiden bin ja wohl ich!
HANNES: Hä? Du und ein Gespenst?
KOKOLORES: Klar. Kokolores Kichererbse heiß ich und bin ein Neckgespenst.
HANNES: *(erleichtert)* Ach so, ein Neckgespenst. Ich hab direkt Angst bekommen.
KOKOLORES: *(scherzend)* Bist wohl ein kleiner Angsthase, was?
HANNES: Also eigentlich bin ich schon fast groß.
KOKOLORES: Dann eben ein großer Angsthase.
HANNES: Aber nicht mehr lange. Ich habe mir nämlich vorgenommen, mutig zu werden. Deswegen will ich ja auch unbedingt einem Monster begegnen.
KOKOLORES: Einem Monster? *(schüttelt sich vor Schreck, so sehr, dass die Kügelchen in ihren Haaren klappern)* Du bist ja völlig durchgeknallt. Ich kenn die Monster. Die können so ekelhaft werden, abscheulich, grässlich, grauenhaft!
(sie spielt ihm ein Monster vor) Da ist ein Gespenst ein Kuscheltier gegen.
HANNES: Das sagt mein Vater auch.
KOKOLORES: Siehste.

HANNES: Aber du bist doch auch o. k., obwohl du ein Gespenst bist.
KOKOLORES: Na ja, also …

Kokolores bricht ab, weil sie von Ferne plötzlich Gesang hört.

MUMPELFITZ: *(singt aus der Ferne / aus dem Off)* Mumpel, Pumpel im Gespensterreich ist's so dunkel …

Sofort geht Kokolores unter ihrem Teppich in Deckung und winkt Hannes hektisch zu sich. Hannes folgt ihr, versteckt sich auch und beide starren gebannt auf die Gestalt, die nun auftaucht. Mumpelfitz betritt zaghaft, vorsichtig die Bühne.

MUMPELFITZ: *(singt traurig mehrere Male)* Mumpel, Pumpel im Gespensterreich ist's so dunkel …
KOKOLORES: *(flüstert Hannes zu)* Das ist eindeutig ein Monster! Schnell! Überraschungsangriff! Das wirkt immer am besten!

Und ehe Hannes genau begreift, was passiert, schnappt sich Kokolores ihren Teppich und wirft ihn über das kleine Monster.

KOKOLORES: Los, Hannes, hilf mir! Wir müssen das Monster einrollen!
MUMPELFITZ: *(wehrt sich)* Hey, was soll das? Ich hab euch doch gar nichts getan!
KOKOLORES: *(zu Hannes, aufgeregt)* Was für ein Glück, dass du mich getroffen hast! Dies kleine Monster hier hätte Hackfleisch aus dir gemacht. Dem quillt die Gefährlichkeit doch nur so aus den Nasenlöchern heraus!
HANNES: Also ich finde, er sieht eher harmlos aus.
KOKOLORES: Alles ein Trick. Wenn wir ihn rauslassen, zerreißt er uns in der Luft mit seinen Monsterzähnen!
MUMPELFITZ: *(schüttelt ängstlich den Kopf, spricht zu einem unsichtbaren Wesen.)* Mr. Icks, hast du das gehört. Ich soll gefährlich sein. Die spinnen doch!

KOKOLORES: *(schaut sich verdutzt um)* Mit wem redet er da? Ich seh niemand.

Kokolores beginnt nach diesem mysteriösen Mr. Icks zu suchen, entfernt sich dadurch von dem Monster. Hannes schaut das Monster an, es lächelt ihm zu und zwinkert.

MUMPELFITZ: *(vertrauensvoll)* Ich bin wirklich nicht böse, kannste mir glauben.

Hannes fasst sich ein Herz und befreit das kleine Monster aus dem Teppichgefängnis. Kokolores sieht es, kommt aufgeregt herangeflitzt.

KOKOLORES: Hannes, bist du wahnsinnig! Monster fressen Gespenster! Und dich wird er auch fressen!

Das kleine Monster lässt sich davon nicht beirren und geht auf Hannes zu.

MUMPELFITZ: Danke, Hannes. Ich bin Mumpelfitz, Prinz Mumpelfitz.
KOKOLORES: *(erstaunt)* Mumpelfitz, der Sohn vom Monsterkönig?
MUMPELFITZ: Joa. Muromil Mumpelfitz.
HANNES: Also, ich glaub, Mumpelfitz ist in Ordnung.
KOKOLORES: *(zu Mumpelfitz)* Na ja … wenn du wirklich Mumpelfitz bist. Hab ich auch schon gehört, dass Du okay sein sollst. Ich bin übrigens Kokolores Kichererbse, ein Neckgespenst.
MUMPELFITZ: Lustig. Vor allem die vielen roten Kügelchen in deinen Haaren.
KOKOLORES: Das sind rote Kichererbsen.
HANNES: Und wer ist Mr. Icks?
MUMPELFITZ: Mr. Icks ist ein ganz spezieller Freund von mir. Er ist unsichtbar und mit ihm kann ich mich über alles unterhalten.
HANNES: *(lacht)* Den würde ich ja gerne mal meinem Vater vorstellen. Ich glaub, der kippt vor Schreck in die nächste Ackerfurche.
MUMPELFITZ: Ich leih ihn dir gern mal aus. Jetzt hab ich Mr.Icks dabei, weil ich auf dem Weg ins Reich der Gespenster bin. Und

alleine kann's einem da doch ganz schön mulmig werden.

KOKOLORES: Aber wenn man weiß, wie man mit den Gespenstern umgehen muss, ist das pipieinfach. Und ich weiß das. Und ich begleite dich natürlich.

MUMPELFITZ: *(kann es gar nicht fassen)* Wirklich?

KOKOLORES: Klar. Ich find das sowieso klasse, mal wieder eine Runde Spuken und Spinnen einzulegen. Außerdem hab ich ja noch was bei dir gutzumachen.

HANNES: Nehmt ihr mich auch mit?

MUMPELFITZ: *(boxt ihn liebevoll)* Ohne dich hätte Kokolores mich doch platt gemacht. Natürlich bist du dabei.

KOKOLORES: *(schaut an den Himmel)* In drei Tagen ist Vollmond. Dann ist die beste Zeit für einen Gespensterbesuch.»

HANNES: Gut, dann bin ich bestimmt wieder da. Ich sag eben meinem Vater Bescheid.

MUMPELFITZ: *(nickt verständnisvoll)* Dann kannste ihm auch gleich Mr.Icks vorstellen.

HANNES: Gute Idee!

(zu einem imaginären Wesen)

Also, Mr.Icks, dann immer mir nach!

Hannes hoppelt von der Bühne. Mumpelfitz und Kokolores winken ihm nach.

ERZÄHLER: Und jetzt hatte Hannes es plötzlich sehr eilig, zurückzukommen. Sein Vater würde bestimmt Augen machen, wenn er ihm von seinem Abenteuer erzählt.

TEIL 2:
MIT MUMPELFITZ IM REICH
DER GESPENSTER

ERZÄHLER: Hannes Büx konnte es gar nicht erwarten, bis es wieder Vollmond war. Ungeduldig beobachtete er jede Nacht den Mond, bis er wieder groß und rund war.

Der Erzähler hängt einen großen runden Mond am Bühnenhintergrund auf.

ERZÄHLER: Als es endlich so weit ist, sprintet Hannes ins Monsterreich so schnell es seine Hasenbeine erlauben. Sein unsichtbarer Freund Mr.Icks begleitet ihn.

Hannes Büx kommt auf die Bühne geflitzt, schlägt freudig Haken, schaut sich zwischendurch nach Mr.Icks um.

ERZÄHLER: *(kommentiert)* Und vor Begeisterung schlägt Hannes einen Haken nach dem anderen. Ungeduldig schaut er sich nach seinen beiden neuen Freunden um, dem Monsterprinzen Mumpelfitz und dem Neckgespenst Kokolores Kichererbse.

HANNES BÜX: *(zu seinem unsichtbaren Freund)* Mr.Icks, keine Bange, wir finden Mumpelfitz und Kokolores bestimmt. Oder vielleicht finden sie uns.

Geräusch des fliegenden Teppichs.
Hannes Büx merkt freudig auf, stellt seine Ohren hoch, um zu lauschen, schaut in die Ferne.

HANNES BÜX: Da! Der fliegende Teppich von Kokolores! Die sind ja schon beim Landeanflug. *(er winkt)* Hey, Kokolores, Mumpelfitz, hier bin ich!

Geräusch, wie der Teppich landet.
Kokolores und Mumpelfitz kommen mit dem Teppich unter dem Arm auf die Bühne und begrüßen Hannes.

HANNES BÜX: Mumpelfitz, deinen Mr.Icks habe ich auch mitgebracht.

MUMPELFITZ: Dann kann ja gar nichts mehr schief gehen!

KOKOLORES: Am besten starten wir gleich durch ins Gespensterreich!

Kokolores breitet den Teppich aus. Hannes, Mumpelfitz und Kokolores setzen sich auf den Teppich.

ERZÄHLER: *(kommentiert)* Und Hannes, Mumpelfitz und Kokolores gehen in Startposition.

KOKOLORES: *(ruft)* Und jetzt volle Kraft voraus!

Geräusch, wie der Teppich startet.

ERZÄHLER: Mit doppelter Geschwindigkeit düst der Teppich durch die Vollmondnacht.

Teppich-Fliegegeräusche.
Mumpelfitz, Hannes und Kokolores spielen auf dem Teppich, wie sie fliegen. Zwischendurch halten sie nach dem Gespensterreich Ausschau. Mumpelfitz entdeckt es, streckt den Arm aus.

ERZÄHLER: Da sehen sie auch schon das Gespensterreich vor sich liegen. Mumpelfitz entdeckt es als erster. Sie setzen zur Landung an.

Landegeräusche.

ERZÄHLER: *(kommentiert)* Jetzt schlottern Hannes doch ein bisschen die Knie. Und auch Mumpelfitz reibt nervös an seinen Monsterhörnchen.

MUMPELFITZ: *(schaut sich ängstlich um, flüstert)* Noch ist es ja ganz ruhig.

Kokolores springt freudig erwartungsvoll auf.

KOKOLORES: Das ist ja der Trick bei den Schreckgespenstern. Ihr lockt sie selbst herbei.

Mumpelfitz und Hannes kauern sich auf dem Teppich zusammen.

MUMPELFITZ: *(kleinlaut)* Also im Augenblick hätte ich nichts dagegen, wenn sie gar nicht auftauchen.

HANNES BÜX: *(stammelt ängstlich)* Iiiich auch nicht.

Beide ziehen eine Seite des Teppichs hoch, verstecken sich dahinter.

HANNES: Ich glaub, eieieigentlich will ich doch lililieber nichts mit denen zu tun haben.

KOKOLORES: *(lacht)* Genau das nutzen sie aus. Kennt ihr denn nicht ihr Geheimnis?

MUMPELFITZ: *(verdutzt)* Was für ein Geheimnis?

KOKOLORES: Die Schreckgespenster, die warten nur darauf, dass jemand Angst vor ihnen hat. Und je mehr einer jammert und wimmert und heult, je mehr drehen sie auf. Die schlucken nämlich die ganzen Jammerlaute und spucken sie dann als Schreckenslaute wieder aus.

HANNES BÜX: Heißt das, sie erschrecken mich dann mit meinen eigenen Jammerlauten?

KOKOLORES: *(begeistert)* Super Trick, oder?

MUMPELFITZ: Und wieso findest du das so klasse?

KOKOLORES: Na ja, wenn man ihren Trick durchschaut hat, dann kann man sie ganz einfach besiegen und ein Spiel draus machen.

MUMPELFITZ UND HANNES: *(verständnislos)* Hä???

KOKOLORES: Also, wenn sie auftauchen, dann füttern wir sie einfach mit Lauten, die Angst vertreiben. Dann schlucken sie die und vertreiben sich damit selbst.

MUMPELFITZ: Und das funktioniert?

KOKOLORES: Na, los, wir können es gleich ausprobieren.

Die ersten Schreckgespenster nähern sich mit wallenden Bewegungen und leisen Schreckgespenster-Lauten.

KOKOLORES: Da sind ja schon die ersten Schreckgespenster im Anmarsch.

Mumpelfitz und Hannes kriechen vor Schreck unter den Teppich, schauen nur noch mit den Köpfen raus.

MUMPELFITZ: *(zu Hannes)* Mr. X sagt auch, dass wir es schaffen können.

HANNES: *(wimmert vor Schreck)* Oh, Grausen, schon beginnen mir die Ohren zu sausen!

Immer mehr Schreckgespenster erscheinen und kommen auf die drei zu mit unheimlichen Spukbewegungen und gespenstischem Gesang.

GESPENSTER: *(singen unheimlich gespensterhaft)* Monsterschwanz, Gespensterauge. Geistertanz und Tränenlauge, Krallenkitzel, Schwartenhaar, kommt zu uns, wir sind schon da!

Mumpelfitz und Hannes stehen jetzt auf, halten mit Kokolores zusammen den Teppich wie ein Schutzschild vor sich.

KOKOLORES: *(ruft neckend)* Wir waren aber eher da!
MUMPELFITZ UND HANNES: *(nehmen ihren ganzen Mut zusammen, rufen)* Genau! Wir waren eher da!

Die Gespenster kommen mit bedrohlich langsamen Bewegungen immer näher.

GESPENSTER: *(singen weiter unheimlich gespensterhaft)*
Schubedidu
und schon macht's wieder buh!
Katzenbuckel, Krötenwarzen,
Schlangenpickel, Warzenschwarten,
Läusepopel, Drachenmolch,
kommt zu uns,
wir warten auf euch!
KOKOLORES,
MUMPELFITZ
UND HANNES: *(mutig)* Und wir warten auf euch!
KOKOLORES: *(flüstert zu Mumpelfitz und Hannes und auch zu den zuschauenden Kindern)* Also, wir schütteln die Angst aus der Hos und schubedidubedi, los!
(zu Mumpelfitz und Hannes) Singt mir nach!
(Sie wendet sich an die zuschauenden Kinder) Ihr auch!: Gespenster sind harmlos, harmlos, wie ein Kartoffelkloß!»

Alle singen den Gespenstervertreibespruch und werden dabei immer fröhlicher. Verdutzt halten die

Schreckgespenster inne. Ihre Spukbewegungen verwandeln sich in komische Zuckungen. Und die Gespenster selbst werden auch immer fröhlicher. Sie beginnen zu kichern, fangen an zu tanzen und singen am Ende ausgelassen.

GESPENSTER: *(singen aufgedreht fröhlich)*
Schubedi, dubedi, buh, buh, buh
heissa hei und jupdidu!
Jetzt geht es ab, jetzt geht es los,
Gespenster sind harmlos,
harmlos wie ein Kartoffelkloß.

Und so verschwinden sie . . .
Mumpelfitz, Hannes und Kokolores gratulieren sich gegenseitig, wenden sich dann an die Kinder.

MUMPELFITZ: *(zu den Kindern)* Danke! Ohne euch hätten wir das nie so hingekriegt!
KOKOLORES: *(zu den Kindern)* Ihr seid wirklich Super-Gespenstervertreiber!
HANNES: *(zu den Kindern, stolz)* Ich finde, wir alle sind Super-Gespenstervertreiber!
MUMPELFITZ: Genau! *(schaut sich um)* Mr.Icks, was sagen Sie?

Dabei entdeckt er auf dem Boden eine Bohne, hebt sie auf.

MUMPELFITZ: Ist das eine Gespensterbohne?
KOKOLORES: Vielleicht ist es eine Zauberbohne. So eine, die in den Himmel wachsen kann, wenn man sie in eine besondere Erde steckt.
MUMPELFITZ: Das würde ich ja gerne mal ausprobieren. Aber in was für Erde muss man sie stecken?
KOKOLORES: *(zuckt mit den Schultern)*
HANNES: Da könnte ich meinen Vater fragen. Der kennt sich mit Erde aus. Der weiß auch, wo die besten Möhren wachsen.
MUMPELFITZ: Klasse! Und dann starten wir ein neues Abenteuer!

Die drei machen das Daumenhoch-Zeichen ins Publikum und gehen ab, ziehen dabei den Teppich hinter sich her.

Teil 3:
Der Gespenstersturm

Erzähler: Nachdem Hannes sich bei seinem Vater erkundigt hatte, in welcher Erde Bohnen wohl am besten wachsen, wollte er mit Mumpelfitz im Monsterreich nach einer geeigneten Stelle suchen. Denn die beiden wollten unbedingt rausfinden, ob die Bohne, die sie im Reich der Gespenster gefunden hatten, wirklich eine Zauberbohne war.

Hannes und Mumpelfitz betreten die Bühne, untersuchen verschiedene Stellen am Boden.

Erzähler: *(kommentiert)* Als Hannes und Mumpelfitz ihre Suche starten, merken sie, dass es viel schwieriger ist, als sie dachten. Die beiden schauen sich den Boden überall genau an. Aber wo sollen sie die Bohne einpflanzen? Zwölf verschiedene Stellen haben sie schon untersucht …

Hannes und Mumpelfitz kommen an eine Stelle, an der grünes (Möhren)Kraut üppig aus dem Boden wuchert. Das könnte an einer Stelle sein, mit einer Erhebung im Hintergrund (z. B. stabile Kisten oder ein Tisch von Tüchern verdeckt und als Berg kaschiert. In einer Turnhalle könnte es auch die Kletterwand sein.)

Erzähler: Aber jetzt, an der dreizehnten, entdeckt Hannes etwas, das ihm bekannt vorkommt …

Hannes: *(aufgeregt)* Das Kraut sieht aus wie Möhrenkraut! Das ist gut. Wo Möhren wachsen, wachsen auch Bohnen, sagt mein Vater.

Mumpelfitz: Auch Zauberbohnen?

Hannes: *(nickt)* In dieser Erde müsste es klappen.

Mumpelfitz steckt die Bohne «in die Erde».

Erzähler: *(kommentiert)* Ganz tief steckt

Mumpelfitz die Bohne in den Boden. Kaum ist sie mit Erde bedeckt, beginnt sie auch schon zu wachsen.

(Zwischen den bedeckten Tüchern könnte z. B. eine Bohnenranke aus Stoff vom Erzähler nach oben gezogen werden.)

Erzähler: Sie wächst immer höher und höher dem Himmel entgegen. So hoch, dass die Spitze des Bohnenstranges in den Wolken verschwindet.

Mumpelfitz: *(schaut die Bohnenranke entlang nach oben, hat eine Idee)* Hey, wenn ich da jetzt hochklettere, dann könnte ich ja meine Mutter besuchen.

Hannes: Wohnt die denn in den Wolken?

Mumpelfitz: Ja, da ganz weit oben ist ihr Palast. Meine Mama ist nämlich eine Sonnenfee.

Hannes schaut in den Himmel, kann aber nichts entdecken.

Hannes: Ich glaube, mir wär das zu hoch.

Mumpelfitz: Ich probier's einfach mal!

Mumpelfitz klettert auf die erste Blattsprosse.

Hannes: Ich halt hier unten die Bohnenranke fest, damit es nicht so wackelt.

Mumpelfitz: Gut. Wenn's klappt, kannst du ja nachkommen.

Mumpelfitz spielt, was der Erzähler berichtet.

Erzähler: *(kommentiert)* Mumpelfitz klettert von Blattsprosse zu Blattsprosse immer weiter hoch. Plötzlich beginnt die Bohnenranke zu schwanken.

Mumpelfitz: Äh, Hilfe, das wackelt! *(ruft Hannes zu)* Kannst du noch fester halten?

Hannes: *(strengt sich an, stöhnt)* Ich probier's ja schon! Aber es haut irgendwie nicht hin!

Mumpelfitz: Ouh, Hannes, das wackelt immer mehr. Ich glaube, ich hab Angst.

Hannes: Bleib ganz ruhig, Mumpelfitz. Ich

kenn da einen guten Trick. Wir könnten eine Zeigefingerkette bilden. Die vertreibt die Angst.

MUMPELFITZ: Aber wie denn? Du bist doch unten und ich hier oben. Da haut das nicht hin.

HANNES: Stimmt. Der Trick nützt hier nichts. Aber uns fällt bestimmt etwas anderes ein.

MUMPELFITZ: Aber wir müssen uns beeilen. Wenn die Gespenster mitbekommen, dass ich Angst habe, tauchen die bestimmt bald hier auf.

HANNES: Stimmt. Die warten ja nur darauf, dass jemand Angst hat.

Und da hören sie auch schon unheimliche Stimmen. Die Gespenster treten auf.

GESPENSTER: *(rufen gehässig, gespenstisch, gruselig)* Gruselstrudel, Gespenstersturm, Wolkengrauen schluckt Monsterwurm. Du hängst in der Luft, wir kriegen dich. Mumpelfitz, du entkommst uns nicht!

MUMPELFITZ: Hannes, da sind sie schon!

HANNES: Weißt du was, Mumpelfitz, Wir machen sie zu fröhlichen Gespenstern mit dem Gespenstervertreibespruch. Dann können sie dir nichts anhaben. Los: Gespenster sind harmlos, harmlos wie ein Kartoffelkloß! Mach mit, Mumpelfitz! *(zu den Kindern)* Los, wir rufen alle zusammen!

ALLE: *(rufen dem Gespenstersturm entgegen)*
Gespenster sind harmlos,
harmlos wie ein Kartoffelkloß.

Die Gespenster stutzen, fangen an zu kichern und legen los mit einem wilden Gespenstertanz.

GESPENSTER: *(singen ausgelassen und fröhlich)*
Gruselgrauen schluckt der Sturm. Wolken wirbeln Strudelwurm.
Die Luft kitzelt in der Hos. Gespenster sind harmlos, Harmlos wie ein Kartoffelkloß.

HANNES: *(begeistert)* Super, Mumpelfitz, es funktioniert!

MUMPELFITZ: Schon! Aber es wackelt immer weiter! Weil die jetzt alle tanzen.

Mumpelfitz spielt, was der Erzähler schildert.

ERZÄHLER: Mumpelfitz atmet ganz tief ein und wieder aus.

MUMPELFITZ: *(pustet)* Puh!

ERZÄHLER: So versucht er seine Angst in den Wind zu pusten. Hannes beobachtet das von unten aus und sieht, wie die Gespenster bei dem Puh zurückweichen.

Die Gespenster ziehen sich langsam ein kleines Stückchen zurück.

HANNES: *(feuert ihn an)* Mumpelfitz, mach noch mal Puh!

MUMPELFITZ: *(atmet wieder tief ein und pustet laut)* Puh!

Die Gespenster weichen noch ein Stück zurück.

HANNES: Wir können sie wegpusten!

Und jetzt atmen sie beide tief ein und pusten ... einmal, zweimal, dreimal. Die Gespenster schwanken, finden das aber eher lustig und kommen wieder ein Stückchen auf Mumpelfitz zu.

MUMPELFITZ: Alleine schaffen wir das nicht!

HANNES: *(hat eine Idee, zu den Kindern)* Wenn ihr alle mitpustet, vielleicht klappt es dann?

MUMPELFITZ: *(begeistert)* Ja, genau! Dann klappt es bestimmt!

HANNES: Wir probieren es! Also, alle tief einatmen und lospusten!

Und auch Hannes Büx und Mumpelfitz atmen wieder tief ein und alle pusten, was das Zeug hält. Jetzt schwanken die Gespenster immer mehr, wirbeln durcheinander, machen Purzelbäume und kugeln sich weg, ganz weit weg, bis sie von der Bühne verschwunden sind.

HANNES BÜX: *(jubelt)* Wir haben es geschafft!

MUMPELFITZ: *(jubelt ebenfalls)* Danke, dass ihr mir geholfen habt! Ihr seid wirklich die besten Gespensterwegpuster, die ich kenne!

HANNES: Und jetzt kannst du zu deiner Mutter, der Sonnenfee klettern. Wir passen von hier auf dich auf. Und wenn die Gespenster wiederkommen, pusten wir sie einfach weg!

MUMPELFITZ: *(begeistert)* Das ist monstermäßigmegagut! Dann seid ihr auch noch die besten Kletterbeschützer, die es gibt! Also bis bald wieder! Wir treffen uns bei einem neuen Abenteuer!

Mumpelfitz und Hannes spielen, was der Erzähler schildert.

ERZÄHLER: Und mit neuer Kraft klettert Mumpelfitz die Bohnenranke hinauf, winkt seinem Freund Hannes Büx und allen, die ihm geholfen haben, noch einmal zu und verschwindet in den Wolken. Und auch Hannes macht sich wieder auf nach Hause und freut sich schon auf das nächste Abenteuer …

Nach Motiven des Theaterstückes «Prinz Mumpelfitz» von Angelika Bartram.

Die Geschichten von Klara, der Wolkenfee

Es spielen in allen Teilen

Erzähler
Klara, die Wolkenfee,
Murgl, der Erdkobold, *(hat ein Schneckenhaus, in dem er sich verstecken kann, bei sich)*

In Teil 1:

Murgl, der Erdkobold
Mario, der Marienkäfer
Käfer, Bienen, Schmetterlinge, zitternde Gräser *(können von beliebig vielen Spielern dargestellt werden)*

In Teil 2:

Das Geheimnis der Pupurschlucht
Taramanta, die Riesenspinne
grinsende Steine *(können von beliebig vielen Spielern dargestellt werden)*

das Graue Wesen *(es ist gesichtlos, d. h. der Spieler könnte grau geschminkt sein oder eine (Strumpf-)Maske tragen)*

In Teil 3:

Mondragur
Mondragur, ein Monsterwesen *(z. B. mit riesigen lilaschwarzschimmernden Krallen, einem großen schwarzen Kopf (z. B. aus Pappmaché gebaut) mit gelben Augen (die wenn möglich leuchten können, z. B. mit Lampionbirnen) und einer gelben Plastikumhängetasche)*
kleine Spinnen *(können von beliebig vielen Spielern dargestellt werden)*

Auf der Wiese der zitternden Gräser

Die Gräser sind zunächst ruhig, bewegungslos, abwartend.

ERZÄHLER: Piuuuh wupp hoppla!

Der Erzähler macht das Geräusch eines großen Plumpses. Die Gräser «wachen auf», reagieren erstaunt auf den Plumps.

ERZÄHLER: Habt ihr den Plumps gerade gehört? Das war Klara. Mitten auf ihrem Hosenboden ist sie gelandet. Vielleicht denkt ihr jetzt, Klara ist von einer Leiter gefallen oder von einem Baum.
Falsch gedacht. Wo Klara runtergefallen ist, das erratet ihr nie. Von einer Wolke! Von einer großen, weichen, kuscheligen Wolke. Klara ist nämlich eine Wolkenfee. Und dieser Plumps gerade hat sie ganz schön in die Klemme gebracht.
Von einer Wolke runterzufallen, ist eine Sache. Die Frage ist nur, wie kommt sie wieder hinauf? Klara hat keine Ahnung. Wenn man keine Ahnung hat, hilft es, wenn man jemanden kennt, den man fragen kann. Zum Glück kennt Klara jemanden: Murgl, den Erdkobold.

Und so macht Klara, die Wolkenfee sich auf zur Wiese der zitternden Gräser, um Murgl zu finden ...

Leise Windgeräusche.
Die Wiese beginnt zu leben: Die Gräser bewegen sich sanft im Wind. Von Ferne summen Bienen, brummen Käfer, Vögel zwitschern ... usw.
Klara, die Wolkenfee tritt auf.

KLARA: *(schaut sich auf der Wiese um, ruft)*

Murgl! Murgl!
Murgl, Murgl, komm heraus,
raus aus deinem Schneckenhaus
Murg, Murgl, witt, witt, witt
oder bring dein Haus gleich mit.

Klara wartet ab. Aber kein Erdkobold kommt. Nur ganz viele Käfer, Bienen und Schmetterlinge, die auch neugierig auf Murgl sind, kommen herangeschwirrt.

KLARA: *(ratlos)* Wo steckt Murgl denn nur?
(zu den Wesen auf der Wiese) Könnt ihr mir helfen, Murgl, den Erdkobold zu rufen?

Alle Wiesen-Wesen nicken. Und Mario, der Marienkäfer ergreift das Wort.

MARIO: Na, klaro!
KLARA: *(erleichtert)* Danke!
(wendet sich auch an die zuschauenden Kinder)
Helft ihr mir auch?
Gut, dann rufen wir jetzt alle gemeinsam!
ALLE: *(rufen)*
Murgl, Murgl, komm heraus,
raus aus deinem Schneckenhaus
Murg, Murgl, witt, witt, witt
oder bring dein Haus gleich mit.

Die Gräser beginnen zu zittern und Murgl kommt mit seinem großen Schneckenhaus langsam herangewackelt. Noch ist er in seinem Schneckenhaus versteckt.

MURGL: *(ruft aus seinem Schneckenhaus heraus)*
Ich bin Murgl,
und wenn ich mal gurgel,
zittert mein ganzes Schneckenhaus.
Alle haben Angst vor mir.
Ob Riese, Zwerg, Käfer oder Maus.
KLARA: Also Murgl, du kannst ruhig aus deinem Schneckenhaus rauskommen. Ich hab' keine Angst vor dir.
MURGL: *(antwortet noch in seinem Schneckenhaus versteckt)* Keine Angst vor mir?
KLARA: Kein bisschen. Ich finde Erdkobolde nett.

Murgl: Nett! Ich will nicht nett sein! Ich will grauenvoll, grässlich, furchterregend sein! Aber keiner hat Angst vor mir. Alle lachen sie mich nur aus.

Klara: Hier lacht dich keiner aus!

Murgl: Noch nicht. Aber wenn ich aus meinem Schneckenhaus rauskomme, dann würden bestimmt alle lachen. Und dann komm ich mir so klein und mickrig vor. Wie so'n Erdkobold eben. Klein und mickrig.

Wimmernd will Murgl sich wieder verziehen.

Klara: *(hat eine Idee, zu den Wiesen-Wesen und den Kindern gewendet)* Ha, ich tue einfach so, als ob ich Angst habe! Und könntet ihr nicht auch so tun?

Mario: Na, klaro!

Er nickt. Und mit ihm nicken alle anderen.

Klara: Murgl! Also eigentlich habe ich ja doch unheimliche Angst vor dir. Und alle anderen hier auch.

Murgl: *(freudig)* Wirklich?

Klara: Ja, klar! Komm nur mal raus aus deinem Haus, dann siehst du's.

Murgl: Na gut.

Klara: Ich zähle bis drei: Eins, zwei, drei!

Und auf Klaras Zeichen beginnen alle, vor Angst zu zittern. Langsam lugt Murgl aus seinem Schneckenhaus heraus.

Murgl: *(total begeistert)* Herrlich! Ganz herrlich!!! Bitte, könnt ihr das noch mal machen?

Klara: Na, klar!

Erwartungsvoll versteckt Murgl sich wieder in seinem Schneckenhaus.

Klara: *(zählt wieder)* Eins, zwei, drei.

Alle beginnen zu zittern.
Und jetzt kann Murgl es gar nicht mehr erwarten, wieder aus seinem Schneckenhaus herauszukommen.

Murgl: *(ganz aus dem Häuschen vor Freude)* Ach, ihr glaubt gar nicht, was das für einen Erdkobold bedeutet . . . für einen Erdkobold wie mich . . . *(wird traurig)* den mickrigen Murgl.

Klara: *(tröstet ihn)* Aber Murgl, du bist doch gar nicht mickrig, du bist murgelig.

Murgl: Murgelig? Das muss ich mir merken. Murgelig. Das ist gut.
(begeistert) Murgl, der murgelige Murgl!

Klara: Und immerhin bist du der einzige, der weiß, wie ich wieder auf meine Wolke komme.

Murgl: Na ja, ich weiß es nur fast. Das ist ein Geheimnis.

Klara: Was für ein Geheimnis?

Murgl: Das weiß ich auch nicht. Aber ich weiß, dass dieses Geheimnis in einem goldenen Ei versteckt ist.

Klara: Und das Ei ist natürlich auch versteckt.

Murgl: Klar. Wahrscheinlich ist es ein Osterei.

Klara: Und wo das versteckt ist, weißt du auch nicht?

Murgl: Doch, das weiß ich. Das ist bei Mondragur.

Klara: Wer ist das denn?

Murgl: Mondragur ist Mondragur.

Klara: Der scheint ja wirklich was ganz Besonderes zu sein.

Murgl: Jui, jui, das ist er.

Klara: Und wo steckt dieser Mondragur?

Murgl: Mondragur lebt in der Mondhöhle. Das ist in einer Schlucht, die zum Mittelpunkt der Erde führt. Man nennt sie die Purpurschlucht.

Klara: Die Mondhöhle in der Purpurschlucht. Eine ganz schön komplizierte Adresse. Aber ich werde ihn finden! Danke, Murgl!

Murgl: Danke euch allen und vor allem dir, Klara. Weißt du, was ich mache, wenn mich jetzt noch mal jemand auslacht?

Klara: Na?

Murgl: Nichts! Ich lache auch! *(fängt an vor Freude «murgelig» zu tanzen)*
Ich bin Murgl
Und wenn ich mal gurgel,
bin ich stolz drauf,
dass ich so murgelig bin!

Murgelig! Das ist gut! Das muss ich mir merken!

KLARA: Und ich muss mir die Adresse merken. Die Mondhöhle in der Purpurschlucht … Wo ist das eigentlich?

MURGL: Willst du da denn wirklich hin, Klara?

KLARA: Ja, klar, Murgl!

MURGL: Ja, also … ich könnte dich hinbringen …

KLARA: Worauf warten wir dann noch?

Klara und Murgl verabschieden sich von den Wiesen-Wesen und den Kindern, verlassen die Bühne. Die Wiesen-Wesen ziehen sich auch zurück.

ERZÄHLER: Und zusammen mit Murgl macht Klara sich sofort auf den Weg. Jetzt weiß sie endlich, wie sie wieder nach Hause finden kann. Und das Geheimnis im goldenen Ei wird sie schon knacken. Da ist sie sich sicher …

TEIL 2:
DAS GEHEIMNIS DER
PURPURSCHLUCHT

ERZÄHLER: Die Purpurschlucht ist eine Schlucht, die es in sich hat. Der Weg dorthin führt durch ein besonderes Tal. Dort sieht es aus, wie auf dem Mond. Keine Bäume, keine Blumen, keine Grashalme … nur Steine. Steine in allen Größen und Formen.

Mehrere Spieler kommen als Steine auf die Bühne, kugeln sich an dem Platz, an dem sie als Stein liegen sollen, zusammen.

ERZÄHLER: Auch Klara, die Wolkenfee und Murgl, der Erdkobold müssen dies Tal durchqueren auf ihrem Weg zur Purpurschlucht. Es ist ein langer Weg. Sieben Stunden sind die beiden schon unterwegs …

Klara und Murgl kommen auf die Bühne.

KLARA: (*schaut sich um*) Ganz schön steinige Gegend.

MURGL: Das ist das Tal der grinsenden Steine. Weil … die haben nämlich alle Gesichter, die Steine.

KLARA: Was für Gesichter? Die stecken sie wohl gerade in den Sand. Ich seh jedenfalls nichts. Nicht eine einzige Nase.

MURGL: Schau genau hin, lass dir Zeit, dann siehst du die Gesichter.

Klara schaut sich die Steine genau an, berührt sie dabei sanft. Sobald sie einen Stein berührt, dreht er sich zu ihr um, grinst sie an.

KLARA: Und warum grinsen sie?

MURGL: No ja (*er fängt an zu stottern*), sie, sie, sie … frrrrreuen sich, dass es mal wieder jemand wagt, … ähm … in die Purpurschlucht zu gehen.

KLARA: Ist das denn gefährlich?

MURGL: Ooooch, na ja … also … gefährlich ist es nicht … wenn man Riesenspinnen mag.

KLARA: (*erschreckt*) Riesenspinnen???

MURGL: No ja, irgendwo in der Schlucht, da soll so ein Vieh sitzen. Taramanta. Also ich persönlich, ich möcht' ihr nicht begegnen.

KLARA: (*wird es mulmig zu Mute*) Also ich möchte das eigentlich auch nicht.

MURGL: No ja, wenn du wirklich zu Mondragur willst … ich fürchte, dann geht's nicht anders.

KLARA: Na, klar. Ich muss da hin. Dieser Typ hat doch das goldene Ei. Und in dem steht doch drin, wie ich wieder nach Hause finde zu meiner Wolke.

MURGL: Schon …

KLARA: Also muss ich da durch, wenn ich wieder nach Hause will auf meine Wolke.

MURGL: Schon … aber Mondragur ist noch gefährlicher als Taramanta.

KLARA: Wieso das denn?

MURGL: No ja, genau weiß ich das auch nicht. Aber ich weiß, dass Taramanta das weiß.

KLARA: Na, los, dann fragen wir sie.

MURGL: (*entsetzt*) Wir??? Klara, nein! Ich, der murgelige Murgl, ich geh da nicht rein in die Purpurschlucht.

KLARA: Aber du hast doch wenigstens dein Schneckenhaus, in dem du dich verkriechen kannst, wenn's gefährlich wird.

MURGL: Genau. Und da verkriech ich mich auch drin. Jetzt sofort.

Und Murgl verschwindet, verkriecht sich in der äußersten Ecke seines Schneckenhauses.
Klara klopft energisch gegen sein Haus.

KLARA: Hey, und wo ist der Eingang zur Schlucht?

MURGL: *(ruft von innen aus dem Schneckenhaus)* Ich geh da nicht rein!

KLARA: Aber ich!

MURGL: *(schaut noch einmal kurz aus seinem Haus heraus)* Also gut, wenn du es wirklich wagen willst:
Sieben Schritte musst du gehen
ohne versuchen zu verstehn.
Dreh dich einmal im Kreise
und bleib dann stehn.
Und jetzt viel Glück! Ich wart hier auf dich hinter einem Stein.

Und schon verschwindet Murgl wieder in seinem Schneckenhaus und wackelt hinter einen besonders dicken Stein.
Klara probiert den Spruch gleich aus ...

KLARA: Na, dann: Sieben Schritte musst du gehen ohne versuchen zu verstehn ...
(sie geht sieben Schritte)
Dreh dich einmal im Kreise ...
(sie dreht sich einmal im Kreis)
und bleib dann stehn.

Erwartungsvoll bleibt Klara stehen.
Plötzlich taucht eine graue Gestalt ohne Gesicht auf, geht quer über die Bühne und zieht ein langes purpurfarbenes Tuch hinter sich her wie eine Schleppe (bildet so die Purpurschlucht). Am Ende lässt das Wesen das Tuch los. Es bleibt liegen. Klara nimmt ihren ganzen Mut zusammen und spricht das gesichtslose Wesen an.

KLARA: Entschuldigung, wissen Sie vielleicht, wo hier die Spinne hockt?

Das graue Wesen wendet sich zu ihr und spricht mit monotoner Stimme.

GRAUES WESEN: *(monoton)*
Taramanta hockt da,
wo niemand je sah,
Augen, die hören,
Ohren, die sprechen
Lippen, die sehen.

KLARA: Ähm ja ... das kapier ich leider nicht. Geht's vielleicht ein bisschen deutlicher?

Aber da verschwindet das graue Wesen schon wieder. Klara bleibt kopfschüttelnd zurück, schaut die Steine an. Aber die grinsen nur.

KLARA: Was soll denn der Blödsinn! Naja, wenn dies graue Wesen schon kein Gesicht hat, hat es wahrscheinlich auch kein Gehirn. Ich hätte jetzt lieber auch keins. In meinem Kopf dreht sich nämlich grad alles ... *(Und sie beginnt immer mehr zu zweifeln. Vor Angst schlottern ihre Knie.)* Wenn diese Spinne jetzt kommt. Was mach ich denn da? Hey, ihr grinsenden Steine! Immer nur grinsen gilt nicht. Sagt mir lieber, was ich tun soll.

STEINE: *(flüstern)* Lauf weg! Lauf weg!

KLARA: Weglaufen? Aber dann komm ich doch nie an das goldene Ei!

Plötzlich wird es dunkler in der Purpurschlucht. Und in einer besonders dunklen Ecke beginnt etwas zu leuchten. Klara starrt gebannt in die Ecke und entdeckt ein großes leuchtendes Spinnennetz (z. B. mit Leuchtfarbe angemalt). In der Mitte hockt, wie ein großes dunkles Ungeheuer: Taramanta. Klara reißt ihre Augen ganz weit auf, wagt es nicht, sich zu bewegen.

KLARA: *(flüstert zu den Steinen und auch zu den zuschauenden Kindern)* Ich fürchte, zum Weglaufen ist es sowieso zu spät.

Klara nimmt ihren ganzen Mut zusammen und geht auf Taramanta zu.

KLARA: *(ruft Taramanta verzweifelt entgegen)* Taramanta, eh du dich jetzt auf mich stürzt oder sonst irgendetwas Schreckliches mit mir machst … hör mir zu, wenigstens einen kleinen Moment zu!
Ich hab gedacht, ich hätte den Mut, dich nach Mondragur zu fragen. Aber ich schaffe es nicht. Ich habe Angst!!!
(gesteht kleinlaut) … Schon vor ganz kleinen Spinnen habe ich Angst. Aber ich brauche deinen Rat …

Plötzlich richtet Taramanta sich auf und … ist an der Unterseite ganz bunt. Jetzt sieht sie gar nicht mehr aus wie ein Ungeheuer.

TARAMANTA: *(spricht mit sanfter, freundlicher Stimme)* Ich weiß, Klara, ich weiß alles. Alles, was du erlebt hast, steht in winzigen Buchstaben auf meinen Spinnwebenfäden geschrieben. Und ich helfe dir gerne, so wie du mir geholfen hast.

KLARA: *(erstaunt)* Ich dir geholfen? Wie das denn?

TARAMANTA: Ich war zum Schweigen verurteilt. Verurteilt, als dunkles Ungetüm, Furcht und Schrecken zu verbreiten. So lange, bis jemand seine Angst vor mir überwindet und mit mir redet.
Du hast es geschafft! Der Bann ist gebrochen. Jetzt kann ich dir helfen.

Und Taramanta reicht Klara einen kleinen Beutel.

TARAMANTA: Hier, nimm dieses Zauberpulver. Wenn du es über dich streust, ist Mondragurs Zauber bei dir wirkungslos.

KLARA: Kann der denn wirklich zaubern, dieser Mondragur?

TARAMANTA: Seine Augen haben magische Kräfte. Damit kann er seine Opfer in Puppen verwandeln, die nur noch nach seiner Pfeife tanzen.

KLARA: Ich würde das sowieso nicht tun.

TARAMANTA: Mit dem Pulver hast du auch nichts zu befürchten. Aber das darf Mondragur nicht merken. Sonst denkt er sich vielleicht etwas anderes aus. Erst, wenn du das goldene Ei hast, bist du ganz sicher.

KLARA: Dann tue ich eben so, als ob ich eine Puppe bin. Und in einem unbeobachteten Moment stibitze ich ihm das goldene Ei. Dann schaut er bestimmt ganz schön dumm aus der Wäsche.

TARAMANTA: Mit Sicherheit. Bisher hat es noch niemand geschafft, ihn zu besiegen.

KLARA: Und du meinst wirklich, ich schaff das?

TARAMANTA: Dafür würde ich mein Spinnennetz verwetten. Und zur Sicherheit gebe ich auch noch allen Spinnen in der Mondhöhle Bescheid, dass sie dich beschützen.

KLARA: Super, dann kann ja gar nichts mehr passieren! *(Vor lauter Freude hätte Klara Taramanta fast umarmt. Aber im letzten Augenblick ist es ihr doch ein bisschen ungewohnt, eine Spinne zu umarmen.)*
Auf dem Rückweg knuddel ich dich!

Klara läuft hinaus, winkt Taramanta noch einmal zu. Taramanta winkt zurück, verschwindet ebenfalls.

ERZÄHLER: Und jetzt kann es die Wolkenfee gar nicht mehr erwarten, Mondragur gegenüberzustehen.

Murgl taucht hinter seinem besonders dicken Stein auf.

MURGL: *(zum Erzähler)* Ich kann Klara doch nicht mit diesem Mondragur alleine lassen!

Der Erzähler schüttelt den Kopf.

MURGL: Also dann. Bis später.

Er wackelt von der Bühne.
Die Steine ziehen sich ebenfalls zurück.

ERZÄHLER: Klara ist inzwischen schon auf ihrem Weg zur Mondhöhle. Mit Taramantas

Pulver in der Tasche fühlt sie sich stark wie nie. Und wenn sie es geschafft hat, Taramanta ins Gesicht zu blicken, dann kann ihr Mondragur schon gar nichts anhaben. Aber je länger Klara durch die Schlucht läuft, je mehr wünscht sie sich, dass sie sich jetzt alles von oben anschauen könnte, wie von ihrer Wolke. Aber wenn sie schon wieder auf ihrer Wolke säße, dann müsste sie gar nicht in die Mondhöhle zu diesem Mondragur. Da wollte sie ja nur hin, um sich das goldene Ei zu holen. Wenn sie das goldene Ei findet, dann findet sie auch ihre Wolke wieder. Wie das alles genau zusammenhängt, das will sie rausfinden ... in der Mondhöhle ... bei Mondragur.

TEIL 3:
KLARA UND MONDRAGUR

Klara kommt auf die Bühne gelaufen.

ERZÄHLER: Klara läuft weiter die Purpurschlucht entlang. Sie läuft und läuft und hat das Gefühl, dass diese Schlucht nie endet.

Die kleinen Spinnen kommen auf die Bühne gekrabbelt. Die erste winkt Klara fröhlich zu. Klara stutzt, schaut sich die Spinnen an.

ERZÄHLER: *(kommentiert)* Plötzlich entdeckt Klara am Rand ihres Weges eine kleine Spinne, die ihr aufmunternd zuwinkt. Es werden immer mehr. Dann hat Taramanta, die Riesenspinne, also Wort gehalten. Sie hatte versprochen, ihren Verwandten Bescheid zu sagen, damit sie Klara beistehen. Taramantas Nachricht scheint angekommen zu sein. Und da taucht noch jemand auf ...

Murgl kommt auf die Bühne gewackelt, hat sich zunächst noch in seinem Schneckenhaus verkrochen.

KLARA: Murgl, wo kommst du denn her? Ich denke, du hast Schiss vor Mondragur?

KLARA: *(ruft aus seinem Schneckenhaus heraus)* Hab ich auch. *(Ganz vorsichtig taucht er aus seinem Schneckenhaus auf.)* Aber mit diesem Monster Mondragur kann ich dich doch nicht alleine lassen.

KLARA: *(zeigt Murgl einen kleinen Beutel)* Hier, ich habe das Zauberpulver von Taramanta. Das schützt mich vor Mondragurs magischen Kräften.

MURGL: Schnell, schnell streu es über dich. Eh er kommt!

KLARA: Sind wir denn schon da?

MURGL: Aber ja!

Klara schaut sich ungläubig um. Inzwischen sind immer mehr Spinnen gekommen. Alle nicken jetzt ganz heftig.

SPINNEN: *(flüstern Klara zu)* Verstreu das Pulver, so schnell es geht, damit Mondragur im Regen steht. Beeil dich! Schnell! Gleich ist er zur Stell!

So schnell sie kann, stäubt Klara sich mit dem Pulver ein. Keinen Augenblick zu früh. Denn zwischen einer Felsspalte (z. B. eine Tuchabdeckung) schiebt sich jetzt eine riesige, lilaschwarzschimmernde Kralle vor. Dann erscheint der, zu dem diese Kralle gehört: Mondragur. Noch riesiger als seine Kralle ist sein schwarzer Kopf mit großen gelben Augen in zwei dunklen Höhlen. Gelb, wie die Augen, ist auch eine kleine Plastiktasche, die er umhängen hat. Majestätisch langsam bewegt sich das Monsterwesen auf Klara zu. Klara bleibt mutig stehen. Murgl verkriecht sich sofort wieder in sein Schneckenhaus.

MONDRAGUR: *(beginnt mit tiefer, dunkler Monsterstimme zu sprechen)* Ich bin Mondragur, böse bin ich von Natur. Ich mag keine Wolkenfeen. Will sie am liebsten nur verwandelt sehn.

KLARA: *(lässt sich nicht einschüchtern, frech)* Sie sind also dieser merkwürdige Mondragur?

MONDRAGUR: Ganz recht. Ganz recht. Du kannst ruhig «Mondi» zu mir sagen.

KLARA: Also Mondi, du magst keine Wolkenfeen? Warum eigentlich?

MONDRAGUR: Wolkenfeen sind immer so fröhlich! Du könntest fast selbst eine sein!

KLARA: Das bin ich auch, wenn du's genau wissen willst.

MONDRAGUR: So. Dann werde ich dich gleich in eine Puppe verwandeln, die für mich tanzt. Schau mir in die Augen, Kleines! … Ja, so ist es gut.

Mondragurs Augen beginnen zu leuchten. Wie unter Hypnose erstarrt Klara plötzlich zur Puppe.

MONDRAGUR: *(fängt an zu lachen, überheblich)* Ich werde immer besser. Diesmal hat mein magischer Trick besonders schnell funktioniert. Dann hol ich mir jetzt noch was Leckeres zu trinken, bevor ich die Wolkenfee tanzen lasse. Hm … was trinke ich denn? Ja, Rattenmilch! Leckere Rattenmilch!

Er verschwindet wieder hinter der Felsspalte. Kaum ist er verschwunden, wird Klara wieder lebendig und klopft an Murgl's Schneckenhaus.

KLARA: Murgl, schnell, komm raus. Was mach ich denn jetzt? Mondragur schafft es zwar nicht, mich zu verzaubern. Aber wie soll ich es schaffen, an das goldene Ei zu kommen? Das ist bestimmt in seiner gelben Tasche. Und die trägt er wohl immer bei sich.

MURGL: *(traut sich nicht ganz aus seinem Schneckenhaus heraus, flüstert)* Vielleicht wartest du, bis er schläft?

KLARA: Da kann ich lange warten. Das heißt, wenn wir ihm ein Schlaflied vorsingen, vielleicht klappt's dann eher.

MURGL: Ob Mondragur davon einschläft?

SPINNEN: *(flüstern)* Bestimmt, bestimmt. Wir singen mit!
Du schaffst das, Klara! Du schaffst das bestimmt!

MURGL: *(zu den Kindern im Publikum)* Vielleicht könnt ihr ja auch mitsingen?

KLARA: Na gut, dann legen wir los, sobald Mondragur wieder auftaucht.

Und da schiebt sich auch schon wieder die dunkle Kralle durch die Felsspalte. Mondragur taucht auf. Auf Klaras Handzeichen geht es los.

ALLE: *(singen)*
Schlaf, Mondragur, schlaf,
du bist nun mal kein Schaf,
du bist nun mal kein Teddybär,
sonst wär das Ganze nicht so schwer,
Schlaf, Mondragur, schlaf.

Mondragur fängt an zu gähnen.

MONDRAGUR: *(gähnt noch einmal)* Huahh! Die Ratten wollten sich nicht melken lassen … huahh … Da habe ich Läuseschleim genommen …

Mit einem besonders kräftigen Gähner geht er auf Klara zu, hält ihr den Becher hin.

MONDRAGUR: Hier willst du mal … prooooobieeeeeren?

Klara schüttelt mit dem Kopf. Mondragur gähnt, sackt in sich zusammen und beginnt zu schnarchen. Blitzschnell öffnet Klara das kleine gelbe Täschchen und findet … das goldene Ei!

KLARA: *(hält das Ei triumphierend in die Höhe, zeigt es allen)* Hier, ich hab das goldene Ei!

Murgl und alle Spinnen klatschen Beifall. Klara öffnet das Ei vorsichtig und …

KLARA: *(enttäuscht)* Ooooch Mann! Soll das ein Witz sein?

Enttäuscht zeigt sie Murgl, was sie in dem Ei gefunden hat: eine Nuss.

KLARA: Das ganze Geheimnis ist nur eine hohle Nuss …

Murgl schaut sich die Nuss ganz genau an.

MURGL: Manche Dinge ergeben erst auf den zweiten Blick einen Sinn. Ich kenn die Nuss. Sie ist von dem Nussbaum am Narzissenbach. Das ist ein besonders hoher Nussbaum. Manchmal, wenn es sehr bewölkt ist, verschwindet sein Wipfel in den Wolken.

KLARA: *(geht ein Licht auf)* Murgl, das ist es! Na, klar. Ich muss nur in den Nussbaum klettern und darauf vertrauen, dass meine Wolke vorbeikommt.

MURGL: Würdest du die denn erkennen?

KLARA: Na klar erkenn ich meine Wolke! Zeigst du mir den Weg?

MURGL: Sofort! Nur schnell weg von diesem Ort! Eh das Mondragurmonster wieder aufwacht.

Aber zu spät. Mondragur beginnt sich zu räkeln.

MONDRAGUR: Hat jemand meinen Namen gerufen?

Langsam kommt Mondragur zu sich, entdeckt das goldene Ei in Klaras Hand und stutzt.

MONDRAGUR: Was? Du hast es tatsächlich geschafft? Du hast mich überlistet? Mich, den bösartigen Mondragur?
(anerkennend haut er Klara auf die Schulter.) Respekt! Das hätte ich einer Wolkenfee gar nicht zugetraut.

KLARA: Ich hatte ja auch viele Helfer.

MONDRAGUR: Aber du hast den Mut gehabt, mir zu widerstehen. Deswegen wäre es mir eine Ehre, wenn wir Kumpel werden könnten.

Und er reicht Klara seine rechte Kralle. Klara klatscht ihn ab.

KLARA: Klar, Kumpel Mondi!

Dann geht Klara mit Murgl ab. Die Spinnen begleiten sie. Klara winkt Mondragur noch mal zu. Er winkt zurück.

ERZÄHLER: *(kommentiert)* Und dann macht sich Klara mit Murgl auf zum Nussbaum am Narzissenbach. Die Spinnen begleiten sie. Mondragur winkt ihnen nach, bis sie am Rande der Purpurschlucht verschwinden.

MONDRAGUR: *(zum Publikum freudig, freundlich)* Ich glaube, das ist der Beginn einer ganz besonderen Freundschaft.

Dann trottet er wieder in seine Mondhöhle …

Nach Motiven des Theaterstückes «Mondragur oder die Geschichte vom goldenen Ei» von Angelika Bartram.

Die Geschichten von Tamara und dem Schlafstein

Es spielen in allen Teilen

Erzähler

Tamara, ein kleines Mädchen

Fee Ohneschlaf

Nozzo, der Gnom

der alte Uhu

das Kaninchen

die Fledermaus

In Teil 1:

Tamara und der Zaubersand

(keine weiteren Rollen)

In Teil 2:

Tamara und die Krokodile

das Oberkrokodil

viele gefräßige Krokodile *(können von beliebig vielen Spielern dargestellt werden)*

TEIL 1:
TAMARA UND DER ZAUBERSAND

Auf der Bühne steht ein Bett (z. B. eins auf Kisten gebaut). In ihm sitzt Tamara und schaut unruhig, ungeduldig in der Gegend herum. Zwischendurch schließt sie die Augen, öffnet sie gleich wieder. Oder sie hält die Hände vor ihre Augen und nimmt sie gleich wieder weg.

ERZÄHLER: Tamara ist ein kleines Mädchen, das nicht einschlafen kann. Immer muss sie an so viel denken. Und wenn sie an alles gedacht hat, dann kann sie die Augen erst recht nicht zumachen. Diesen Abend sitzt Tamara mal wieder verzweifelt im Bett und versucht ihre Augen zuzuhalten. Aber es klappt nicht.

Die Fee Ohneschlaf schleicht auf die Bühne, ohne dass Tamara es bemerkt, tippt ihr auf die Schulter.

ERZÄHLER: *(kommentiert)* Plötzlich tippt ihr jemand auf die Schulter. Tamara dreht sich um und entdeckt eine Fee.

FEE: Hey, kannst auch nicht schlafen? Dumme Sache. Ich kenn das. Deswegen heiße ich ja auch Fee Ohneschlaf. Und du bist Tamara, stimmt's?

TAMARA: *(nickt erstaunt)*

FEE: Ich hab schon 300 Jahre nicht mehr geschlafen. Jetzt habe ich's wirklich satt. Ich habe gehört, dass es einen Schlafstein geben soll, mit dem man auf der Stelle einschläft.

TAMARA: *(begeistert)* Wirklich? Können wir den nicht holen?

FEE: Genau das habe ich vor. Aber ehrlich gesagt, traue ich mir das alleine nicht zu. Dieser Schlafstein liegt nämlich mitten in einer ganz dunklen Höhle.

TAMARA: Ich kann ja mitkommen. Und ich nehme einfach eine Taschenlampe mit. Dann haben wir Licht in der Höhle.

FEE: Aber das ist noch nicht alles. Die Höhle wird nämlich bewacht. Von wem weiß ich auch nicht so genau. Ich hab nur gehört, dass es irgendein Ungeheuer sein soll.

TAMARA: *(hat eine Idee)* Vielleicht gibt es in der Nähe der Höhle jemanden, der sich besser auskennt? Und vielleicht kann der uns helfen?

FEE: Eine gute Idee. Würdest du denn wirklich mitkommen?

TAMARA: Na, klar!

Fee Ohneschlaf und Tamara gehen von der Bühne.

Während der Erzähler weiter erzählt, kommen Helfer auf die Bühne, bauen um zum Tal der grünen Sümpfe. Sie könnten z. B. die Betten im Bett hochtürmen, ein großes grünbraunes Tuch darüberdecken, sodass ein Berg entsteht, und den Rest des Tuches auf der Bühne ausbreiten.

ERZÄHLER: Fee Ohneschlaf und Tamara machen sich gemeinsam auf den Weg, guten Mutes, dass sie es gemeinsam schaffen, den Schlafstein zu holen.
Nach drei Stunden kommen sie in das Tal der grünen Sümpfe. An seinem Ende soll irgendwo die Höhle liegen.

Fee Ohneschlaf und Tamara kommen wieder auf die Bühne. Tamara leuchtet mit einer Taschenlampe.

ERZÄHLER: Tamara und die Fee Ohneschlaf sind langsam verzweifelt. Denn noch ist ihnen keiner begegnet, der ihnen weiterhelfen könnte.

Der alte Uhu tritt auf.

ERZÄHLER: Da treffen sie einen alten Uhu.

FEE: Hallo, Uhu, kannst du uns etwas sagen über die Höhle, in der der Schlafstein verborgen ist? Wir wollen ihn holen, um endlich wieder schlafen zu können.

UHU: *(froh, erleichtert)* Endlich! Endlich taucht jemand auf, der es wagen will!
(er winkt seine Freunde herbei)
Hey, Freunde, vielleicht können wir auch bald mal wieder schlafen.

Das taube Kaninchen und die Fledermaus kommen auf die Bühne.

UHU: Wir drei, also ich, der alte Uhu, die Fledermaus und das taube Kaninchen, wir können nämlich auch nicht schlafen. Ich kriege tagsüber kein Auge mehr zu.

KANINCHEN: Und ich muss die Augen immer offen halten, weil ich nichts mehr hören kann.

FLEDERMAUS: Und ich bin so durcheinander durch den Lärm der Stadt, dass sich in meinem Kopf nur noch alles dreht.

TAMARA: *(nickt verständnisvoll)* In meinem Kopf dreht sich auch immer alles. Dann weiß ich nicht, was ich zuerst zu Ende denken soll.

Der alte Uhu, das taube Kaninchen und die Fledermaus nicken ebenfalls verständnisvoll.

UHU: Also, ihr seid wirklich tapfer, dass ihr euch aufmachen wollt, den Schlafstein zu holen! Bravo!

FEE: Wisst ihr denn genauer über die Höhle Bescheid?

Der Uhu, das Kaninchen und Fledermaus schauen sich nur stumm an.

FEE: *(flüstert Tamara zu)* Das bedeutet nichts Gutes.

TAMARA: *(nickt)*

Der Uhu spielt, was der Erzähler kommentiert. Er klopft gegen den Tuchberg (oder – wenn im Bühnenbild vorhanden – gegen einen alten Baumstumpf).

ERZÄHLER: *(kommentiert)* Dann klopft der Uhu gegen einen alten Baumstumpf. Zwischen zwei dicken knörzigen Wurzeln taucht ein grauhaariger Gnom auf.

Der Gnom krabbelt unter dem Tuchberg hervor.

UHU: Das ist Nozzo, der Gnom. Er kann euch mehr erzählen.

NOZZO: Hm, hm, hm … ihr wollt wirklich den Schlafstein holen?

TAMARA: Klar. Wir haben extra eine Taschenlampe dabei, damit wir in der dunklen Höhle auch was sehen können.

FEE: *(nickt heftig)*

Nozzo: Ja, wisst ihr denn nicht …?

Fee: Dass die Höhle von Ungeheuern bewacht wird? Doch. Deswegen sind wir ja hier, um mehr darüber zu erfahren.

Nozzo: *(es ist ihm peinlich)* Also, ehrlich gesagt, wollte ich den Schlafstein auch schon immer mal holen. Aber ich habe mich nicht getraut.

Tamara: Dann stimmt das mit dem Ungeheuer?

Nozzo: Ho,ho, und wie! Da sitzt nicht nur eins davor, das sind ganz viele. Ganz viele Krokodile. Und die fressen alles, was ihnen in die Quere kommt. Deswegen heißt die Höhle ja auch die Krokodilhöhle.

Fee: *(zaghaft, verängstigt)* Das hört sich wirklich gefährlich an.

Nozzo: Schon. Aber nur, wenn man kein Mittel hat, um die Krokodile zum Schlafen zu bringen.

Fee: *(nachdenklich)* Tja, so ein Mittel haben wir leider nicht.

Tamara: Leider.

Nozzo: *(stolz)* Aber ich!

Tamara: Aber Nozzo, warum hast du den Stein denn nicht schon geholt?

Nozzo: *(ärgerlich)* Warum, warum? Warum ich trotzdem Angst habe, weiß ich doch selbst nicht.

Die Fee Ohneschlaf klopft ihm beruhigend auf die Schulter.

Fee: Würdest du uns dieses Mittel denn geben? Dann können wir es probieren.

Nozzo: Ja, wenn ihr es wirklich wagen wollt. Natürlich! Selbstverständlich! Sofort!

Und er holt ein bisschen Sand vom Boden hoch und legt ihn auf seine flache Hand.
Tamara begutachtet den Sand kritisch.

Tamara: Was? Und davon sollen die Krokodile schlafen?

Nozzo, der Gnom streicht mit seiner Hand geheimnisvoll über den Sand.

Nozzo: Jetzt kommt der Trick ja erst. Jetzt zeige ich euch, wie man aus diesem Sand Zaubersand macht. Ganz einfach: Reibe dreimal die Hände, dann dreh dich zweimal nach rechts, einmal nach links und reibe zweimal die Hände. Öffne die Hand, puste den Sand und sage: Ihr werdet schlafen.

Tamara: *(begeistert)* Und dann können uns die Krokodile nichts mehr anhaben!

Fee: Hoffentlich!

Tamara: Dann los! Worauf warten wir noch!

Tamara und die Fee Ohneschlaf eilen von der Bühne. Der alte Uhu, das taube Kaninchen und die Fledermaus winken ihnen nach.

Erzähler: Tamara und die Fee Ohneschlaf sind so begeistert, dass sie jetzt ein Mittel haben, wie sie die Ungeheuer vor der Krokodilhöhle in Schach halten können, dass sie sich sofort auf den Weg machen wollen. Ihr Mut steckt an. Selbst Nozzo, der Gnom will es sich nicht nehmen lassen, sie zu begleiten.

Nozzo nickt entschlossen ins Publikum, geht der Fee und Tamara nach.

Der alte Uhu, das taube Kaninchen und die Fledermaus folgen.

Teil 2:
Tamara und die Krokodile

Erzähler: Tamara, Fee Ohneschlaf und Nozzo, der Gnom durchqueren das Tal der grünen Sümpfe so schnell sie können. Sie wollen an der Krokodilhöhle sein, ehe die Sonne untergeht. Vielleicht können sie alle heute Nacht endlich einmal einschlafen. Denn in dieser Krokodilhöhle liegt irgendwo ein Stein, der ihnen dabei helfen kann: Es ist der Schlafstein. Leider wird er von einer ganzen Horde Krokodile bewacht.

Die Krokodile kommen auf die Bühne gekrabbelt, allen voran das Oberkrokodil. Sie reißen ihre Mäuler weit auf und geben furchterregende Fress- und Schmatzgeräusche von sich. Am Ende sammeln sie sich um den Tuchberg, werden zu einer «Krokodillandschaft»

ERZÄHLER: Vor allem das Oberkrokodil ist für seine Gefräßigkeit bekannt. Es verschlingt alles, was ihm vor die Schnauze kommt. Deswegen sollte man sich diesen Krokodilen auch nur nähern, wenn man irgendetwas hat, mit dem man sie in Schach halten kann. Nozzo, der Gnom hat lange nach einem Zaubermittel gegen gefräßige Krokodile gesucht. Nozzo hat auch eins gefunden. Bisher hat er sich nur nicht getraut, es zu testen. Aber Tamara und die Fee Ohneschlaf sind wild entschlossen, das Zaubermittel auszuprobieren. Was anderes bleibt ihnen auch gar nicht übrig. Wie sollen sie sonst an den Schlafstein kommen?

Tamara, Fee Ohneschlaf und Nozzo, der Gnom, kommen wieder auf die Bühne. Vorsichtig, achtsam schauen sie sich um.

ERZÄHLER: Tamara, Fee Ohneschlaf und Nozzo, der Gnom kommen der Krokodilhöhle immer näher.
KRODKODILE: *(geben furchterregende Schlinggeräusche von sich)* Huamm, huamm, schmatz, knacks!
FEE: Das klingt nicht sehr ermutigend.
NOZZO: Das klingt genau wie eine Horde gefräßiger Krokodile.

Und da taucht das Oberkrokodil auch schon auf.

OBERKROKODIL: «Mhmmm, frisches Fleisch! Ich rieche frisches Fleisch! Lecker, lecker! *(ruft den anderen Krokodilen zu)* Kameraden, hier toben drei Leckerbissen rum, direkt vor unserer Nase!

Nozzo weicht zurück und macht sich ganz klein. Und Fee Ohneschlaf geht hinter ihm in Deckung.

TAMARA: *(beschwert sich)* Hey, soll ich das hier jetzt alleine machen?
FEE: *(stottert)* Ich hab vor Schreck das Zaubermittel vergessen.
NOZZO: *(stottert ebenfalls)* Zzzzzaubermittel? Wwwwas ffffür ein Zzzzzaubermittel?
TAMARA: *(erinnert sich)* Wie war das noch mal: «Reibe dreimal die Hände, dann dreh dich zweimal nach rechts, einmal nach links und reibe zweimal die Hände. Öffne die Hand, puste das Pulver und sage: Ihr werdet schlafen.»

Da kommt das Oberkrokodil schon auf Tamara zu und klappt grauenvoll mit seinem Maul.

OBERKROKODIL: Wir schlafen nie, du leckerer kleiner Sonntagsbraten!!!

Auch die anderen Krokodile reißen hungrig ihre Mäuler auf.

FEE: Schnell, beeil dich, Tamara!

Tamara nimmt ein bisschen Sand hoch.

TAMARA: Also gut. Dann reibe ich dreimal die Hände …

Das Oberkrokodil folgt ihrer Bewegung. Und auch die anderen Krokodile kommen immer näher.

KROKODILE: *(schmatzen)* Huamm, huamm, lecker Frischfleisch!
FEE: Schneller, schneller! Gleich schnappen sie uns!
TAMARA: Dann dreh ich mich jetzt einmal nach links und reibe zweimal die Hände.
(sie dreht sich schnell einmal nach links und reibt zweimal die Hände)
FEE: *(verzweifelt)* Schneller, mach schneller! Die sind gleich da!

Und da reißt das Oberkrokodil sein Maul auch schon besonders weit auf …

TAMARA: *(pustet ihm den Zaubersand entgegen, ruft)* Ihr werdet schlafen!

Die Krokodile und Tamara spielen, was der Erzähler schildert.

ERZÄHLER: *(kommentiert)* Und tatsächlich. Die Krokodile werden langsamer. Tamara atmet erleichtert auf. Aber noch ist sie vorsichtig. Die Krokodile werden langsamer und langsamer. Mit einem Male strecken sie alle Glieder von sich. Die Augen fallen ihnen zu und sie fangen an zu schnarchen.
Tamara fasst dem Oberkrokodil vorsichtig in den Rachen. Es regt sich nicht.
TAMARA: *(triumphiert)* Es schläft! Es schläft ganz fest! Tiefschlaf!
NOZZO: *(ruft ausgelassen fröhlich)* Es hat geklappt! Es hat geklappt!

Vor Aufregung hüpft Nozzo von einem Bein auf das andere. Fee Ohneschlaf umarmt Tamara glücklich.

FEE: Tamara, du bist die Größte!

Tamara, Fee Ohneschlaf und Nozzo, der Gnom steigen vorsichtig über die Krokodile, spielen, was der Erzähler schildert.

ERZÄHLER: *(kommentiert)* Tamara, Fee Ohneschlaf und Nozzo, der Gnom steigen über die Krokodile und entdecken den Eingang der Krokodilhöhle. Tamara leuchtet mit ihrer Taschenlampe hinein und findet den matt glänzenden Schlafstein. Tamara hebt ihn auf.

Tamara leuchtet z. B. unter den grünen Tuchberg, findet den Stein.

TAMARA: *(zeigt der Fee den Stein)* Ist das der Schlafstein?
FEE: Sieht ganz so aus.
NOZZO: Schnell weg hier, eh die Krokodile wieder aufwachen.

Tamara, Fee Ohneschlaf und Nozzo, der Gnom eilen an den Rand der Bühne, spielen hier, was der Erzähler schildert.

ERZÄHLER: *(kommentiert)* Am Rande der grünen Sümpfe, in Sicherheit, schauen sie sich den Stein genauer an. Jeder nimmt ihn einmal in die Hand ... und fängt sofort an zu gähnen. Müde, wie lange nicht, legen sie sich auf den Boden im Kreis und beginnen zu schlafen. In Windeseile spricht es sich herum, dass Tamara und Fee Ohneschlaf mit Hilfe von Nozzos Zaubermittel den Schlafstein gefunden haben.

Der alte Uhu, das taube Kaninchen und die Fledermaus eilen herbei, spielen, was der Erzähler schildert.

ERZÄHLER: Und aufgeregt eilen der alte Uhu, das taube Kaninchen und die Fledermaus herbei. Sie finden Tamara, Fee Ohneschlaf und den Gnom, wie sie im Kreis liegen, den Schlafstein in der Mitte, und tief und fest schlafen. Da fängt auch der alte Uhu an zu gähnen, und auch das taube Kaninchen gähnt und die Fledermaus. Auch die drei legen sich hin und schlafen. Und wenn sie nicht aufgewacht sind, dann schlafen sie alle heute noch!

Nach Motiven der Geschichte «Tamara und die Krokodile» von Jan-Uwe Rogge, aus «Geschichten gegen Ängste», rororo.

Karli, das Känguru und der Zauberstein

Es spielen

Erzähler

Karli, das kleine Känguru

Moam, der grauhaarige Känguru-Opa

Geist Blaufuchs *(ganz in Blau gekleidet)*

Hulahula, der dunkle Indianer

der Löwe Leopold

Glühwürmchen *(können von beliebig vielen Spielern dargestellt werden)*

Bäume- und Höhlendarsteller *(wenn das Bühnenbild mit Spielern dargestellt werden soll)*

ERZÄHLER: Karli ist ein kleines Känguru. Er ist ängstlich, so ängstlich, dass er alle Freude am Hüpfen verloren hat. Alle anderen Tiere hänseln ihn deswegen. Und Karli steht immer abseits. Keiner spielt mit ihm. Als Karli deswegen eines Tages mal wieder besonders traurig ist, geht er zu seinem Moam, dem grauhaarigen Känguru-Opa.

Karli kommt mit seinem Moam auf die Bühne.

KARLI: *(traurig)* Ach, Moam, weißt du, sie sind immer alle so gemein zu mir. Schlaffi-Schluffi sagen sie und Känguru-Schisser.

MOAM: *(nickt verständnisvoll)* Ja, was können wir denn da tun? Ich bin mir sicher, dass uns da etwas einfällt. Hm …

Geist Blaufuchs kommt auf die Bühne.

BLAUFUCHS: *(spricht mit voll tönender Geist-stimme und bewegt sich majestätisch «überirdisch»)* Hallo, Moam, hallo, Karli!

MOAM: Geist Blaufuchs! Du kommst wie gerufen!

BLAUFUCHS: *(nickt)* Ich komme, weil ich weiß, wie Karli stark und fröhlich werden kann.

KARLI: Wirklich?

BLAUFUCHS: Es gibt einen Zauberstein ‹Achatus› genannt. Der macht stark und fröhlich. Aber um ihn zu finden, dafür müsst ihr in den dunklen Wald gehen.

KARLI: Und wo finden wir den Achatus da?

BLAUFUCHS: Geht in den Wald, dann könnt ihr ihn nicht verfehlen.

KARLI: Hey, Geist Blaufuchs, kannst du uns nicht noch einen genauen Tipp geben?

BLAUFUCHS: Die Antwort findet ihr im Wald.

Langsam entfernt sich Geist Blaufuchs wieder.

KARLI: *(ruft ihm nach)* Kannst du uns das nicht noch genauer erklären?

Geist Blaufuchs schüttelt langsam den Kopf, während er sich entfernt.

MOAM: Geist Blaufuchs redet manchmal ein bisschen rätselhaft. Aber was er sagt, trifft immer ein. Also, willst du mit in den dunklen Wald kommen?

KARLI: Na ja, wir können es ja mal versuchen.

ERZÄHLER: Und Karli macht sich mit seinem Moam zusammen auf in den Wald.

Der Wald – d. h. die Spieler, die die Bäume darstellen – kommen auf die Bühne. Sie machen Waldgeräusche.

Erzähler: Als sie im Wald ankommen, erschreckt Karli sich doch ein bisschen. So dunkel hat er sich den Wald nicht vorgestellt.

Karli: Ein wenig mehr Licht könnten wir schon gebrauchen.

Glühwürmchen treten auf. (Sie könnten Lämpchen mit Lampionbirnchen dabei haben)

Glühwürmchen: Ihr braucht Licht. Schon sind wir Glühwürmchen zur Stelle. Wir zeigen euch den Weg.

Karli: Und wie weit ist es noch bis zu diesem Achatus?

Glühwürmchen: Unsere Aufgabe ist es zu leuchten. Mehr wissen wir nicht.

Eine dunkle Gestalt – der Indianer Hulahula – kommt auf sie zu. Schnell geht Karli hinter Moam in Deckung.

Hulahula: Keine Angst, ich bin ein Freund. Mein Name ist Hulahula. Geist Blaufuchs hat mich gebeten, euch bis zur Achathöhle zu bringen.

Moam: Siehste, hab ich doch gesagt, dass auf Geist Blaufuchs Verlass ist.

Karli, Moam, Hulahula und die Glühwürmchen gehen ihren Weg durch den Wald.

Erzähler: *(kommentiert)* Geführt von Hulahula, dem Indianer und begleitet von den Glühwürmchen kommen sie schließlich an der Achathöhle an.

Die Darsteller der Bäume stellen sich zusammen, bilden die Achathöhle.

Erzähler: Hier verabschieden sich Hulahula und die Glühwürmchen.

Hulahula: *(zu Karli und Moam)* Den Rest müsst ihr jetzt alleine schaffen.

Er drückt Moam und Karli noch einmal an sich. Dann verschwindet er wieder.

Glühwürmchen: *(umschwirren sie)* Viel Glück! Viel Glück!

Und auch die Glühwürmchen schwirren wieder davon.

Karli: Dann schau ich gleich mal in die Höhle.

Er will loslaufen. Da taucht ein Löwe vor ihm auf.

Moam: Karli, pass auf, ein Löwe!

Karli will sich direkt wieder hinter Moam verstecken. Aber der Löwe fängt an zu schluchzen.

Löwe: *(schluchzt)* Nein, bitte, lauf nicht weg! Ich bin so traurig und so allein. Alle meine Verwandten sind gestorben. Nur ich, der Löwe Leopold, nur ich bin noch übrig.

Karli: *(bedauert den Löwen)* Och je! Armer Löwe Leopold!

Tröstend legt er den Arm um ihn. Da wird der Löwe wütend.

Löwe: *(brüllt wütend)* Uuah! Ich bin kein armer Löwe! Ich bin ein starker Löwe. Aber ich bin auch mal traurig.

Karli: *(verbessert sich)* Starker, trauriger Löwe Leopold!

Karli umarmt den Löwen. Und Moam umarmt ihn auch.

Löwe: Ah, tut das gut! So gut ging's mir lange nicht. Mir geht's so gut, so gut, so gut, dass ich weinen könnte. Uuahuhuh! Uuahuhuh! *(er beginnt zu weinen, fragt plötzlich)* Was macht ihr eigentlich hier?

Moam: Wir suchen den Achatus, den Stein gegen das Traurigsein.

Löwe: *(fängt an zu lachen)* Da müsst ihr nicht mehr länger suchen. Das Ding ist hier, sozusagen direkt unter mir. Ich sitze drauf.

Karli: Aber ich denke, der Stein hilft gegen Traurigsein. Warum bist du dann überhaupt traurig gewesen?

LÖWE: Der Achatus ist kein Stein gegen Traurigsein. Wenn du den hast, fühlst du dich
stark. Und wenn du stark bist, wirst du auch
mal traurig sein, sonst wüsstest du nie, was
glücklich ist. Ich schenk ihn dir. Ich brauch
ihn nicht mehr. Ich bin ein starker, ein
trauriger und ein glücklicher Löwe Leopold.
(brüllt glücklich) Uuahah!

*Leopold, Karli und Moam spielen, was der Erzähler
schildert.*

ERZÄHLER: *(kommentiert)* Und der Löwe
Leopold steht langsam auf. Unter ihm ist ein
blauer, funkelnder Stein zu sehen. Leopold
reicht Karli den Stein. Karli nimmt ihn, zeigt
ihn Moam.
KARLI: *(ruft freudig aus)* Ich hab ihn! Ich hab
ihn!

ERZÄHLER: *(kommentiert)* Glücklich steckt Karli
den Stein in seinen Känguru-Beutel und
hüpft vor Freude eine Runde um Leopold
und Moam herum. Sofort fühlt er sich viel
stärker …
Und Karlis Freude steckt an, so sehr, dass am
Ende alle anfangen vor Freude zu hüpfen …

*… und alle hüpfen von der Bühne, Karli, Moam,
der Löwe Leopold und die Darsteller der Höhle …*

ALLE: *(rufen vor Freude durcheinander, während
sie weghüpfen)*
Er hat ihn! Er hat ihn! Karli hat den Zauberstein!

*(Nach Motiven der Geschichte «Karli, das Känguru,
und der Zauberstein» von Jan-Uwe Rogge, aus
«Geschichten gegen Ängste», rororo)*

Die Geschichten von Zitterwurzel

Es spielen in allen Teilen
Erzähler
Hannes Büx, ein Angsthase
Winfried Zitterwurzel, der Erdkobold,
In Teil 1:
Die magische Zeigefingerkette
viele kullernde Steine *(könnten als
«belebtes Bühnenbild» von beliebig
vielen Spielern dargestellt werden)*
In Teil 2:
Das Geheimnis des Riesenmauls
Spieler des Riesenmauls *(sie öffnen und
schließen das Maul von hinten)*
In Teil 3:
Im Labyrinth der Mieseprimen

Obermieseprim
viele Mieseprimen *(können von beliebig
vielen Spielern dargestellt werden)*
In Teil 4:
Otto Schamotto aus Hottentotto
Drache Otto Schamotto
In Teil 5:
Das Geheimnis der Angst
die Schatten

Teil 1:
Die magische
Zeigefingerkette

In der Ebene der kullernden Steine
Auf der Bühne liegen viele kullernde Steine herum,
die von verschiedenen Spielern dargestellt werden
können und während des Spiels langsam hin- und
herkullern.

Erzähler: Hannes Büx, der Angsthase, ist
ausgezogen, um jemanden zu finden, der
genauso viel Angst hat wie er. Ob er ihn hier
wohl findet?

Hannes Büx kommt auf die Bühne, schaut sich
verwundert um.

Erzähler: Als Angsthase ist er schon über so
manches Feld gehoppelt. Aber sowas wie
hier ist ihm bisher noch nicht begegnet. Wo
er hinschaut, Steine, große, rundliche
Steine, die langsam hin- und herkullern. Da
entdeckt Hannes in der Ferne ein Grasbüschel.

Zitterwurzel kommt auf die Bühne als großes
Grasbüschel getarnt. Hannes hoppelt auf das
Grasbüschel zu und merkt, wie das Grasbüschel
auch auf ihn zuhoppelt.

Hannes Büx: *(dreht nervös an seinem längsten*
Schnurrbarthaar) Was immer das bedeutet,
normal ist das.

Er geht hinter einem besonders dicken Stein in
Deckung. Das Grasbüschel Zitterwurzel kommt
näher. Hannes Büx nimmt sich ein Herz und macht
einen Satz mitten in das Grasbüschel hinein.

Zitterwurzel: *(wimmert im Grasbüschel)* Au!
Oje, oje, oje, oje!

Hannes rollt sich zur Seite und entdeckt Zitterwur-
zel, der sich an den Boden kauert und am ganzen
Körper zittert.

Hannes: *(tippt ihm auf den Rücken)* Hey, kannst
ruhig hochkommen, ich bin Hannes Büx,
ein harmloser Angsthase.

Der zitternde Brocken streckt sich langsam und
wird zu einem zitternden Kobold.

Zitterwurzel: *(stammelt)* Ha, Ha, Ha,
Hannes … ha, ha, hallo! Ich bin Winfried
Zitterwurzel. Bist du wirklich harmlos?
Hannes Büx: So harmlos wie eine Puste-
blume. Apropos Pusteblume, gibt's hier
irgendwo Löwenzahn?
Zitterwurzel: *(schüttelt den Kopf)* Hier gibst
nur Steine. Deswegen heißt diese Gegend ja
auch die Ebene der kullernden Steine.
Hannes Büx: Verstehe. Und du hast hier den
Grasbüscheltanz geübt, oder was?
Zitterwurzel: Nein, nein. Das war meine
Tarnung. Ich habe was ganz Wichtiges
verloren, was ich unbedingt wiederfinden
muss. Und ich glaube, es ist hier irgendwo
unter die Steine geweht.
Hannes Büx: Das klingt gut, das klingt nach
einem Geheimnis.
Zitterwurzel: *(erschreckt)* Wer hat dir das
mit dem Geheimnis verraten?
Hannes Büx: Na, eigentlich hast du es mir
verraten.
Zitterwurzel: Oje, oh, oh, oje! Das darfst du
keinem verraten. Wenn das die Windhexe
erfährt, dann gibt's ein Donnerwetter.
Hannes Büx: Du kennst eine Hexe? Jetzt
versteh ich, warum du soviel Angst hast.
Zitterwurzel: Die Windhexe Schirrocina ist
in Ordnung. Keine kennt soviel Tricks gegen
Angst, wie sie. Und gerade hat sie einen
neuen erfahren und ihn gleich aufgeschrieben. Und diesen Zettel sollte ich in ihr Archiv
bringen, in ihre Höhle auf den sieben
Abendbergen. Aber dann hat mich eine
Windböe erwischt und … wuasch! Plötzlich
war der Zettel weg. Wahrscheinlich ist er
unter irgendeinen der Steine geweht. Oh je,
oh, oh, oh je! Wie soll ich den nur wiederfinden, eh Schirrocina zurückkommt?

Hannes Büx: Kumpel, keine Panik! Ich helf dir natürlich! Na, komm, dann bringen wir die Steine gleich mal ein bisschen zum Kullern. Dann finden wir den Zettel bestimmt!

Er will einen großen Stein wegrollen, zögert aber.

Zitterwurzel: Du hast Angst vor dem, was darunter sein könnte, stimmt's?

Hannes Büx nickt.

Zitterwurzel: Dafür hab ich einen Tipp, der ist auch von Schiroccina: Schick die Angst fort und verwandle sie in kullernde Steine. Und dann sagst du:
Angstkoller kullern
kichernde Kreise
kugelig leise
gehen Tränen auf die Reise.
Hannes Büx: Und das klappt?
Zitterwurzel: *(nickt heftig, meint dann aber etwas kleinlaut)* Meistens jedenfalls.

Hannes Büx und Zitterwurzel machen sich mit diesem Spruch gleich an die Arbeit. Einen Stein nach dem anderen kullern sie zur Seite. Aber der Zettel bleibt verschwunden. Zitterwurzel wird immer nervöser. Verzweifelt kullert er selber hin und her.

Zitterwurzel: *(ruft verzweifelt)* Oh nee, oh nee, oh nee, oh nee! Warum hab ich Dösbattel auch nicht aufgepasst!

Seine Verzweiflung wird so groß, dass er einen Handstand macht und unruhig mit den Beinen zappelt. Da flattert ein Zettel aus seiner Hosentasche. Hannes Büx schnappt ihn sich und beginnt zu lesen:

Hannes Büx: *(liest)* «Die magische Zeigefingerkette … 192»

Wie elektrisiert springt Zitterwurzel hoch.

Zitterwurzel: *(ruft aufgeregt)* Wer hat dir das verraten?
Hannes Büx: Keiner. Das steht hier auf dem Zettel.
Zitterwurzel: Wie? Wo? Auf welchem Zettel?
Hannes Büx: Na, auf dem, der aus deiner Hosentasche gefallen ist.
Zitterwurzel: Wie? Was? Aus meiner Hosentasche? Der Zettel war die ganze Zeit in meiner Hosentasche?
Hannes Büx: Klar, sonst hätte er jetzt ja nicht rausfallen können. Ist das etwa das Geheimnis?

Zitterwurzel schnappt sich den Zettel.

Zitterwurzel: Ja, klar. Die magische Zeigefingerkette. Das ist ein Superspezialtrick.
Hannes Büx: Und wie funktioniert der?
Zitterwurzel: Wie? Ach so, wie? Ja, wie eigentlich? Das weiß ich auch nicht.
Hannes Büx: Aber das steht da doch.
Zitterwurzel: Ach ja! Du hast Recht. Da können wir ja direkt nachschauen.
Beide: *(lesen zusammen)* «Leg die Spitzen deiner Zeigefinger auf die Spitzen der Zeigefinger von anderen. So wird eine Zeigefingerkette gebildet, die Angst vertreibt. Bist du allein, so leg die Spitzen deiner Zeigefinger aufeinander.»
Hannes Büx: Klingt gut. Aber ob das auch mit meiner Hasenpfote funktioniert?
Zitterwurzel: Das können wir doch gleich ausprobieren.

Und Zitterwurzel legt die Spitzen seiner Koboldzeigefinger auf die Spitzen von Hannes Büx Hasenpfoten.

Hannes: Fühlt sich super an! Dann können wir ja jetzt gleich das nächste Abenteuer starten!
Zitterwurzel: Später! Ich muss den Zettel doch erst in Schiroccinas Höhle bringen. Aber dann!

Hannes Büx und Winfried Zitterwurzel klatschen sich ab und verlassen die Bühne.

ERZÄHLER: Und sofort verabredet sich Hannes mit Zitterwurzel zu einem neuen Abenteuer … irgendwann und irgendwo …

Und jetzt «kullern» auch die Steine von der Bühne.

ERZÄHLER: Und hier startet auch schon ein neues Abenteuer von Hannes Büx und Winfried Zitterwurzel.

Am Bühnenhintergrund ist ein Eichenbaum angedeutet mit einem sehr dicken Stamm. Hannes kommt auf die Bühne gehoppelt, entdeckt den Baum, hoppelt freudig vor ihm auf und ab, hält nach vorne hin Ausschau nach Zitterwurzel.

ERZÄHLER: Immer wieder hoppelt Hannes Büx vor dem dicken Stamm der dreihundertjährigen Eiche hin und her. Von seinem Freund Winfried Zitterwurzel ist immer noch nichts zu sehen. Hat er ihre Verabredung vielleicht vergessen?

Ratlos hockt Hannes sich hin. Da trifft ihn eine Eichel auf der Nase. Hannes schaut sich um, entdeckt: Winfried Zitterwurzel. Lachend kommt er hinter dem Baum hervor.

HANNES BÜX: *(empört)* Sitzt du etwa schon die ganze Zeit da?
ZITTERWURZEL: *(findet es lustig)* Joa.
HANNES BÜX: Und da lässt du mich neunundneunzig Mal vor dem Baum hin und her laufen, bevor du was sagst?
ZITTERWURZEL: Jetzt bist du gut im Training, Hannes, jetzt können wir unser nächstes Abenteuer wagen.
HANNES BÜX: Ja, dann los, Zitterwurzel!

Diesmal soll's doch um ein Rätsel gehen.
ZITTERWURZEL: Ja,ja,ja,ja … das Rätsel des Riesenmauls!
HANNES BÜX: Wow, das lässt mein Hasenherz höher schlagen! Weißt du, Zitterwurzel, ich bin nämlich der größte Rätselknacker des Angsthasenuniversums. Ab geht's!

Und Hannes sprintet los.

ZITTERWURZEL: Hey, stopp, halt! Wo willst du hin?
HANNES BÜX: Na, zum Riesenmaul! Ich kann's gar nicht erwarten, dem eins aufs Maul zu geben!
ZITTERWURZEL: Das ist aber die falsche Richtung.

Hannes sprintet sofort in die andere Richtung und schlägt voll Vorfreude auf das Abenteuer einen doppelten Haken. Aber Zitterwurzel bremst ihn wieder.

ZITTERWURZEL: Da geht's auch nicht lang!
HANNES BÜX: Ja, gehört der Weg auch schon mit zum Rätsel, oder was? Wo geht's denn dann lang?
ZITTERWURZEL: Nirgends. Du bist schon da.
HANNES BÜX: Wo?
ZITTERWURZEL: *(grinst schelmisch)* Du stehst direkt davor.
HANNES BÜX: Wovor? Doch nicht etwa vor …???

Hannes Büx schaut sich den Baumstamm genauer an und entdeckt plötzlich einen breiten Spalt, der aussieht wie ein geschlossenes Maul.
(Der Stamm des Baumes könnte aus einem gespannten Tuch angedeutet sein, in dem ein Schlitz angebracht ist, der durch ein Gummiband in der Kante oben und unten waagerecht gespannt werden kann.)

HANNES BÜX: *(kann es kaum glauben, schlackert mit den Ohren)* Und wieso lauf ich da neunundneunzig Mal dran vorbei?
ZITTERWURZEL: Das ist jetzt die falsche Frage.

Hannes Büx: Weißt du eine bessere?

Zitterwurzel: Na ja, z. B.: Wie komme ich in das Maul?

Hannes Büx: Wieso? Ich will doch gar nicht in das Maul rein. Ich lass mich doch nicht von irgend so einem Riesenmaul verschlucken!

Zitterwurzel: Aber wenn du das Rätsel lösen willst, musst du das. Das gehört dazu.

Hannes Büx: Und dann?

Zitterwurzel: *(zuckt mit den Schultern)* Das weiß ich auch nicht. Das ist ja gerade das Rätsel.

Hannes Büx: Und wie soll ich reinkommen?

Zitterwurzel: Das ist einfach. Dafür gibt es einen Spruch.

Hannes Büx: Okay, dann sag schon, damit ich's hinter mir hab.

Hannes Büx kneift noch einmal kurz die Augen zu, nimmt seinen ganzen Mut zusammen und Zitterwurzel sagt den magischen Riesenmaul-öffne-dich-Spruch …

Zitterwurzel: Riesenmaul, öffne dich weit!
  Ich bin bereit.
  Dein Rätsel
  soll nicht länger Rätsel sein,
  lass mich hinein!

Langsam öffnet sich im Baum ein riesiges Maul. (zwei «Maul-Spieler» könnten seitlich hinter dem Maul stehen und die Kanten des Riesenmauls jeweils an einem Band nach oben und nach unten ziehen)

Hannes Büx: *(mit mulmigem Gefühl)* Also dann.

Hannes Büx winkt Zitterwurzel noch einmal zu und steigt hinein. Kaum ist er drin, schließt sich das Maul wieder.

Hannes Büx: *(ruft von innen / off)* Hey, Zitterwurzel! Was ist denn jetzt los? Hier ist es nur dunkel. Hier gibt's kein Rätsel zu erkunden. Wie komm ich denn jetzt wieder raus?

Zitterwurzel: *(ihm ist es sichtlich peinlich)* Ähm … also … ich, ich, ich … ich fürchte …

Hannes Büx: *(off)* Was? Jetzt sag schon!

Zitterwurzel: Ich fürchte, ähm … also ich glaube, das … das genau ist das Rätsel.

Hannes Büx: Willst du damit sagen, dass du auch nicht weißt, wie man hier wieder rauskommt?

Zitterwurzel: *(windet sich)* Ähm … nein. Nininicht wirklich. Oh je, oh je, oh je, oh je! Was machen wir jetzt nur? *(seine Knie beginnen zu schlottern)*

Hannes Büx: *(ebenfalls schlotternd / off)* Wwwweiß ich auch nicht.

Zitterwurzel: *(zaghaft)* Hahahast du eine Idee?

Hannes Büx: Wie soll ich eine Idee haben? In meinem Kopf ist nichts mehr. Nur noch ein schwarzes Loch.

Zitterwurzel: *(tröstet ihn)* Dagegen kenn ich ein Mittel.
  Atme dreimal tief und lang,
  dann ist dir schon nicht mehr bang.

Zitterwurzel legt sein Ohr jetzt ganz nah an den Baumstamm.
Hannes spricht den Spruch nach und atmet dreimal tief und lang.

Hannes: *(erleichtert / off)* Es stimmt. Es geht schon besser. *(hat plötzlich eine Idee)* Zitterwurzel, ich glaub, ich hab die Lösung.

(Was Zitterwurzel und alle anderen in dem Augenblick nicht sehen können: Hannes nimmt das Schnurrbarthaar und kitzelt das Riesenmaul damit von innen.) Das Riesenmaul setzt zum Niesen an, öffnet sich weit.

Maul: Haa, haa, haa …

Es öffnet sich immer weiter …
Hannes kriecht so schnell wie möglich durch das geöffnete Riesenmaul nach draußen.

Maul: Haaaaa–tschiiii!

Das Maul niest und schließt sich wieder.

ZITTERWURZEL: *(total erstaunt)* Wie hast du das geschafft?

HANNES BÜX: *(zeigt im stolz sein Schnurrbarthaar)* Hier, mit meinem Schnurrbarthaar!

Stolz kitzelt Hannes Zitterwurzel mit seinem Schnurrbarthaar.

ZITTERWURZEL: *(niest)* Hatschi, hatschi, hatschi, hatschi!

Er betrachtet sich das Schnurrbarthaar und klopft Hannes voll Bewunderung auf die Schulter.

ZITTERWURZEL: Hannes, du bist der Größte! Ab heute heißt du für mich nicht mehr einfach nur Hannes, sondern «Hannes, der «Schnurrbarthaar-Zauberer»!

ERZÄHLER: Hannes streicht über seine anderen Schnurrbarthaare und ist in diesem Augenblick sehr stolz darauf, ein Angsthase zu sein.

Hannes Büx und Winfried Zitterwurzel klatschen sich ab und verlassen die Bühne.

ERZÄHLER: Und sofort verabredet sich Hannes mit Zitterwurzel zu einem neuen Abenteuer … irgendwann und irgendwo …

TEIL 3:
IM LABYRINTH DER MIESEPRIEMEN

ERZÄHLER: Und hier startet auch schon ein neues Abenteuer von Hannes Büx und Winfried Zitterwurzel.

Zitterwurzel kommt auf die Bühne.

ZITTERWURZEL: *(ruft)* Hannes! Hannes! Hannes Büx!

Hannes Büx kommt herangeflitzt.

HANNES BÜX: Zitterwurzel, was is? Hast du ein neues Abenteuer für mich?

ZITTERWURZEL: Ja, das Schärpenabenteuer.

HANNES BÜX: Was ist das denn?

ZITTERWURZEL: Na, eine Schärpe ist sowas wie ein Gürtel. Die bindest du dir um. Und die blaue Schärpe soll einem besondere Kräfte verleihen.

HANNES BÜX: Warum haste mir die denn nicht gleich mitgebracht?

ZITTERWURZEL: Die muss man sich holen, im Labyrinth der Miesepriemen. Und da trau ich mich nicht rein.

HANNES BÜX: Was ist denn an diesen Miesepriemen so gefährlich?

ZITTERWURZEL: Ich hab gehört, die nehmen einen auseinander. Also nicht wirklich. Aber mit Worten.

HANNES BÜX: Hä? *(er versucht es sich vorzustellen, hat aber keine Idee)* Also ich finde, das klingt eher nach einem Spiel. Wenn die nur mit Worten kämpfen, was soll denn da passieren?

ZITTERWURZEL: Na ja, um das rauszufinden, müsste man wohl in das Labyrinth.

HANNES BÜX: Ja, dann. Ab geht's!

ZITTERWURZEL: Ohne mich. Da soll es echt ungemütlich sein!

HANNES BÜX: Bestimmt nicht ungemütlicher als in einem Riesenmaul. Und da bin ich auch wieder rausgekommen. Also ich hol mir diese Schärpe.

ZITTERWURZEL: Dann bring ich dich zum Labyrinth. Aber dann musst du alleine weiter.

HANNES BÜX: In Ordnung.

Und schon flitzt Hannes los und Zitterwurzel hinterher.

ERZÄHLER: So muss Hannes sein Abenteuer diesmal alleine durchstehen. Aber er ist guten Mutes und voll und ganz überzeugt davon, dass Worte ihm nichts anhaben können. Im Labyrinth der Miesepriemen wird Hannes schon erwartet.

Leise gehässig kichernd kommen die Mieseprimen auf die Bühne, sammeln sich und bilden einen großen «unförmigen Klumpen».

ERZÄHLER: Als Hannes das Labyrinth erreicht, wundert er sich ...

Hannes Büx kommt auf die Bühne, schaut sich verwundert um.

ERZÄHLER: Weit und breit scheint keiner da zu sein. Nichts zu sehen, außer einem großen unförmigen Klumpen, der ihm den Weg versperrt.
HANNES BÜX: *(abenteuerlustig)* Na, ihr Mieseprimen, wo seid ihr denn?

Plötzlich löst sich aus diesem Klumpen eine kleine Gnomengestalt. Dann werden es immer mehr. Der Klumpen löst sich auf in lauter Mieseprimen, die Hannes gehässig kichernd umtanzen. Der Obermieseprim nähert sich Hannes, tippt ihm mit seinem langen, dürren Finger an.

OBERMIESEP.: Du bist hier falsch, Hannes!

Foppend hält er ihm eine blaue Schärpe hin.

HANNES BÜX: Wieso? Woher weißt du das?
OBERMIESEP.: Wir Mieseprimen wissen einfach Bescheid. Anstatt Babybrei, haben wir die Weisheit mit Löffeln gefressen! *(er kommt immer näher an Hannes dran)*
HANNES BÜX: *(wehrt ihn ab)* Meinetwegen fresst, was ihr wollt. Aber gebt mir die blaue Schärpe!

Hannes greift nach der Schärpe. Aber der Obermieseprim zieht sie im letzten Moment weg.

OBERMIESEP.: Erst spuckst du große Töne und dann machst du dich lächerlich! Du schaffst das doch nie, an die Schärpe zu kommen! Die schlabbert sowieso nur an dir rum! Die ist dir doch viel zu groß!!
HANNES BÜX: *(ruft ihm wütend entgegen)* Wenn ich will, schaff ich das auch!

Er greift wieder nach der Schärpe, verfehlt sie aber knapp. Alle Mieseprimen hüpfen nun um ihn herum.

MIESEPRIMEN: *(singen veräppelnd)*
Wenn er will, wenn er will,
steht alles hier für Hannes still.
April, April, April, April.
HANNES BÜX: *(trotzig)* Warum soll ich das nicht schaffen?
OBERMIESEP.: *(lacht dreckig)* Du bist einfach zu dumm! Noch dazu ein Angsthase! Du denkst, du kannst es wirklich schaffen? *(lacht sich fast kaputt)* So dumm, wie du bist! So ängstlich, wie du bist!!! Du Floh, du Hasenzwerg, du Schrumpfpuppe!

Und wieder tanzen alle Mieseprimen um Hannes herum und lachen ihn aus.

MIESEPRIMEN: *(machen sich lustig)*
Floh, Hasenzwerg, Schrumpfpuppe,
Floh, Hasenzwerg, Schrumpfpuppe,
Feigling, Feigling, Feigling,
Angsthase!

Alle spielen, was der Erzähler schildert.

ERZÄHLER: *(kommentiert)* Hannes wird immer mehr bedrängt, traut kaum, sich zu bewegen. Da fällt ihm der Mutmachspruch von Zitterwurzel wieder ein: «Atme dreimal tief und lang dann ist dir schon nicht mehr bang.» Hannes atmet dreimal tief und lang. Dann nimmt er seine ganze Kraft zusammen.
HANNES BÜX: *(brüllt die Mieseprimen an)*
Na und! Dann hab' ich eben Angst. Ihr seid doch nur so mutig, weil ihr so viele seid. Na und! Dann ist mir eben zum Heulen! Ihr reißt den Mund doch nur so auf, weil ihr nicht alleine seid. Na und! Dann bin ich eben ein Angsthase! Deswegen schaff ich's aber trotzdem. Stark sein, heißt nämlich nicht nur Muckis haben!

Und mit einem Ruck entreißt Hannes dem Obermieseprim die blaue Schärpe. Der ist so überrascht, dass er sie einfach loslässt. Und plötzlich ist er wie verwandelt. Anerkennend reicht er Hannes die Hand.

OBERMIESEP.: Glückwunsch, Hannes, du hast die Schärpe wirklich verdient. Und nichts für ungut, das war alles nicht so gemeint.
MIESEPRIMEN: *(schließen sich an)* Ein kleiner Scherz, ein kleines Spiel, ein kleiner Spaß! Wir wussten doch gleich, dass du es schaffen wirst!
OBERMIESEP.: Wär schön, wenn wir Freunde werden!

Hannes Büx legt sich die Schärpe um, stellt stolz die Ohren auf.

HANNES BÜX: *(ruft der Mieseprimen-Meute zu)* Nichts für ungut, ihr miesen Primeln, aber auf Freunde wie euch kann ich verzichten!

Er flitzt von der Bühne.

ERZÄHLER: Und mit einem dreifach gedrehten Hasenhaken macht Hannes sich wieder auf zu seinen wirklichen Freunden und nimmt sich vor, sich so schnell wie möglich mit Zitterwurzel zu einem neuen Abenteuer zu verabreden … irgendwann und irgendwo …

TEIL 4:
OTTO SCHAMOTTO AUS HOTTENTOTTO

ERZÄHLER: Und hier startet auch schon ein neues Abenteuer von Hannes Büx und Winfried Zitterwurzel.

Helfer bringen ein blaues Tuch auf die Bühne breiten es aus als Teich.

ERZÄHLER: Im Tal der Mieseprimen hat Hannes die blaue Schärpe ergattert. Damit fühlt er sich fast schon wie ein Held. Deswegen versteht er gar nicht, warum Zitter-wurzel sich mit ihm am großen Tränensee verabreden wollte. Zum Weinen ist ihm wirklich nicht zu Mute.

Hannes kommt – mit seiner blauen Schärpe – fröhlich auf die Bühne gehoppelt, schaut in den See und zieht eine fröhliche Grimasse.

HANNES BÜX: Wow! Leute, hier seht ihr Hannes Büx, den Träger der blauen Schärpe! Die macht mutig, stark und fröhlich. *(dann ruft er in die Gegend)* Zitterwurzel, ich warte auf dich, ich warte auf unser nächstes Abenteuer!

Ein Busch (hinter dem sich Zitterwurzel versteckt) kommt auf die Bühne.

ZITTERWURZEL: *(ruft)* Hannes, ich bin schon auf dem Weg.

Hannes geht auf den Busch zu. Plötzlich taucht Zitterwurzel aus ihm auf.

ZITTERWURZEL: Gute Tarnung, oder?

Hannes springt vor Schreck einen Hopser zurück.

ZITTERWURZEL: Du weißt doch, Erdkobolde verstecken sich gerne mal in Büschen, vor allem in der Nähe vom großen Tränensee.
HANNES BÜX: Sind da wirklich lauter Tränen drin?
ZITTERWURZEL: *(nickt)* Da fließen die Tränen von all denen zusammen, die aus Angst weinen.
HANNES BÜX: Aber warum musst du dich hier verstecken?
ZITTERWURZEL: Oh je, oh je, oh je, oh je! Stimmt! Du weißt ja gar nicht, wer hier wohnt.
HANNES BÜX: *(prahlt)* Egal, wer! Ich nehme es mit ihm auf! Also was für ein Ungeheuer ist es?
ZITTERWURZEL: Ungeheuer trifft die Sache schon ganz gut.
HANNES BÜX: Ganz gut? Das wird ja immer besser. Bestimmt ist es ein Krokodil!»

ZITTERWURZEL: *(schüttelt mit dem Kopf)*

HANNES BÜX: Ein Tyrannosaurier?

ZITTERWURZEL: *(schüttelt heftiger mit dem Kopf)*

HANNES BÜX: Ein schwarzer Riese?

ZITTERWURZEL: *(schüttelt jetzt nicht nur seinen Kopf, sondern den ganzen Körper)*

HANNES BÜX: *(begeistert)* Oder ist es ein Drache?

Zitterwurzel schüttelt sich immer langsamer. Und sein Kopfschütteln geht in ein Nicken über.

HANNES BÜX: Ein Drache? Es ist wirklich ein Drache???

ZITTERWURZEL: *(nickt)* Er heißt Otto Schamotto aus Hottentotto.

HANNES BÜX: Der soll nur kommen, dieser Otto Hottentotto! In Nullkommanix hab ich den im Kampf besiegt!

ZITTERWURZEL: Noa ja ... warum willst du mit ihm kämpfen?

HANNES BÜX: Ich muss doch mit ihm kämpfen, wenn ich ihn besiegen will.

ZITTERWURZEL: Aber wenn du seine schwache Stelle kennst, kannst du ihn auch so besiegen.

HANNES BÜX: Die kenn ich doch nicht.

ZITTERWURZEL: Aber ich kenn sie! *(flüstert Hannes zu)* Er darf nicht in einen Spiegel schaun!

HANNES BÜX: Aber wo soll ich denn hier einen Spiegel hernehmen? *(Da fällt Hannes etwas ein.)* Der See, der See ist ja auch so etwas wie ein Spiegel!

ZITTERWURZEL: Pscht! Ich glaube, da kommt er schon!

Zitterwurzel verkriecht sich in seinem Busch. Und vorsichtshalber geht Hannes da auch erst einmal in Deckung.
Schnaufend taucht der Drache Otto Schamotto auf. Er schnüffelt überall herum und kommt dem Busch dabei bedrohlich nahe.

O. SCHAMOTTO: Ah, ich rieche Hasenfleisch! Leckeres Angsthasenfleisch! Komm raus, du kleiner Angsthase. Ich warte auf dich!

Ich, der fürchterliche Drache
Otto Schamotto
Ich mache ernst
Ich spiele nicht Lotto!

Hannes Büx rückt seine blaue Schärpe zurecht und kommt aus dem Busch heraus.

HANNES BÜX: *(mutig)*
Vor dir steht Hannes,
ich sag dir, der kann es.
Denn ich, Hannes Büx,
hab Angst vor nix.

O. SCHAMOTTO: Dann zeig mal, was in dir steckt! Na, los, mach schon! Ich will mit dir kämpfen!

ZITTERWURZEL: *(flüstert Hannes aus dem Busch zu)* Lass dich da bloß nicht drauf ein!

HANNES BÜX: Ich will aber nicht kämpfen!

O. SCHAMOTTO: *(kann es nicht fassen)* Du willst nicht kämpfen? Beim ausgehöhlten Drachenstachel, willst du mich beleidigen?

HANNES BÜX: Nein. Ich will nur nicht kämpfen.

O. SCHAMOTTO: Aber das ist eine Beleidigung. Beim ausgehöhlten Drachenstachel, das ist unverschämt! Mir den ganzen Spaß zu verderben! Oder glaubst du, es macht Spaß, dich zu fressen ohne mit dir gekämpft zu haben??!!

HANNES BÜX: *(bleibt stur)* Ich will aber nicht kämpfen.

O. SCHAMOTTO: *(wird misstrauisch)* Ach, du willst mich reizen. Ein besonders raffinierter Trick. Ich verstehe.

HANNES BÜX: Kein Trick. Ich will nur nicht kämpfen.

ZITTERWURZEL: *(flüstert Hannes aus dem Busch zu)* Du musst ihn dazu bringen, dass er in den See schaut!

Hannes nickt ihm so heftig zu, dass seine Ohren wackeln.

O. SCHAMOTTO: Deine Ohren schlackern! Das ist gut! Du hast Angst vor mir? Geb's zu! Beim ausgehöhlten Drachenstachel, bin ich nicht geradezu prächtig furchterregend?

HANNES BÜX: Na, klar! Nur … diesen Pickel auf deiner Nase … den find ich irgendwie zum Lachen.

O. SCHAMOTTO: Ich? Einen Pickel? *(glaubt nicht richtig zu hören)* Ich habe keinen Pickel!!!

HANNES BÜX: Doch! Da!!! *(er deutet in die Mitte seiner Drachennase)*

O. SCHAMOTTO: Das gibt es gar nicht.

HANNES BÜX: Ich sehe ihn aber und mein Freund Zitterwurzel sieht ihn auch.

Zitterwurzel taucht aus dem Busch auf.

ZITTERWURZEL: *(sagt ganz schnell)* Stimmt.

Dann verschwindet er lieber wieder.

O. SCHAMOTTO: *(fasst sich an die Nase, jammert)* Ich habe keinen Pickel auf der Nase.

HANNES BÜX: Schau in den Spiegel des Sees. Da kannst du deinen Pickel sehn. Es ist wirklich ein picklig puckliger Pickelpuckel.

O. SCHAMOTTO: Ein pucklig, packliger Pockelpuckel, äh Puckelpackel, äh Packelpickel?

Verdattert trottet der Drache zum See und schaut sich sein Spiegelbild an. Er schaut einmal, zweimal, dreimal … Hannes Büx und Zitterwurzel beobachten ihn dabei ganz genau.

O. SCHAMOTTO: *(ratlos)* Ich sehe keinen Pickel. Aber was sich sehe, ist auch nicht schön. Wem gehört diese lächerliche Pupsfratze?

HANNES BÜX: Na, dir. Du siehst dich selbst im Spiegel des Sees.

ZITTERWURZEL: *(nickt)*

O. SCHAMOTTO: *(jammert)* Beim ausgehöhlten Drachenstachel, wer soll denn vor mir Angst haben? Ich seh doch nur lächerlich aus. Ich kann mich doch nur in die dunkelste Höhle in Hottentotto verkriechen und mich schämen.

ZITTERWURZEL: Warum denn schämen?

O. SCHAMOTTO: Na, so nimmt mich als Drache doch keiner ernst.

HANNES BÜX: Also für uns bist du in Ordnung, so wie du bist.

O. SCHAMOTTO: Auch wenn ich euch gar nicht auffressen will?

HANNES BÜX: Dann erst recht. Wenn du uns auffrisst, sind wir ja ratzeputz weg.

ZITTERWURZEL: Und dann bist du wieder allein.

O. SCHAMOTTO: *(jammert)* Eben.

HANNES BÜX: *(klopft ihm beruhigend auf seine Drachenschuppen)* Aber damit ist ja jetzt Schluss. Jetzt hast du ja schon mal zwei Freunde.

O. SCHAMOTTO: Äh ja?

HANNES BÜX: Klar. Mich, Hannes Büx, und ihn. *(zeigt auf den Erdkobold)* Winfried Zitterwurzel!

O. SCHAMOTTO: *(freut sich)* Zwei Freunde auf einmal! Heute ist mein Glückstag! So stark hab ich mich noch nie gefühlt!

Jetzt traut sich sogar Zitterwurzel, den Drachen zu berühren, klopft ihm kumpelhaft auf die Schuppen.

ZITTERWURZEL: So ist das, Otto Schamotto, manchmal ist man viel stärker, wenn man schwach ist.

Die drei klatschen sich ab und Otto Schamotto, Winfried Zitterwurzel und Hannes Büx gehen ab.

ERZÄHLER: Und Hannes Büx und Winfried Zitterwurzel nehmen Otto Schamotto in die Mitte, ziehen gemeinsam von dannen und Hannes Büx und Winfried Zitterwurzel verabreden sich zu einem neuen Abenteuer … irgendwo und irgendwann …

TEIL 5:
DAS GEHEIMNIS DER ANGST

ERZÄHLER: Hannes Büx ist heute besonders hoppelig zu Mute. Aufgeregt prüft er die Luft mit seinen Schnurrbarthaaren und kann es gar nicht erwarten, seinen Freund, den Erdkobold Winfried Zitterwurzel wiederzutreffen. Zitterwurzel hat ihm diesmal ein ganz großes Abenteuer versprochen. Er will Hannes an einen Ort führen, wo sich Wesen rumtreiben, die das Geheimnis der Angst kennen. Mehr hat Zitterwurzel nicht verraten, nur noch: dass man zu so einem Treffen gute Nerven braucht.

Hannes kommt ängstlich auf die Bühne, redet sich selbst Mut zu.

HANNES BÜX: Ich habe Gespenster verjagt, bin in ein Riesenmaul gekrochen, habe einen Drachen besiegt. Wovor soll ich da noch Angst haben?

Damit ist er so beschäftigt, dass er gar nicht merkt, wie Zitterwurzel direkt hinter ihm kommt. Zitterwurzel schleicht hinter Hannes Büx her.

ZITTERWURZEL: Die wissen das genau.
HANNES BÜX: *(dreht sich verdutzt um)* Äh ... die??? Wwwer? Wwwie? Wwwwas?

Jetzt erst bemerkt er Zitterwurzel.

HANNES BÜX: Zitterwurzel, da bist ja endlich!
ZITTERWURZEL: Du kannst es wohl gar nicht erwarten, die Schatten zu treffen, was?
HANNES BÜX: Die Schatten? Ne, danke, Schatten will ich nicht treffen. Die sind nur dunkel. Und wer und was die genau sind, das kann man nicht erkennen. Das ist alles wie im Nebel. Und gegen Nebel kann man nicht kämpfen.
ZITTERWURZEL: *(flüstert)* Aber die Schatten kennen das Geheimnis der Angst.

HANNES BÜX: Kannst du mir das nicht auch sagen. Dann müssen wir diese Nebelfiesslinge gar nicht treffen.
ZITTERWURZEL: Ich weiß es doch nicht. Bisher hab ich mich nicht getraut, mir anzuhören, was die Schatten zu sagen haben. Immer, wenn sie aufgetaucht sind, hab ich gleich die Mücke gemacht.
HANNES BÜX: Meinst du denn, wir beide zusammen schaffen das?
ZITTERWURZEL: Joa ... vielleicht, vielleicht, vielleicht ...

Zitterwurzel hat soviel Bammel, dass er den Satz nicht beenden kann.

HANNES BÜX: Du meinst, vielleicht ist es ganz leicht?
ZITTERWURZEL: Vielleicht, vielleicht ... klappt's mit der Zeigefingerkette.

Hannes Büx und Zitterwurzel probieren es sofort.

HANNES BÜX: *(ermuntert die zuschauenden Kinder mitzumachen)* Vielleicht könnt ihr auch mitmachen?

Alle bilden eine Zeigefingerkette.

HANNES BÜX: *(begeistert)* Ja, das wirkt! Ich fühl mich gut.
ZITTERWURZEL: Äh ... ich ... mich auch.
HANNES BÜX: *(ruft begeistert aus)* Schatten, ihr könnt kommen!
ZITTERWURZEL: Oje, oje, oje, oje, jetzt sind sie bestimmt gleich da!»

Vorsichtshalber geht Zitterwurzel hinter Hannes Büx in Deckung. Und da tauchen auch schon dunkle Gestalten mit ganz vielen Augen auf, (z. B. könnte eine Gestalt aus 2 Spielern unter einem großen schwarzen Tuch gebildet werden, das Tuch hat 4 Löcher für die Arme und auf den Fingern stecken die Augen, sodass ein bewegliches Augenspiel möglich ist.) (Die Eindringlichkeit der Szenerie kann durch die langsamen Taktschläge eines Metronoms unterstrichen werden.)

Hannes Büx: Warum haben die so viele Augen?

Zitterwurzel: *(stammelt)* Da, da, damit sie uns besser anstarren können.

Und er drückt seinen Zeigefinger ganz fest auf Hannes Zeigefinger.
Die Schattenwesen schauen sie genau an und geben dabei merkwürdige Laute von sich.

Schatten: «Aaaaaa, ohhhhhh, uhhhhhh, aahhnnng … ssst!»*(Aus diesen Lauten werden nach und nach Worte.)*
«Angst, Angst,
 ist wie ein wildes Tier
das starrt dich an
und lähmt alles in dir.

 Kaum kannst du atmen.
 Kaum kannst du gehn.
 Kaum kannst du sitzen.
 Kaum kannst du stehn.

 Dir ist nur zum Brüllen.
 Dir ist nur zum Schrein.
 Dir ist nur zum Heulen.
 Du fühlst dich allein.»

Hannes Büx: *(flüstert zu Zitterwurzel)* Ich bin nur froh, dass ich nicht allein bin.

Zitterwurzel nickt nur heftig. Ihm hat es die Sprache verschlagen. Plötzlich werden die Schatten starr und bewegungslos und starren Hannes und Zitterwurzel nur noch an.

Hannes Büx: *(enttäuscht.)*Wie? Und das soll das Geheimnis sein?

Zitterwurzel: *(flüstert)* Nur ein Teil.

Hannes Büx: Wie viele Teile gibt's denn?

Zitterwurzel: Drei.

Hannes Büx: Aber die sagen doch nichts mehr.

Zitterwurzel: Dafür müssen andere Schatten kommen.

Hannes Büx: Und wie gehen die wieder weg?

Zitterwurzel: *(flüstert)* Mit einem speziellen Vertreibespruch. Am besten sprichst du ihn mit.

Hannes Büx: *(fordert die zuschauenden Kinder auf, mitzumachen)* Und ihr auch!

Alle: Im Dunkeln munkeln,
 Töne funkeln,
 Laute knarren,
 Blicke starren,
 Geister kleistern
 Angst an Wände,
 Spuk vorbei,
 klatsch in die Hände.

Zitterwurzel und Hannes Büx und die zuschauenden Kinder klatschen in die Hände.
Die Schattenwesen bewegen sich wieder und ziehen sich zurück.

Hannes Büx: *(atmet auf)* Puh, einmal haben wir es schon geschafft. Auf zur nächsten Runde!

Und sofort bilden sie eine neue Zeigefingerkette.
Und die zuschauenden Kinder auch.
Da tauchen auch schon die nächsten Schattenwesen auf. Diesmal haben sie ganz viele Krallenarme.
(Wie vorher kann die Eindringlichkeit der Szenerie wieder durch die langsamen Taktschläge eines Metronoms unterstrichen werden.)

Hannes Büx: Warum haben die so viele Krallen?

Zitterwurzel: *(stammelt)* Da, da, damit sie uns besser packen können.

Und alle drücken ihre Zeigefinger wieder ganz fest zusammen.
Die Schattenwesen heben ihre Krallen und auch sie geben merkwürdige Laute von sich.

Schatten: Krrr! Krkrkr! Kakakakakaka-kakrrrrrri! Kri ank ank ank … ssst!
(Aus diesen Lauten werden wieder nach und nach Worte.)
«Angst, Angst
 ist wie ein dunkles Loch,
fast fällst du hinein,
doch etwas hält dich noch.

Angst, Angst
ist wie ein murmelnder Sumpf,
Klagen und Jammern,
Augen blicken stumpf.

Angst, Angst,
du spürst Bilder in dir.
Monster werden lebendig,
auf einmal sind sie hier.»

Die Krallen greifen nach Hannes und Zitterwurzel.
Beide ducken sich im letzten Moment.
Doch bevor die Krallen zupacken, werden die
Schatten wieder starr und bewegungslos.

HANNES BÜX: *(fleht Zitterwurzel an)* Hoffent-
lich kennst du auch einen Vertreibespruch
für diese Monsterfinger.
ZITTERWURZEL: *(nervös)* Oh je, oh je, oh je, oh
je! Ich wusste ihn mal. Wie war das noch?
(endlich fällt er ihm wieder ein) Ja! Ich weiß!
HANNES BÜX: *(zu den zuschauenden Kindern)*
Dann sprechen wir ihn am besten wieder
alle zusammen.
ALLE: Klauen greifen,
Krallen schleifen,
Pranken quetschen,
Zähne fletschen,
Drachen lachen,
Grauen zu Ende,
Spuk vorbei,
klatsch in die Hände.

Wie wild klatschen Zitterwurzel und Hannes Büx
diesmal in die Hände. Langsam ziehen die Schatten
ihre Krallenpranken zurück und verziehen sich.

HANNES BÜX: *(freut sich)* Hey, jetzt haben wir
es schon zweimal geschafft. Da schaffen wir
die nächste Runde auch noch!
ZITTERWURZEL: *(flüstert)* Hoffentlich!
HANNES BÜX: Schnell! Die Zeigefingerkette!

Und schon streckt ihm Hannes wieder seinen
Zeigefinger hin. Zitterwurzel berührt ihn mit
seinem Zeigefinger. Und auch die Kinder bilden
wieder eine Zeigefingerkette.

Und da nähern sich auch schon die nächsten
Schatten. Zischelnd schlängeln sich aus ihren
Schattenhüllen ganz viele bunte Schlangen.
(Hier könnte jeweils eine Schlange als Fingerpuppe
über einen Arm gezogen werden)
(Und wie vorher kann die Eindringlichkeit der
Szenerie wieder durch die langsamen Taktschläge
eines Metronoms unterstrichen werden.)

HANNES BÜX: Warum hetzen die jetzt die
Schlangen auf uns?
ZITTERWURZEL: *(stammelt)* Da, da, damit sie
uns besser einwickeln können.
HANNES BÜX: Aber eigentlich sehen die ganz
lustig aus.
ZITTERWURZEL: *(stottert)* A,a,also ich weiß
nicht.

Die Schlangen schlängeln auf die beiden zu, zischen
sie an und fangen an zu sprechen.

SCHATTEN: «Angst, Angst
doch zur Angst gehört auch Mut,
Mut zum Heulen,
Mut zum Schreien,
Mut zu Tränen,
Mut zur Wut.

Mut, Mut,
die Monster zu sehn,
die aus Bildern in dir
vor deinen Augen entstehn

Und du entdeckst
die Monster,
sie gehören zu dir.
Du selbst hast sie geschaffen.
Durch deine Angst sind sie hier.»

Hannes Büx und Zitterwurzel schauen sich
verdutzt an.

HANNES BÜX: *(nimmt seinen Mut zusammen*
und fragt eine Schlange) Wenn ich die Monster
selber geschaffen habe, kann ich sie dann
auch wieder verjagen?
SCHLANGEN: *(nicken)*

Schick die Monster fort,
dann hast du Ruh.
Verwandle sie in kullernde Kürbisse,
die zwinkern dir kichernd zu.

Kürbisse kullern
kichernd im Kreise,
aus Angst wird Lachen
Tränen gehen auf die Reise.»

HANNES BÜX: *(ruft ihnen munter entgegen)* Na gut! Und jetzt schicken wir euch auf die Reise! Los, Zitterwurzel, der Spruch! Den sagen wir wieder alle zusammen!

ZITTERWURZEL: *(ruft)* Jau!

ALLE: Spinnentiere,
Fliegenschmiere,
Schlangen asen,
Kröten quasen,
Krokodile
Schnappen behände,
Spuk vorbei
klatsch in die Hände!

Hannes Büx, Zitterwurzel und die Kinder fangen an, eine Melodie zu klatschen. Die Schlangen tanzen dazu und verschwinden. Hannes und Zitterwurzel klatschen sich begeistert ab.

HANNES BÜX UND ZITTERWURZEL: *(rufen ausgelassen)* Geschafft! Geschafft! Mit eurer Hilfe haben wir es geschafft! Das habt ihr super gemacht! *(Und sie fangen an zu tanzen und singen.)*
Kürbisse kullern
kichernd im Kreise,
aus Angst wird Lachen
Tränen gehen auf die Reise.

Nach Motiven der Theaterstücke «Das Hexenlied», «Die Heldin» und «Kobald und Karmesina» von Angelika Bartram.
Die Theaterstücke von Angelika Bartram sind erschienen bei: Vertriebsstelle und Verlag, Norderstedt. www.vvb.de

Literatur

Angelika Bartram: Fantastisches Erlebnis-
theater Bd. 1–4. Norderstedt 1986 ff.
(Vertriebsstelle und Verlag Deutscher
Bühnenschriftsteller und Bühnen-
komponisten, Postfach 20 45, 22810
Norderstedt)

Heike Baum: Starke Kinder haben's
leichter. Freiburg 1998 (Herder)

Doris Brett: Anna zähmt die Monster.
Salzhausen 2000 (Isko Press)

Doris Brett: Ein Zauberring für Anna.
Salzhausen 2002 (Isko Press)

Willi Butollo: Die Angst ist eine Kraft.
München 1984 (Kösel)

Joseph Campbell / Bill Moyers: Die Kraft der
Mythen. Zürich / München 1994 (Artemis)

Selma Fraiberg: Die magischen Jahre in der
Persönlichkeitsentwicklung des Kindes.
Frankfurt 1984

Volker Friebel / Sabine Friedrich: Entspan-
nung für Kinder. Reinbek 2002 (Rowohlt)

Sabine Friedrich / Volker Friebel: Trau dich
doch! Reinbek 1999 (Rowohlt)

Gertrud Kaufmann-Huber: Kinder brauchen
Rituale. Freiburg 1995 (Herder)

Hella Langosch-Fabri: Alte Kinderspiele neu
entdeckt. Reinbek 2003 (Rowohlt)

Max Lüthi: Das Volksmärchen als Dichtung.
Göttingen 1990 (Vandenhoeck &
Ruprecht)

Else Müller: Du spürst unter deinen Füßen
Gras. Vorlesegeschichten. Frankfurt 1983
(Fischer)

Ulrike Petermann / Franz Petermann:
Training mit sozial unsicheren Kindern.
Weinheim 1994 (Psychologie Verlags-
union)

Vladimir Propp: Morphologie des Märchens. München 1977 (Hanser)

Jan-Uwe Rogge: Ängste machen Kinder
stark. Reinbek 1999 (zuerst 1997)
(Rowohlt)

Jan-Uwe Rogge: Geschichten gegen Ängste.
Reinbek 2002 (Rowohlt)

Jan-Uwe Rogge: Der große Erziehungsberater. Reinbek 2003 (Rowohlt)

Arnd Stein: Mein Kind hat Angst. München
1982 (Kösel)

Christopher Vogler: Die Odyssee des Dreh-
buchschreibers. Über die mythologischen
Grundmuster des amerikanischen Er-
folgskinos. Frankfurt 1998 (Verlag 2001)

Michael White / David Epstein: Die Zäh-
mung des Monsters. Heidelberg 1990
(Karl Auer Verlag)

Die Autoren

Angelika Bartram arbeitet als freie Autorin und Regisseurin für Theater, Hörfunk und Fernsehen. Sie war Headwriterin der Sesamstraße und entwickelte ein neues Comedy-Konzept für die Sendung, in enger Kooperation mit Sesame Workshop New York und Jan-Uwe Rogge. Für das Fernsehen schreibt sie Drehbücher für Sitcoms, Komödien und Familienserien. Ihre künstlerische Arbeit begann als Schauspielerin am Theater. Sie hat das Kindertheater Ömmes & Oimel und die Comedia, ein Privattheater in Köln, mitgegründet. Hier schuf sie in eigenen Inszenierungen das Phantastische Erlebnistheater. Und für Lilipuz, eine Kindersendung im WDR-Hörfunk, verfasste sie Hörspielversionen ihrer modernen Märchen. Im Jahr 2003 erhielt sie die NRW-Filmförderung für das Drehbuch zu ihrem Kinderfilm «Lilli». Infos, z. B. über Seminare, unter www.angelika-bartram.de

Jan-Uwe Rogge ist verheiratet und hat einen Sohn. Er arbeitet als Familien- und Kommunikationsberater und in der Medienforschung. Seit über 20 Jahren führt er Elternseminare und Fortbildungsveranstaltungen durch, die sich großer Beliebtheit erfreuen. Seine Bücher bei Rowohlt wurden Bestseller: Kinder brauchen Grenzen (rororo 19366), Eltern setzen Grenzen (rororo 19756), Ängste machen Kinder stark (rororo 60640), Kinder können fernsehen (rororo 60753), Pubertät – Loslassen und Haltgeben (rororo 60953), Ohne Chaos geht es nicht (rororo 60975), Geschichten gegen Ängste (rororo 60977), Der große Erziehungsberater, Lauter starke Jungen (rororo 61539; zusammen mit Bettina Mähler), Kinder, die den Rahmen sprengen (rororo 60966; zusammen mit Bettina Mähler).
Kinder brauchen Grenzen gibt es ab Juni 2004 auch als Audio-CD (rororo 61722). Infos unter www.kinderbrauchen grenzen.de

HANNES BÜX: *Also ich fand die Abenteuer klasse, könnt sie glatt noch mal machen.*

PAPA BANG: *Aber jetzt ist wirklich Schluss, auch mit dem Buch.*

HANNES BÜX: *Hey, ich hab 'ne Idee! Du kaufst mir das Buch und dann kann ich die Abenteuer so oft machen, wie ich will. Und dann, dann gründe ich eine Angsthasenschule, in der jeder Angsthase lernen kann, mutig zu werden.*

PAPA BANG: *Aber das würde ja heißen, dass es uns dann bald nicht mehr gibt!*

HANNES BÜX: *Quatsch, Papa Bang. Dann würden nur alle endlich sehen, dass wir viel besser sind als unser Ruf. Und weißte, was dann unser neuer Hasen-Ruf werden würde?*

PAPA BANG: *Na, was denn? Volle Möhre und durch oder wie?*

HANNES BÜX: *Ne. Mit Hasenmut wird alles gut!*

S 66/4

Kinder von A–Z
Mit Kindern leben – die beliebtesten Titel

Birgit Laue/Angelika Salomon
Kinder natürlich heilen
Die besten Hausmittel
Wickel, Öle, Tees
Aus der Apotheke der Natur
rororo 61703

Raimund Pousset
Fingerspiele und
andere Kinkerlitzchen
Spiel-Lust mit kleinen Kindern
rororo 60641

Ulrich Diekmeyer
Das Elternbuch 1
Unser Kind im ersten Lebensjahr
rororo 60851
Das Elternbuch 2
Unser Kind im zweiten Lebensjahr
rororo 60852

Wolfgang Hering
Bewegungslieder für Kinder
Spielideen, Hüpflieder,
Action-Songs.
rororo 61701

Gisela Brehmer
Aus der Praxis
einer Kinderärztin
Sanfte Heilmethoden; Ernährung und Pflege; Die richtige Behandlung. Das Familen-Standardwerk zu Kinderkrankheiten, Notfallmaßnahmen, Impfungen, seelischgeistiger Entwicklung, Pflege u. a.

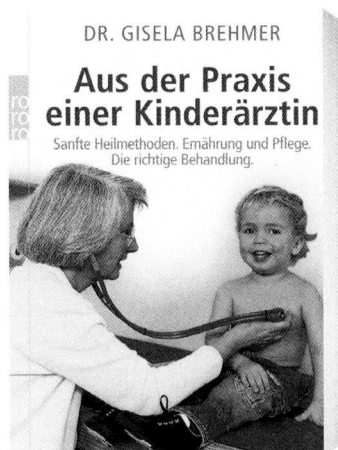

rororo 62285

Weitere Informationen in der Rowohlt Revue *oder unter* www.rororo.de